《社会工作与社会治理》丛书

SHEHUI GONGZUO YU SHEHUI ZHILI CONGSHU

儿童青少年社会工作服务与反思

——社会工作本科实务类论文的写作方法

刘华强　陈世海　编著

四川大学出版社

SICHUAN UNIVERSITY PRESS

项目策划：梁　胜
责任编辑：梁　胜
责任校对：陈　纯
封面设计：墨创文化
责任印制：王　炜

图书在版编目（CIP）数据

儿童青少年社会工作服务与反思 ：社会工作本科实
务类论文的写作方法 / 刘华强，陈世海编著. 一 成都：
四川大学出版社，2021.4
　（社会工作与社会治理丛书）
　ISBN 978-7-5690-3442-4

　Ⅰ．①儿… Ⅱ．①刘… ②陈… Ⅲ．①儿童－社会工
作－中国－高等学校－教学参考资料②青少年－社会工作
－中国－高等学校－教学参考资料③社会工作－论文－写
作－高等学校－教学参考资料 Ⅳ．① D432 ② C916

中国版本图书馆 CIP 数据核字 (2020) 第 000941 号

书名　　儿童青少年社会工作服务与反思——社会工作本科实务类论文的写作方法

编　　著	刘华强　陈世海
出　　版	四川大学出版社
地　　址	成都市一环路南一段 24 号（610065）
发　　行	四川大学出版社
书　　号	ISBN 978-7-5690-3442-4
印前制作	四川胜翔数码印务设计有限公司
印　　刷	郫县犀浦印刷厂
成品尺寸	170mm×240mm
印　　张	16
字　　数	303 千字
版　　次	2021 年 4 月第 1 版
印　　次	2021 年 4 月第 1 次印刷
定　　价	48.00 元

◆ 读者邮购本书，请与本社发行科联系。
　电话：(028)85408408/(028)85401670/
　(028)86408023　邮政编码：610065
◆ 本社图书如有印装质量问题，请寄回出版社调换。
◆ 网址：http://press.scu.edu.cn

四川大学出版社
微信公众号

前　言

《社会工作与社会治理》丛书，由宜宾学院社会工作专业教研室组织编写，丛书共有八本，分别是《儿童福利院社会工作服务设计》（陈世海、杨东编著）、《党建引领下的思想政治教育研究》（杨永明、冯丽丽编著）、《基层社会治理与社会服务研究》（何一、冯丽丽编著）、《社会福利院服务案例与设计》（黄春梅、何奎莲编著）、《司法社会工作法律法规汇编》（张义烈编著）、《儿童青少年社会工作服务设计》（江传彬、陈世海编著）、《学校社会工作服务设计》（雷大霞、江传彬编著）、《儿童青少年社会工作服务与反思——社会工作本科实务类论文的写作方法》（刘华强、陈世海编著）。丛书的出版，是宜宾学院社会工作专业教研室对近年来社会工作专业人才培养的集中总结，体现了教师和学生共同致力于基层社会工作服务与社会治理创新的行动与思考。

宜宾学院社会工作专业自 2002 年开始招生，是四川省最早设置社会工作专业的 4 个本科教学点之一。在 2019 年四川省教育厅专业评比中，我校社会工作专业在全省 15 所学校同类专业中排名前三，列入"强势"专业。本专业先后被评选为"校级重点学科""校级一流本科专业""省级特色专业""四川省应用型示范专业""国家级综合改革专业"。目前，宜宾学院社会工作专业教研室有专任教师 16 人（正高 8 人，博士 10 人），四川省学术和技术带头人后备人选 2 人，省级研究基地 1 个、省教育厅重点研究基地 3 个。社会工作专业扎根川南、面向川滇黔渝，培养服务基层治理、服务大众关切的应用型、高素质社会工作实务研究型人才，毕业生具备下基层、留得住的素养和扎根一线、持续发展的能力，致力于从基层改进相对落后地区不平衡不充分发展的局面，推进治理能力现代化。

儿童青少年社会工作领域，以四川省教育厅人文社会科学重点研究基地——"农村幼儿教育研究中心"为依托，开展滇黔渝接合部的留守、困境、贫困、受灾等儿童青少年类型的社会服务、社会政策、贫困代际传递等研究，对解决不平衡不充分发展问题，促进个人、家庭和地区的持续发展具有重要价值。本研究方向团队成员共6人，其中教授3人、博士生4人；近五年承担国家社科基金课题3项、教育部课题2项；承担政府部门及行业组织委托的"弱势儿童青少年的教育扶贫研究"等横向课题12项；构建儿童社会服务体系的研究被四川省社科联《重要成果专报》采纳，对四川省儿童福利主要政策的制定提供了支撑。

司法社会工作领域研究，依托四川省教育厅人文社会科学重点研究基地——"社区矫正研究中心"、四川省法律援助研究所，开展社区矫正、信访维稳、安置帮教、人民调解、法律援助等司法社会工作研究，对完善基层司法治理、恢复社会功能、促进社会和谐有重要价值。本方向团队成员共5人，其中教授2人、博士3人；近五年承担国家社科基金课题1项、教育部等省部级课题4项；承担司法部门及行业组织委托的"社会工作应用于法律援助的路径研究"等横向课题9项。"县乡司法行政机构社区矫正权责实证研究""未成年人社区服刑人员的调查与反思"被四川省司法厅采纳，且应用于《中华人民共和国社区矫正法》征求意见。

党群工作与社会治理领域研究，依托四川省哲学社会科学重点研究基地——"四川思想家研究中心"和四川省教育厅人文社会科学重点研究基地——"农村社区治理研究中心"，开展契合新时代需求的党建引领下的社会治理能力现代化和社会治理体系创新研究。本方向团队成员共5人，其中教授3人、博士3人；近五年承担国家社科基金课题3项、省部级课题4项；承担党群部门及行业组织委托的"党建引领基层文化建设的策略研究"等横向课题8项。《加强社区党建引领城镇社区治理与服务体系》被宜宾市委组织部采纳并应用于改进社区党建工作，本方向与宜宾市委组织部联合培养人才。

本丛书的出版，得到了国家社科基金项目（留守儿童关爱保护的社会政策研究、社会语言学视域下农民工与留守儿童的言语互动研究）、国家级综合改革项目（社会工作），省级应用型示范专业项目（社会工作）、应用型示范课程项目（社会调查研究方法），省级教学改革项目（OBE2.0：社会工作专业应用人才培养的事业群模式探索），宜宾学院教学改革重点项目（中美应用教育合作驱动下OBE教学法的引进与实践探索），宜宾学院2019年党建示范点项目（社会工作专业事业群培养改革示范点）等诸多科研和教改项目的支持，编委会特予以致谢。感谢策划丛书出版的吉林大学出版社、四川大学出版社的编辑老师，感谢提供出版资料的全体同学和老师，感谢参与资料梳理与核对工作的廖志强、向佳、潘静、李艳、黄超、朱泱虹、张腊梅、牟美玉、吴靖、黄珞铭、牟徐澜、王杰、王昊、向云昌等同学。

《社会工作与社会治理》丛书编委会

2019年10月

目　录

叩响无声世界·感受生命之光

——聋哑学生个案工作

罗夏

修订人：王昊

指导教师：刘华强

摘　要　聋哑学生生活在他们独有的无声世界里，属于社会的弱势群体，但往往被大众忽视。交流不畅常使得聋哑学生产生自卑、甚至自闭的心理，导致人际交往能力较弱、情绪极端和偏激等问题。本文是一项有关理性情绪疗法介入聋哑学生的个案研究。据了解，到目前为止国内学者对该方面的研究和探讨还较少。本文以笔者在四川省Y市儿童福利院的个案服务为例，对聋哑学生的心理、情绪等方面展开了相关的研究。在此过程中，主要以艾利斯的ABC理论为指导，笔者运用理性情绪疗法对某聋哑学生开展了为期三个月的个案服务。在督导老师的帮助和指导下，笔者顺利完成了包括收集案主信息、评估和诊断案主问题、与案主共同制定服务目标和计划、具体实施计划（将理性情绪疗法运用其中）、结案、评估以及跟进等相关工作。在服务中，笔者不仅将个案工作中的关注、倾听、同感等专业技巧运用于其中，同时还及时地从案主、福利院、特殊教育学校（案主所在学校）获取反馈意见，进而对工作计划做出相应的调整。笔者在服务中反思个案工作对聋哑学生介入的可行性和不足之处，以期为后续研究提供一定的参考。

关键词　个案工作；理性情绪疗法；聋哑学生

一、引言

（一）研究背景

2006年的第二次全国残疾人人口普查结果显示，全国各类残疾人总数为

8296 万人，占全国总人口的 6.34％。与 1987 年第一次全国残疾人抽样调查相比，这次调查的残疾人总数，占总人口的比例以及各类残疾人数量结构都发生了一些变化。其中听力残疾为 2004 万人，占残疾人总数的 14.86％，言语残疾 127 万人，占残疾人总数的 1.53％。而聋哑学生属于其中较为特殊的一例。相关统计资料显示，目前中国各个省市均建立了聋哑学校或者特殊教育学校，可见聋哑学生的数目并不在少数。

笔者通过对相关文献的梳理和总结发现，由于聋哑学生不能正常地与人交流，他们的性格一般比较内向和孤僻，在学习、生活以及就业等方面存在或多或少的问题；同时有学者还指出，聋哑学生问题方面的研究主要涉及学校和家庭两个方面，严重的还会引发社会问题。聋哑学生基本上被送到了特殊教育学校学习一定的文化知识和相关的技能，还有一部分被送到福利院生活。

随着聋哑学生的增多，他们的需求和问题引起了国家和社会各界的重视，政府也出台了相关的文件，但是目前对该群体的关注往往在物质方面比较多，相对忽视了他们心理和精神方面的需求；有学者指出聋哑学生不仅对福利服务方面有需求，还有希望真正被了解、被关心和被爱的需求，这是一般的福利服务所不能涉及的地方，对聋哑学生心理以及细微情绪的关注为专业社会工作介入奠定了基础。

笔者对相关文献的回顾和梳理发现，国内学者对个案工作介入聋哑学生的研究还较少。笔者执着于对聋哑群体存在问题的研究，在大学期间深入聋哑学生相对集中的福利机构开展探访活动和专业的社会工作服务。笔者发现很多聋哑学生都存在情绪偏激和极端的情况，因此，笔者在参加由 Y 市 R 社工服务中心申请的省民政厅社会服务项目——"Y 市儿童福利院个案服务项目"的过程中，尝试将个案工作中的理性情绪疗法应用于某聋哑学生，观察对其介入前、介入过程中和介入后的变化，本文就是对该聋哑学生个案介入的过程研究。

（二）Y 市儿童福利院个案服务项目简介

Y 市儿童福利院为民政局下属事业单位，主要职责是负责全市范围内的孤儿和社会弃婴、弃儿的养育、医疗、康复和特殊教育等工作。Y 市儿童福利院内残障孩子占多数，其中聋哑学生有两名，均就读于 Y 市特殊教育学校。院内的孩子除周末外基本上都在各自的学校上学，毕业后或者放弃学业的孩子一般被安排到相关岗位工作。院内配有专门的生活老师和特教老师，为福利院的孩子提供相应的帮助和服务。

Y 市 R 社工服务中心成立于 2010 年，是 Y 市首家社会工作服务机构，也是民政局主管的专业社会工作服务机构，它依托于宜宾学院。宜宾学院社会工作专业的老师和学生经常深入社会，为需要的人提供服务。

2013 年 2 月，Y 市 R 社工服务中心成功申请到了社会工作项目，主要为福利院的部分孩子提供专业的个案服务，同时也将小组活动、主题活动等运用于其中，旨在帮助院内的孩子们更好更健康地成长和发展，也致力于解决孩子们在学习、生活等方面的问题。本项目的个案工作主要针对福利院内的 17 名孩子，这 17 名孩子是在进行了专业的基线测试之后挑选出来的，由 Y 市 R 社工服务中心派出 17 名大四的实习社工对其进行一对一的服务，每周开展一次会谈，会谈结束后社工需及时做好相应的记录，及时与督导老师交流沟通，并做好之后一周服务的计划和准备。本项目的小组活动和主题活动都针对福利院的全体孩子，包括人际交往能力提升、青春期性教育、生命教育等。在本项目结束之后，还要对其进行长期的跟进，以观察和评估服务的效果，不断总结和反思，以提升服务的专业性。

（三）研究意义

1. 理论意义

笔者对相关文献的收集和回顾发现，目前国内学者对个案工作介入聋哑学生的研究还较少。而从理论上来看，聋哑学生的心理和情绪问题不容小觑。笔者将本研究的理论意义总结为如下两点：

（1）用实践检验和完善理论。个案工作作为微观社会工作，一方面，更加关注案主的内心世界，在一定程度上有利于解决案主的问题，透过微观的视角对案主的问题做深入细致的剖析，而不是让所谓的"帮助"停留在表面阶段。另一方面，个案工作深受心理学、社会学、人类行为学等相关理论的影响，并在这些理论的指导下整理一套较为完备的个案技巧，包括个案会谈中的支持性技巧、引领性技巧和影响性技巧等。笔者在这些理论和技巧的指导下开展个案服务，并尝试通过实践检验这些理论和技巧的有效性和不足。

（2）理性情绪疗法介入聋哑学生的有效性探究。理性情绪疗法虽然是个案工作的主要方法之一，但是它在专业社会工作领域的应用却是十分有限的。理性情绪疗法旨在将服务对象的"非理性信念"转化为"理性信念"，使案主在现实生活中面对问题的时候，能从"理性"的角度出发去思考和处理问题。通过笔者进行的个案服务，发现理性情绪疗法对聋哑学生的介入是可行的，它能够有效地改变案主的极端和偏激情绪。因此笔者希望自己的研究能够为以后的学者进行相关方面的研究提供可靠的文献材料。

2. 现实意义

社会工作对聋哑学生的介入，尤其是微观社会工作方法之一的个案工作的介入，能够关注到其他较宏观视角难以关注的层面。因此，本研究不仅具有理论意义，也包含一些现实意义，主要总结为以下三个方面：

（1）解决案主问题，发掘案主潜能。就这次个案服务而言，通过笔者的介入和服务，聋哑学生能够改变自己的"非理性信念"，性格变得开朗豁达，人际交往能力得到一定的提升，同时也使得案主在学业结束后更好地融入社会，减少社会问题的出现，有利于和谐社会的构建。

（2）促进相关政策的出台，寻求更多的资源和服务。本文从笔者的亲身实践出发，致力于对聋哑学生心理和情绪上的特点做出最真实的分析，切实反映聋哑学生的问题和需求，以期得到国家、政府和社会更多的关心和重视，同时，希望能够促进相关政策的出台，让更多更加鲜活的专业力量投入到对聋哑学生的帮助当中。

（3）为学生提供学习和自我提升的平台。笔者作为一名大四的学生，能够参加到社会工作的实务当中，并且记录和反思自己工作的得失，接受专门的训练和督导，这对即将踏入社会工作机构或者继续深造的笔者来说无疑是一个很好的锻炼机会，同时，这对笔者专业能力的提升以及综合素质的提高都具有十分重要的意义。

（四）文献回顾

1. 对聋哑学生的相关研究

（1）聋哑学生面临的问题研究。

对于聋哑学生所面临的问题，有学者进行了相关的研究，并提出了一些建设性的观点。通过对学者们研究成果的梳理可以发现，目前对聋哑学生问题的研究主要涉及学校和家庭两个方面。

聋哑学生受教育权是我国《宪法》规定的公民的一项宪法性权利，也是一项基本人权。[1]张小根和傅林峰两位学者通过对聋哑学生在学校存在的问题进行调研，提出聋哑学生目前主要存在以下问题：义务教育入学率低；特殊教育体系不够完善，教育层次不够高；特教学校数量少，办学条件较差；教师队伍建设和教学改革滞后，特教学校总体办学质量不高；特殊教育的政策需要完善等。[2]

聋哑学生的问题除了体现在学校教育方面，还涉及家庭方面。本文主要采用了彭虹、张长伟等几位学者的观点，对聋哑孩子在家庭方面的问题梳理如下：聋哑孩子的出生，给家庭带来了巨大的负担；[3]聋哑学生养护人多注重明显直接的服务需求，对于发展性的服务需求没有太多的意识；聋哑儿童的教育需求普遍受到家庭的忽视；聋哑学生自身的发展处境不被期待，导致聋哑学生的学习能力欠缺。[4]

（2）聋哑学生的需求研究。

相关学者对聋哑学生的需求进行了评估和分析，得出了一系列有价值的信息，本文主要引用了谭秀菁、肖曙光等几位学者的观点，将聋哑学生的需求归纳为以下五个方面：家庭康复的需求；亲职教育的需求；对权利特别是受教育权的正常需求；福利服务的需求；被爱和关心的需求。[5]

（3）聋哑学生服务对策研究。

社会的公平与和谐越来越受到大众的重视，聋哑学生逐渐成为社会和政府及公众关心的对象，保障聋哑学生的平等权益，促进聋哑学生的健康成长，社会、政府、相关机构及家庭等都应该做出相应的努力。[6]学者们在对聋哑学生面临的问题都经过调查研究形成了相关对策，本文主要引用王晓燕、谷长芬等几位学者的观点，将对策建议梳理为以下几个方面：政府方面；社会方面；家庭方面；学校方面；立法机构方面。[7]

2. 对理性情绪疗法的相关研究

（1）理性情绪疗法。

理性情绪疗法（Rational Emotive Therapy 简称 RET）是 20 世纪 50 年代由阿尔伯特·艾利斯（A. Ellis）在美国创立的，它是认知疗法和行为疗法的结合，又被称为认知—行为疗法。理性情绪疗法的治疗整体模型是"ABCDE"，是在艾利斯最初的"ABC 理论"基础上建立的。[8]其基本含义是个体的非理性思维导致了行为障碍的发生，即特定情景下的情绪和行为是由于经受某一事件的个体对其不正确的认知和评价所引起的。这种认识和评价表现为理想、信念、生活态度等等。理性情绪疗法就是以理性控制非理性，以理性思维（合理思维）方式来替代非理性思维（不合理思维）方式，帮助病人改变认知，以减少由非理性信念所带来的情绪困扰和随之出现的行为异常。[9]

（2）理性情绪疗法的理论架构。

在 ABC 情绪理论模式中，A（Activating events）是指诱发性事件；B（Beliefs）是指个体在遇到诱发事件后相应而生的信念，即对这一事件的看法、解释和评价；C（Consequences）是指特定情境下，个体的情绪及行为结果。艾利斯认为，诱发性事件 A 只是引起情绪及行为反应的间接原因，而 B 即人们对诱发性事件所持的信念才是引起其情绪及行为反应的直接原因。当人们产生了不合理信念的时候，就要劝导干预非理性观念 D（Disputing irrational belief）的发生或存在，而代之以理性的观念。等到劝导干预产生了效果 E（New Emotive and behavioral effects），人们会产生积极的情绪和行为，心里的困扰因此消除或减弱，人也会有愉悦、充实的新感觉 F（Feel）产生，在 ABC 理论的基础上进一步扩展为 ABCDE 治疗模型。[10]

（3）理性情绪疗法的应用领域。

笔者通过对所查阅文献的梳理，发现理性情绪疗法大量应用在心理学领域、医学领域，也有在社会学和社会工作领域的少部分应用。笔者主要采用彭传媛、阳莉华、常雅慧、尹秀艳等学者的研究成果，将理性情绪疗法的应用领域做一个归纳和总结：心理学领域；医学领域；社会学及社会工作领域。[11]

（4）理性情绪疗法的应用对象。

笔者通过对相关文献的整理和分析，发现当前大多数学者将理性情绪疗法集中应用于学生群体、妇女群体、病人以及一部分特殊的人群当中，这一部分的内容与前面理性情绪疗法的应用领域是息息相关的。笔者采用了任智、曾延凤、金小丽、王学升以及谢文等学者的观点将理性情绪疗法的应用对象做了以下归纳和分析：在学生中的应用；在妇女中的应用；在病人中的应用；在特殊人群中的应用。[12][13][14]

3. 总结

根据对相关文献的回顾发现，目前国内外学者对聋哑学生以及理性情绪疗法的研究均不在少数，但是将二者结合起来的案例却较少。对聋哑学生的研究基本上还是停留在界定问题、评估需求、提出对策这三个主要的方面。而对理性情绪疗法的应用也还主要停留在医学领域、心理学领域，而社会学和社会工作领域则较少。

从大量文献中可以看出，目前学者对聋哑学生研究主要是从问题视角出发，界定聋哑孩子的各种问题，包括性格缺陷、行为偏差等。笔者在本文中，不仅展示了案主的问题，也尝试发现和挖掘案主的潜能，用优势视角来看待和分析案主的问题，以期与以往的研究有所不同。

理性情绪疗法是个案工作的方法之一，但是它在专业社会工作领域的应用却是十分有限的。目前学者对理性情绪疗法的研究主要还是在心理学、临床医学等领域，应用的对象中也包括一些特殊群体，但这些特殊群体往往是指吸毒者、贩毒者等。

笔者在现有研究成果的基础上，尝试将理性情绪疗法介入的领域扩展到社会工作领域，将研究的对象发展到残疾人士当中的聋哑学生这一群体，以自己对某聋哑学生提供的一个个案服务为案例，探讨理性情绪疗法对聋哑学生介入的可行性和有效性。

二、研究内容及方法

（一）研究内容

本文以笔者在 Y 市儿童福利院为某聋哑学生提供的个案服务为基础，以一对一的服务方式与案主进行交谈，并在交谈过程中与案主共同寻找其"非理性信念"，改变案主偏激和极端的想法，并以此提升案主的人际交往能力和"理性"看待及处理问题的能力，尝试研究和探讨理性情绪疗法对聋哑学生介入的有效性和可行性。本次研究严格按照个案工作的一般过程进行，包括接案与资料收集、诊断与制订计划、介入与治疗、结案与评估以及社工反思等五大部分。

（二）研究方法

本文主要采用定性研究的方法，并将理论与实践相结合。笔者将具体的研究方法总结为以下几个方面：

1. 文献法

此方法应用于两大部分：第一，在开展研究以前，笔者对有关"聋哑学生"的文献进行收集和整理，了解目前国内外关于聋哑学生的研究和探讨主要集中于哪些方面，并对有用的文献进行梳理，撰写文献综述，同时，也对有关"理性情绪疗法"的文献进行分析，了解目前国内外学者研究的领域和对象。第二，在提供服务的过程中，笔者针对有关的问题及时查看并阅读相关的文献和书籍，并对重要的部分进行摘抄和记录，让理论指导实践。

2. 访谈法

访谈对象与内容主要包括：第一，主要对象是 Y 市儿童福利院某聋哑学生。首先，在服务前期主要是前期的初步接触，了解和收集案主的背景资料，并且初步判断案主的问题，与案主共同制定目标与计划。其次，在服务中期，主要采用个案访谈中的深度访谈，深入剖析案主的"非理性信念"并查找原因，并运用理性情绪疗法对案主进行服务。最后，在服务后期，通过访谈了解案主的收获，及时进行工作评估。第二，除对案主的干预以外，笔者在生态系统理论的指导下，还对与案主相关的人员进行访谈，主要有特殊教育学校的老师、福利院里面的老师和职工，主要了解案主在接受服务前后以及在学校和福利院的变化。

3. 观察法

在本次研究过程中，笔者将观察法应用于三个部分：第一，笔者对案主进行参与观察，由于每周都会开展一次个案服务，在此过程中，社工能够在交谈中恰当地捕捉案主的表情和反应，这对社工继续进行服务和对工作的总结和评估都是十分有益的；第二，笔者在福利院内和特殊教育学校对案主进行非参与观察，通过此方法的应用，笔者更能发现和了解最为真实的案主，从某种意义上说，这较参与观察来说更能反映案主的特点；第三，本项目的督导定期对实习社工提供服务的过程进行观察，并及时将观察到的信息反馈给实习社工，不仅有利于社工服务水平的提高，也有助于结案后进行工作总结和评估。

通过运用这些研究方法，笔者可以收集到很多有效且可靠的信息和资料，虽然本文的研究方法比较普遍，但是基于全新的视角进行尝试，讨论和分析理性情绪疗法对聋哑学生介入的可行性，以期得以推广。

三、个案概述

（一）案主自述

我19岁了，在Y市特殊教育学校上一年级。我喜欢看书，不喜欢跟别人交谈，只有与特殊教育学校里面的同学玩耍才会感到很开心。我的父母去世了，以前很难过，现在没有那么难过了。父母去世后，我跟爷爷奶奶共同生活了一段时间，之后就去了一个寄养家庭，再后来又被奶奶送到了福利院，因此我很讨厌我的奶奶。我不喜欢待在福利院，因为在这里总是很无聊，而且有人会偷我的东西，所以以后等我从特殊教育学校毕业了，我会出去找工作，离开福利院，我想做的工作是当一名服务员，我现在要好好学习、天天向上。

（二）院方描述

田某，男，19岁，弃儿，职高一年级，爱干净、内向、怪脾气、聋哑，曾有偷盗行为，自尊心强。总体来说比较乖，与人交流还可以，懂得感恩，很少与院内其他人交流，生气后行为偏激（绝食、生闷气）。

（三）社工描述

案主田某是一名19岁的聋哑孩子，现就读于Y市特殊教育学校。其父亲因车祸去世，母亲也因为疾病去世。在父母去世之后，案主来到了爷爷奶奶家，靠他们抚养。由于爷爷奶奶年龄较大，并靠务农为生，收入微薄。10年前奶奶将案主送到了Y市儿童福利院。案主性格内向，甚至有些孤僻，在福利院很少与其他孩子交流。由于聋哑的原因，他靠手语与别人交流，因此，他的心里话和"小秘密"一般会与福利院会手语的王老师分享。

案主于2011年4月与其他几名聋哑学生被犯罪分子拐骗到其他省市，后来在福利院老师的大力寻救下，将田某成功救回。回来之后，田某无论在特殊教育学校还是福利院都有了较大的改变，在老师和同学的帮助下，学习成绩有所提高，生活习惯有所改善。

案主存在的最大问题就是遇事偏激、极端，比如在生气之后常常对人对事"怀恨在心"，甚至出现绝食、自残和逃学等极端现象。在特殊的情况下脾气很暴躁。例如，案主某一天因为福利院的两个小孩子将他的裤子剪坏了而生闷气，案主认为自己被小孩戏弄，对他们表示出强烈的讨厌之情，并表示"永远不会原谅他们"，在此之后，他甚至怀疑这两个小孩子想要偷他的东西，并产生了愤懑的情绪。事情发生后的第二天，案主就不愿意去上学，谁也劝不动，后来在福利院王老师的帮助下重新回到了学校。再如，案主因为奶奶将其送到了 Y 市儿童福利院，一直对奶奶不满，认为奶奶抛弃了他，让他受了很多苦，得不到亲人的关心和爱护，他表示"再也不想回爷爷奶奶家"，在一般情况下，只要有人提到与他以前生活的人和地方，他就会生气，长时间独处，不与任何人交流。

四、接案与资料收集

（一）接案交谈记录（第一次交谈）

田某属于此项目所挑选出来的服务对象当中比较特殊的一个，原因在于他属于聋哑人士，对他的服务，不仅需要社工对聋哑人的特点及习惯有一定的了解，还要求社工有较高的专业素养，有较好的耐心、专业的技能和治疗方法对其提供帮助。在对福利院全体孩子做了相关的问卷调查并做出基线分析后，项目主管向 17 名社工介绍了每一个服务对象的情况。由于笔者在大学期间经常接触该特殊群体，对其有一定的认识和了解，并在之前为特殊教育学校的孩子开展小组活动的时候学习了一些手语，能够与田某进行简单的交流，再加上笔者自己的兴趣，所以决定介入此个案，对其进行一对一的个案服务。

个案过程描述	社会工作者的处理、感受和反应
社工：你在做作业吗？我在你旁边应该不会打扰你吧 案主：（点头、微笑并在纸上写道）我还有一会儿就做完了 社工：（大约 10 分钟之后）你做完啦 案主：是呀，你是谁	社会工作者在一旁做自己的事情，不给案主造成负担，在案主遇到问题需要求教的时候给予帮助
社工：我是宜宾学院大四的学生，也是一名实习社工，从现在起我将每周与你进行一次交谈，你知道这件事情吗 案主：哦，之前院里的余院长讲过这件事情，原来你就是社工姐姐，听说你是来帮助我的	社会工作者觉得案主很愿意接受社工友好的行为，并可能会尝试与社工交流

个案过程描述	社会工作者的处理、感受和反应
社工：是呀，我姓罗，你就叫我小罗姐姐吧，你呢？可以给我介绍一下你自己吗 案主：（在语文书上记下社工的名字）我叫田×，今年19岁了，在特殊教育学校上学，喜欢看书	社会工作者询问案主的基本情况和信息，为初步诊断案主问题奠定基础，社工感觉案主在此过程中对与社工的谈话是感兴趣的
社工：你在福利院生活了多久了？为什么会来这里 案主：我在10年前就被奶奶送到福利院，之前是和爷爷奶奶生活在一起的，但是没过多久他们就把我送走了。我讨厌他们，居然抛弃我（很不开心，想要继续写什么，又停了下来，顿了顿又继续写道），现在我都不想他们了	社工认为在这个过程中，无形中拉近了案主与社工之间的距离，对建立专业的工作关系是有利的
社工：那你在福利院生活得好吗 案主：（好像有些心不在焉）你刚刚写的什么 社工：我刚刚问你这些年在福利院生活得怎么样	案主对爷爷奶奶送走自己的事情仍然不能释怀，认为爷爷奶奶不爱自己，抛弃了自己
案主：（望了望窗外，又望了望自己的手机）我觉得在福利院很无聊，每天都这样重复地度过，感觉没什么意义，还有一些小孩子偷我的东西，而且院里的老师又不让我们出去玩，以后等我毕业了，我就不住在这里了	案主对福利院并没有归属感，甚至想要逃离出去，帮助案主增强对福利院的归属感是目标之一
社工：那你觉得在特殊教育学校怎么样 案主：比在福利院好一些，过得要充实一些，并且班里的老师同学都会手语，可以跟他们玩。而且除了学习课本知识之外，我们平时还要学习做手工和缝纫	社工认为可以多与案主讨论特殊教育学校的事情，调动案主积极性，鼓励案主多进行表露，以此为切入点让案主更加信任社工

（二）对案主心理特点的分析

根据这次接案交谈的情况，以及福利院老师、工作人员方面所提供的信息，发现案主作为一个从小就面临聋哑、"被抛弃"的孩子，存在着一些独有的心理特点，笔者将其总结如下：

第一，认为自己是一个被爷爷奶奶抛弃的孩子。在与案主的谈话中，案主指出爷爷奶奶将自己送到了福利院这一行为是不爱他的表现，是对他的抛弃，因此对爷爷奶奶有较深的怨恨情绪。

第二，对福利院缺乏归属感和安全感。在此交谈中，一方面，案主对福利院的描述最常用的一个词就是"无聊"，认为每天都只是在重复着过日子，并没有太大的意义；另一方面，案主总是认为福利院的孩子要偷他的东西，因此在福利院生活总是缺乏安全感。

第三，案主对特殊教育学校有较深的情感。案主指出，在特殊教育学校，班级里的同学跟他一样都是聋哑学生，他可以比较好地同他们交流，同时学校的老师都是特殊教育老师，一方面，能够给予他们一些特殊技能的学习，例如，做手工、缝纫等；另一方面，对聋哑孩子的心理也有一定的了解。

在这次交谈结束后，笔者还与福利院的王老师以及案主所在的特殊教育学校的班主任刘老师进行了交流，笔者从他们那里了解到，案主是一个很乖巧的孩子，平时很懂事，学习也比较用功，只是因为之前有过被拐骗的经历，之后再遇到事情时就比较极端，主要表现就是逃学、绝食等。

五、诊断与制订计划

（一）案主面临的问题及其分析

根据福利院提供的案主资料，以及笔者所在的机构对案主进行基线测量得出的初步分析结果，并结合笔者开展的个案接触交谈对其的了解，我们对案主的问题进行了评估，将其问题做出如下总结：

1. 人际交往能力欠缺

相关的研究表明，聋哑学生因为不具备正常孩子的听说能力，往往缺乏正常的交往能力，特别是不太愿意与正常人交流。一方面，这是由于自身能力的限制，他们只能用手语与别人交流，但别人不一定懂手语，因此产生了交流的障碍；另一方面，受到自身心理的影响，聋哑孩子会意识到自己与周围环境的不一样，甚至有可能产生自己是"异类"的想法，因此不愿与人交流。

在本案中，笔者发现案主在福利院的时候往往都是一个人看书、玩手机，在看到其他小朋友结伴而行的时候会投去羡慕的眼神。福利院只有一个与案主一样也是聋哑的孩子，但因为年龄的差距，他们交流也比较少，对于其他孩子，案主更是不能迈出主动交流的第一步。

2. 心理孤僻、内心封闭，有一定的自卑情绪

笔者结合所查阅的资料以及从一些从事过聋哑学生教育的老师介绍得知，聋哑学生由于生理上的缺陷，会带来心理上的不健全，他们表现得非常悲观、孤僻和自卑，觉得自己处处不如别人，认为自己跟正常人有极大的差距，往往只活在自己的小世界里面。他们会对外界产生焦虑不安的情绪，别人很难走进他们的内心世界，往往将自己封闭起来，并且对身边的人和事都特别敏感多疑。[15]在本案的介入过程中，笔者发现案主在福利院几乎不与别人交流、交往，福利院的王老师也指出，案主平时有什么事情基本上不会告诉别人，都把事情憋在心里。在笔者与案主的交流中，案主也很难敞开心扉，刚开始的很长一段时间都只是向社工提供一些无关紧要的信息。福利院所举行的一些活动，

11

诸如表演、出游等，案主都较少参与，案主觉得自己根本做不好这些。

3. 行为偏激（绝食、逃学）、仇视

相关研究指出，聋哑学生与正常孩子相比，他们的心理问题多数反映为品行障碍，看问题片面化、绝对化、极端化，对正常人的世界存在着抵触、防御甚至是仇视情绪，表现出较强的攻击心理、破坏心理和报复心理。同时，由于语言沟通上的障碍，他们往往对正常人甚至是对老师、他们的父母、亲属等对他们的关心和爱护等产生相当的误解、不予理睬，表现出极度的反感。并且在学习、生活和与人交往的过程中，又往往表现出情绪极端不稳定、非常焦虑、非常容易发脾气。[16]

在介入过程中，案主也表现出了之前福利院的老师和工作人员所提到过的行为偏激和极端的现象，例如，认为爷爷奶奶把自己送到了福利院，是不爱自己的表现，甚至产生了被抛弃的想法和感受，并向社工表示自己再也不想回老家看爷爷奶奶。但笔者从福利院方面了解到，案主的爷爷奶奶并不是要丢下案主不管，而是两位老人的经济情况和身体素质都不容乐观，没有能力继续抚养案主。

（二）工作目标

根据案主自身方面的情况和意愿，结合案主所在福利院、特殊教育学校老师和工作人员所提供的资料，笔者将本案的总目标定为：增强案主对福利院的归属感，使其在福利院过得开心健康、充满意义。协助案主改变遇事后行为偏激的情况，为案主以后更好地融入社会奠定基础。具体来说，我们将本案的工作目标分为以下几点：

第一，鼓励案主回忆自己在福利院愉快且难忘的经历，找到自己在福利院不开心的真正原因，共同寻找解决办法，让案主找到在福利院生活的意义。

第二，积极与院方领导和老师沟通，为孩子们尽可能争取更多的课外活动、课外阅读的机会。

第三，让案主解开"爷爷奶奶抛弃了自己"的心结，让他了解爷爷奶奶对他的爱。

第四，运用理性情绪疗法，让案主认识到自己所遇到的一些不愉快的事情，并不仅仅是由事情本身决定的，还跟自身认知的非理性有关，偏激的行为是由偏激的认知引起的，在理性认知的指导下，让案主渐渐改变遇事产生偏激行为的情况。

通过前期的接触，笔者在与案主建立了良好的专业关系之后，收集了案主自身、案主的家庭、学校等方面的资料，在界定了案主的问题、订立了工作目标之后，与案主共同制定了为期3个月、共15次的个案服务计划。

六、介入与治疗

（一）第二次交谈

个案过程描述	社会工作者的处理、感受和反应
社工：昨天我听说你没有按时去上学，是不是真的呀 案主：（没有立刻回复社工）是的。我不想去上学，心情很不好，想出去玩，但是福利院的老师又不同意，我这几天过得一点都不开心	社工运用对峙的技巧，向案主验证是否真的没有去上学，并尽可能找出事情的原因
社工：你为什么不去上学呀？你们特殊教育学校每天都会教新的东西，你耽搁的这两天老师都讲了好多东西啦，而且你不去上学老师都会担心你的，知道吗 案主：（低着头）我知道啊，可是我真的很不开心，我每次不开心的时候就不想去上学了	案主并不想与社工谈起这件事情
社工：那你能跟我讲讲这次是什么原因让你不开心吗？让社工姐姐帮你分担一些你的不开心，说不定你说出来心里就会好受很多呢 案主：其实是因为福利院的事情（欲言又止）	社工进行引导，希望案主能够更多的进行表露，以了解他的看法和感受
社工：哦？你可以说得具体一点，比如说可以给我列举一些例子，那样我就知道你不开心的事情和原因了，你愿不愿意讲 案主：你不知道，我真的感觉在福利院待不下去了，前几天的一个晚上，我的东西被偷了，我觉得偷东西的人实在是太可恶了，经常做这样让人讨厌的事情，而且我时刻都感觉他们要偷我的东西	社工尝试进一步引导案主做出表露
社工：怎么被偷的？你知道是谁吗 案主：（皱着眉头，好像很生气）他们撬开了我的柜子，我真的不想原谅他们，不想再看到他们，我真的很想赶快离开福利院，去过自己的生活	案主将某一次被偷窃的经历视为一种经常的现象，有些"以偏概全"，属于非理性的表现之一
社工：什么东西被他们偷走了？有贵重的物品吗 案主：就是书和一些生活用品，他们已经还给我了 社工：哦，那老师知道这件事情吗？有没有对那几个孩子进行什么惩罚 案主：嗯，福利院的老师都知道了，王老师还教育了他们	社工在与案主谈话后与福利院的王老师进行了沟通，以期更加全面的了解整个事件和案主的感受和看法
社工：那他们都受到了应有的教训和惩罚，你为什么还对这件事情放不开呢 案主：（摇了摇头）我是永远都不会原谅他们的	社工尝试让案主知道自己的非理性看法

个案过程描述	社会工作者的处理、感受和反应
社工：有一句话叫作"退一步海阔天空"，更何况你因为这件事情每天不开心、生气、不吃饭，也不去上学，你知不知道这样惩罚的是自己。我们在面对任何事情的时候都要放得开，过去的就让它过去吧 案主：算了，我不想再说这个问题了，让我很不开心	再次印证了案主的问题之一，遇到事情总是很偏激很极端，难以从理性的角度出发
社工：那我们下次谈谈其他问题，怎么样？你去想想是什么让你如此的不开心，如果你愿意的话，可以将自己对这件事情的感受写在一封信里给我。	社工尝试布置"家庭作业"，让案主做更深入地自我分析

在本次的个案服务中，社工与案主聊到了案主因为东西被盗后不去上学一事，希望通过社工的介入和开导，案主认识到自己看待问题的角度是存在一定问题的，为接下来理性情绪疗法的介入奠定良好的基础。本案中案主存在的一些非理性看法有：

第一，案主认为只要自己不开心就没有心情去上学。在本次交谈中，案主指出，因为自己很不开心，所以就有足够的理由和借口不去上学。案主不知道情绪和生活是应该分开的，不能因为情绪的问题影响到其他方面，更不能在坏情绪的影响下而产生更多的问题。

第二，案主将所有问题都归结于福利院的一些孩子，认为完全是因为他们的过错导致自己很不愉快。进而引发自己不去上学的问题。

第三，案主经常怀疑别人会偷自己的东西，这是一种典型的对别人不信任的心理，同时也说明案主容易"概括化"，认为这样的事情以后一定还会出现，这是非理性信念的典型特征。

通过以上分析发现，案主确实存在非理性信念，需要理性情绪疗法对其进行疏导和帮助，个案服务就是围绕发现案主的非理性信念，找出产生非理性信念的原因，与非理性信念做斗争，树立理性信念，巩固成果等几个阶段来进行。

（二）介入方法——理性情绪治疗

1. 理性情绪疗法

理性情绪疗法（Rational Emotive Therapy，简称 RET）是 20 世纪 50 年代著名心理学家、心理治疗家阿尔伯特·艾利斯（A. Ellis）在美国创立的。艾利斯最早把自己的理论称为理性疗法，强调认知的作用，后来又觉得应重视情绪的影响，所以改为理性情绪疗法。[17]理性情绪疗法有如下理论假设：

（1）对人性的基本假设。

艾利斯认为在人的内心有两种倾向，一种倾向是好的，发展出理性、健康的生活方式；另一种是不好的，发展出非理性的信念，像过分概括化、易受暗示、逃避成长和追求完美等，容易造成不良的生活方式，产生心理失调。

（2）心理失调的原因和机制。

理性情绪疗法对求助者心理失调的原因和机制进行了深入细致的研究，并将研究的结果概括为 ABC 理论。A 代表引发事件（Activation Events），是指求助者所遇到的当前事件。B 代表求助者的信念系统（Beliefs）是指求助者对引发事件的认知和评价，它既可以是理性的，也可以是非理性的。C 代表引发事件之后出现的各种认知、情绪和行为（Consequences）。理性情绪疗法认为在大多数情况下，AC 之间还有一个信念因素在起作用，只有通过求助者的认知和评价引发事件才能影响求助者。由于求助者通常根据自己大量的非理性信念看待引发事件，这就导致求助者的不良情绪和行为的产生。有效的帮助是对求助者的非理性信念系统进行质疑，这个过程可以用 D（Disputing irrational belief）来表示，这样就可以协助求助者克服各种非理性信念，最终使求助者的情绪和行为困扰消除，形成一种有效的理性生活方式，达到目标 E（A New Emotional and behavioral effects）。[18]

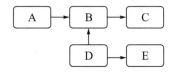

2. 本案采用理性情绪疗法的原因

笔者在对该聋哑学生的个案服务过程中采用了艾利斯的理性情绪疗法，这是从案主的实际情况和自身特点出发的：

（1）社工前期在对案主的接触中发现，案主存在情绪波动大、遇到事情后总是呈现出极端、偏激的行为，具体表现为逃学、绝食和自残。可以看出，这属于典型的非理性信念，属于艾利斯所指出的普遍化一类，他把自己对某件和某些事物的看法概括为所有事物的普遍特征，认为所发生的事情糟糕透了，严重影响了自己的生活和学习。基于此，社工认为用艾利斯的理性情绪疗法对其提供服务是十分可行的。

（2）在对理论的假设中，艾利斯对人性的看法是比较客观和合理的，认为人既有理性的、又有非理性的信念，认为每个人既有优点、也有缺点。聋哑学生是社会中特殊的一类人群，他们需要得到社会的认可和支持，以艾利斯所推崇的价值观来看待他们，既是一种尊重，也体现了专业的水准。

3. 本案的治疗过程

本案以协助案主改变非理性信念为中心，采用艾利斯的治疗方法，主要包括以下五个方面：

（1）明确辅导要求。

首先，社工需要与案主建立良好且稳定的专业关系，使案主信任社工。其次，社工要告知案主有关理性情绪疗法的相关内容，让案主有所认识，为接下来的几个阶段工作奠定良好的基础。再次，社工要及时收集案主的资料，发掘案主的问题，将众多问题按照主次进行排列，与案主共同制定服务目标和计划。

社工：我们已经进行了四次交谈，不知道你有什么感受？

案主：嗯……（停顿了一会儿），每周四你都会来看我，还要跟我聊天，我觉得很开心。

社工：哦？能给我举例说说我来看你为什么会让你开心吗？

案主：因为在福利院里面我感觉特别无聊，没有人和我说话，你来的话就有人跟我玩啦。而且你还跟我学习手语，我觉得很有趣。

社工：今天我给你带了一些书籍，你想看吗？

案主：（很兴奋地点点头并接过书）什么书呀？

社工：你先看看吧，是有关理性情绪疗法的书籍。

案主：（有些疑惑地望了望社工，然后低下头去看书籍）哦，好的。

社工：理性情绪疗法是一种帮你解决现有问题的有效方法，特别是对情绪不稳定的人，行为比较偏激和极端的人很有用。可能现在你还不是很清楚，以后你就会慢慢明白。

案主：嗯，我觉得自己好像有时候行为和想法就会有些偏激。

……

（2）检查非理性信念。

在与案主建立了良好的关系之后，社工就需要采用直接的指导方法干预案主的生活，积极引导案主对自己的非理性信念进行检查。

在本案中，社工界定案主的非理性信念主要包括以下几个方面：第一，案主将奶奶送他到福利院看作是奶奶对他的抛弃；第二，在遭遇了福利院个别孩子未经同意拿他东西的事，案主认为福利院的孩子都是不可接触的；第三，案主认为发生了令自己不开心的事情就应该采取极端的方式来处理。在此过程中，社工极力引导案主认识到自己这些想法是非理性的。

（3）与非理性信念辩驳。

在发现了案主的非理性信念以及原因之后，社工需要及时引导案主与这些非理性信念进行辩驳，发现其不合理之处和不切实际之处，并让案主知道这对其自身的发展是极为有害的，鼓励案主放弃非理性的思考方式，更好地面对生活。

社工：我听说昨天你没去上学，有这回事吗？

案主：（低着头）嗯，我昨天心情很差，没去学校。

社工：我想应该有什么让你不开心的事情吧，可以给我说说吗？

案主：（继续低着头）昨天福利院的两个小孩子把我的裤子剪坏了，我一辈子都不会原谅他们。

社工：除了没去上学，我还听说你没吃饭，也没跟别人说话。

案主：我每次心情很差的时候都不想说话，也不想吃饭。

社工：可是你觉得这样对自己有没有伤害呢？

案主：我真的很讨厌那几个坏小孩，他们不是乱拿别人东西就是弄坏别人的东西，简直太可恶了，我毕业后一定要离开这里。

社工：既然这样的事情已经发生了，我们就应该正确地去面对，不吃饭、不上学伤害的只是自己，对其他犯错的小朋友没有任何影响。

······

（4）学会理性生活方式。

经过几个阶段的治疗，接下来就要协助案主找到合理、理性的情绪和行为反应方式，并把理性信念与合适的情绪和行为反应连接起来，形成理性的生活方式。

社工：听说你上周末回老家了。

案主：（有些激动地点点头）是呀，我回去看爷爷奶奶了，他们给我做了好多好吃的东西，我很开心哟，五一节放假的时候我还会回去。

社工：看来你已经不再埋怨爷爷奶奶把你送到福利院了。

案主：（望了望社工）之前你跟我说爷爷奶奶其实是为了我好才把我送到了福利院，现在我长大了，也知道他们没有那么多钱来供我上学，他们其实对我很好的。

社工：你能这样想真是太好了。

案主：我这次回家真的很开心，也想明白了很多事情，我不想再像以前一样，什么事情都往坏的方面去想，你跟我说过这是极端的表现。

······

（5）巩固辅导效果。

在此阶段，社工的主要任务包括以下几个方面：第一，帮助案主继续练习理性的反应方式，巩固个案辅导的效果。第二，帮助案主逐步内化理性的信念，并鼓励案主以此指导自己的现实生活。第三，布置一些家庭作业，并鼓励案主在今后的生活中继续学习一些有关理性情绪疗法的内容。

案主：（有些开心）我听特殊教育学校的班主任刘老师讲你前几天去了我的学校，你去干吗呀？

社工：我去你们班主任刘老师那里了解了一下你最近的情况。她表扬你了哟，她说你这学期学习很认真，也积极参加班集体的活动，最近也没有逃学的情况了。

案主：（笑了笑）。

社工：你看班主任老师都觉得你有很大的进步，今天交谈之后，你能不能在一张纸上写下自己现在每次在不开心的时候都在想些什么，下周我来的时候跟我分享？

……

七、结案与评估

（一）结案会谈

社工在交谈结束前的两周提前告知案主结案的时间，同时经过案主的反馈以及福利院和特殊教育学校方面的反映，本案在基本达成了目标之后顺利结案。

个案过程描述	社会工作者的处理、感受和反应
案主：（微笑并在纸上写道）我听特殊教育学校的刘老师讲你前天去了我的学校，是真的吗 社工：是呀，我去了解一下你这学期的情况刘老师还表扬了你呢 案主：真的吗？真的吗？刘老师说了些什么？真的是表扬我吗 社工：刘老师说你这学期在学校的表现很好，让所有教你的老师都对你刮目相看，不论是在学习还是在生活中，与以前相比都有很大的进步，刘老师还说你现在性格也开朗了许多，喜欢跟同学们交流了	案主主动与社工打开了话题，说明案主已经学会了主动表露自己的感受，案主与社工的关系良好 在对话中可以看出案主很在意别人对自己的看法和评价 案主改变了很多非理性情绪 案主更加自信了，不再是之前对自己充满怀疑的孩子了 社工采用封闭式提问，希望让案主将这些好的方面继续保持下去，真正运用于生活中

个案过程描述	社会工作者的处理、感受和反应
案主：（很期待地望着社工，同时有点害羞）哦，真的吗？之前刘老师也表扬我，说我做手工和学习缝纫都特别努力和认真，而且她说我这学期没有逃学的情况，我现在都不会因为生气而不去学校了 社工：是呀，那你一定会继续保持下去吗 案主：我一定会的。哦，对了，前些天我都回家去玩了好几天，真开心 社工：哦？你之前不是告诉我因为你不喜欢自己的爷爷奶奶而不想回家去吗 案主：没有啊，以前我以为是爷爷奶奶不想把我留在身边，后来福利院的老师告诉我，是因为爷爷奶奶生活比较困难，害怕我跟着他们受苦，所以才把我送来了福利院，前不久他们还来看了我，我挺开心的 社工：看来，你已经明白了爷爷奶奶的苦心 案主：是啊 社工：前两周我已经跟你说了这是最后一次和你交谈了，你觉得我们这几个月的交流和沟通怎么样 案主：（低了低头，又望向社工）我觉得这几个月挺开心的，有什么事情都可以向你倾诉，你可以跟我讲很多东西，以前觉得在福利院除了王老师以外没有人可以说话，后来你来了就又多了一个人 社工：那你觉得我走了之后你会不会感到孤单呢 案主：会呀，因为我在福利院没有什么朋友，他们总是欺负我，拿我的东西，而且我不喜欢待在福利院，实在是没有意思 社工：我走了以后还会来看你的，你也可以与我联系，知道吗？我还会为你提供三个月到半年的跟进服务	社工采用对峙的技巧，问清楚案主是否真的"想回家""回家是否真的像他说的那么开心" 案主终于消除了对爷爷奶奶的误解，能够体谅和宽容别人了 社工试图听取案主对个案服务的感受和看法，以此作为个案评估的依据和材料之一 案主对社工不舍，社工需要处理好案主的离别情绪 案主还是未能增强对福利院的归属感，这是未完成的目标 及时告知案主跟进服务。为以后的跟进工作奠定基础

（二）个案评估

本次个案服务开展了近3个月，随着案主"非理性情绪"的改变以及个案服务目标的基本达成，案主可以在自己"理性情绪"的引导下独立理解和处理问题了，因此社工和案主都认为可以结束专业关系了。对个案工作的总结和评估，可以了解个案服务的成效。笔者从前面列出的目标出发，检查和评估个案服务的成效：

1. 个案目标基本达成

本案个案服务最重要的目标就是利用理性情绪疗法协助案主改变非理性信

念。社工在本案的介入过程中，与案主建立了专业关系之后便告知了案主什么是理性情绪疗法，在之后的服务中也在该疗法的指导下帮助案主解决行为偏激的问题。一方面，案主已经解开了"爷爷奶奶抛弃自己"的心结；另一方面，案主基本不再逃学、绝食了。在服务的后期，社工主要从福利院和特殊教育学校两方的老师那里了解服务的效果。两方都肯定了社工对案主的帮助，表示案主在这一学期有很明显的进步和变化，表现在学习上、与老师和同学的交流以及在学校的劳动活动中。

2. 社工自评

社工从三月接案开始，到六月结束服务，尽自己最大的努力帮助和支持案主，从未有过缺席的情况，对于计划书、个案记录表格、生态系统图等相关资料的填写和上交都是认认真真、勤勤恳恳；在对案主的服务方面，每次在去开展个案会谈之前都会调整自己的状态，以期以最好最饱满的精神去见案主；在个案会谈中，尽量将自己在课堂上学到的以及课外了解到的知识运用到对案主的服务当中，以自己最大的努力协助案主解决问题。

3. 案主评估

在结束服务之前，社工指导案主填写了个案结束评估表，通过评估表格可以看出，案主对社工的服务十分满意，他认为自己的目标已经基本达到，自己的问题也已经得到了解决，并指出社工给他提供了课业辅导、情绪辅导、就业指导以及生活关心等方面的支持与服务。

4. 根据跟进工作进行评估

笔者在结束个案服务后的近半年时间里定期与案主保持联系，方式包括短信、QQ 聊天等，同时，笔者还重返过福利院对案主的情况进行了了解，发现案主心态积极乐观了很多，并一直保持着良好的学习和生活习惯。并且案主基本实现了自己毕业后要去当服务员的目标，他在每个寒暑假都会找相应的地方进行实践锻炼。

5. 未达成的目标

在肯定了案主良好变化的同时，笔者不能否认未完成的目标，以及案主还存在着的问题，具体总结为以下几个方面：

第一，虽然案主在看待问题的方式上更加理性了，但是案主的情绪还是不太稳定，总是反反复复，时而很开心很满足，时而又消极低沉。这说明案主还需要对"理性情绪疗法"进行较长时间的学习和训练。

第二，本次个案服务虽然开展了近 3 个月，但是想要让案主完全"理性"地去认识和看待身边的人和事是比较困难的。

第三，服务的目标之一是让案主找到在福利院生活的意义，增强对福利院的归属感，但是在服务结束之后案主还是认为在福利院生活感觉不到快乐，想尽早离开福利院。

八、社工反思

通过为期三个月的个案工作实务训练，从中获得的很多经验、学习到的很多实务技巧等将对笔者今后个案工作的开展有很多的借鉴意义和作用，同时，这一次个案服务的开展，不仅是实务的训练，也是将理论应用于实践的一次学习和经历。但是笔者深知自己还做得很不够，在很多方面还需要提升和完善。笔者将本次开展的个案服务进行了总结和反思，具体提炼为以下几点：

（一）笔者对"理性情绪疗法"的认识还比较浅显和狭隘

本次个案在艾利斯"理性情绪疗法"的指导下为聋哑学生提供服务，但是笔者自己所了解和掌握的"理性情绪疗法"主要来源于之前学习过的《个案工作》以及一些已有的文献资料。笔者并没有注意到目前对"理性情绪疗法"已有了新的研究和突破，这就告诫笔者不仅仅要关注书本上的知识，更要多了解社会工作的一些最新研究成果和研究动态。

（二）"参与观察"带来的局限性

由于笔者自身的疏忽，最后让案主填写"个案结束评估表"的时候，社工没有正确采用观察的方式。笔者参与其中，指导并观察案主的填写情况，当时没有发现问题，之后才察觉到案主对社工的评价十分高。表面看来这是案主对社工的肯定，但这样的评估结果并没有反映出真实的情况，这主要是社工的实务经验还不成熟所造成的。

（三）知识欠缺对专业工作的限制

社会工作要培养的不仅是"专才"，从某种意义上说，它更加需要一个"通才"。社工不仅要掌握个案工作的技巧，包括支持性技巧、影响技巧等，还应该适当地接触一些心理学、社会学、人类文化学以及法律知识等，这样才能够为案主链接更多的资源，尽可能从各个方面全面地分析和解决案主的问题。在本次个案服务过程中，笔者就有亲身的体会和感受，法律知识的匮乏、心理学和社会学等知识的不扎实导致笔者走了很多的弯路，服务质量也受到一定的影响。

（四）准备工作的必要性

笔者在个案服务过程中充分认识到，在每一次个案服务之前都要做好充分的准备，包括会谈的计划、会谈中可能出现的问题及应对方案等。才能够真正做到从案主的问题出发，想案主之所想，急案主之所急。并且最好能将每一次对下一周服务的计划和安排与督导老师进行交流，在他们给予反馈意见和建议以后，做出相应的修改和完善。这样不仅有利于将最好的服务提供给案主，也有利于社工自身专业素质的提高。

（五）交流和沟通的重要性，不要孤军奋战

交流和沟通包括与案主、其他社工、督导老师、福利院以及特殊教育学校的老师等，这样能够从不同的渠道获取更多更全面丰富的信息，也有利于更好地深入了解案主，最重要的是能够得到团队的支持，收获就会更大。在本次个案服务中，笔者多次与案主所在福利院的老师和特殊教育学校的特教老师沟通，及时了解案主的变化。同时，笔者每周向督导老师提交个案记录时都会及时反映自己所遇到的困难和问题，在与督导老师的交流中，能够学习和收获更多相关知识，这也有利于提高笔者专业能力。

参考文献

[1] 张翼杰. 论残疾儿童受教育权的法律保护 [J]. 残疾人研究，2012（04）：13—18.

[2] 张小根，傅林峰. 论残疾儿童少年受教育权的法律保障及其实现 [J]. 中国特殊教育，2004（09）：8—12.

[3] 彭虹，周海燕，陈淑云等. 北京市学前残疾儿童家长心理压力问卷调查 [J]. 中国特殊教育，2010（05）：12—17.

[4] 张长伟，熊全生. 家庭供养模式下农村残疾儿童的社会融合路径研究 [J]. 佳木斯教育学院学报，2012（11）：425—426.

[5] 谈秀菁. 早期教育：为残障儿童的幸福生活奠定基础 [J]. 现代特殊教育，2011（04）：1.

[6] 谌小猛，李敏. 特殊儿童家庭亲职教育需求的调查研究 [J]. 中国特殊教育，2011（01）：4—11+17.

[7] 谷长芬，陈耀红，曹雁. 北京市0~6岁残疾儿童家长教育需求研究 [J]. 中国特殊教育，2012（04）：14—20+43.

[8] 阳莉华. 影响理性情绪疗法临床疗效因素分析 [J]. 临床心身疾病杂志，2007（03）：269—271.

[9] 苏朝霞，刘猛，袁立壮. 理性—情绪疗法本土化研究 [J]. 医学与哲学（人文社会医学版），2006（05）：59—60.

[10] 张文. 合理情绪疗法理论对失恋大学生摆脱情绪困扰的启示 [J]. 思想教育研究，2010（05）：66—68.

[11] 常雅慧. 大学生失恋受挫心理透析与调试——基于理性情绪治疗个案工作模式 [J]. 辽宁行政学院学报，2013（10）：91—93.

［12］任智．理性情绪教育对初中学生考试焦虑的干预实验研究［D］．长沙：湖南师范大学，2005．

［13］金小丽．理性情绪疗法对产后抑郁的作用观察［J］．浙江创伤外科，2013（04）：591－592．

［14］王学升，徐凯华，张胜云，等．理性情绪疗法对改善精神分裂症患者低自尊及生活质量的影响［J］．中国健康心理学杂志，2010（12）：1423－1425．

［15］蒙山野．浅谈聋哑学生的心理问题和解决策略［J］．中国校外教育，2012（04）：15．

［16］杨洋．残障儿童生存现状及福利服务分析［J］．残疾人研究，2012（03）：43－46．

［17］彭传媛．生命之光［D］．武汉：华中师范大学，2012．

［18］许莉娅．个案工作［M］．北京：高等教育出版社，2004．

附录一：生态系统（社会关系和家庭结构等）图

日期/时间：2013 年 5 月 3 日	个案编号：09
案主的详细资料	
姓名：田×	年龄：19
身体状况	有先天性残疾，聋哑，其他状况一般。
问题说明	性格孤僻，遇事后行为较为偏激。
总体服务目标	协助案主改变偏激的行为，在福利院更好地成长。
其他	

生态系统图

辅助语言描述：
案主，男，19 岁，现就读于 Y 市特殊教育学校。其父亲因车祸而去世，母亲也因为疾病去世，在父母去世之后，案主来到了爷爷奶奶家，靠他们抚养，由于爷爷奶奶年龄较大，靠务农为生，收入微薄，10 年前奶奶将案主送到了 Y 市儿童福利院

备注：由于案主很小就被送到了福利院，所以他对爷爷奶奶以及父母的很多事情都记不清楚了，包括年龄等，所以社工没有列出来，另外，在上图中描述的关于案主与父母等亲人的家庭关系是指案主父母去世之前的情况

注：生态系统（社会关系和家庭结构等）图可完善基础信息后打印出来手绘，也可直接运用办公自动化软件绘制，亦可用其他工具制作后，截图保存。

附录二：个案结束评估表

案主姓名：___田×___　个案编号：___09___　日期：___2013 年 6 月___

1. 你对负责社工的表现满意吗？

☑ 非常满意　　　　　☐ 满意　　　　　☐ 一般

☐ 不满意　　　　　☐ 非常不满意

2. 负责社工对你提供了何种帮助？请从下列范围挑选（可选多项）

☐ 没有提供帮助

☐ 提供有用资料

☐ 家庭关系

☑ 生活适应

☑ 情绪辅导

☐ 转介服务

☐ 行为问题

☑ 学习问题

☐ 复康工作

☐ 健康问题

☑ 人际关系

☐ 就业辅导

☐ 经济援助

☐ 其他（请注明）

3. 总体而言，服务能否协助你面对/解决你的困难？

完全不能　　　　　　　　　　　　　　完全解决

1　2　3　4　5　6　7　√　8　9　10

4. 自接受本社服务后，你的情况有否改善？

完全没有改善　　　　　　　　　　　　完全解决

1　2　3　4　5　6　7　8　√　9　10

5. 与社工接触时，你对解决你的困难的积极性如何？

☐ 非常积极　　　　　☑ 积极　　　　　☐ 一般

☐ 不积极　　　　　☐ 非常不积极

6. 本个案结束之时，你与社工双方同意的目标能否达到？

☑ 能　　　　　　　　□ 不能（原因）：＿＿＿＿＿＿＿＿＿＿＿

7. 其他评语或意见

＿＿＿＿＿＿＿＿＿＿＿＿＿＿＿＿＿＿＿＿＿＿＿＿＿＿＿＿＿＿＿＿

＿＿＿＿＿＿＿＿＿＿＿＿＿＿＿＿＿＿＿＿＿＿＿＿＿＿＿＿＿＿＿＿

案主签署：＿＿田×＿＿

小组工作介入儿童性侵害预防的实务研究

梁绍张

修订人：王昊

指导教师：黄春梅

摘　要　近年来，儿童"性侵害"案件的频繁发生，不但给受害者带来极大的伤害，同时也对社会造成了恶劣的影响，儿童性侵害的预防迫在眉睫。本文以笔者在社会学习理论的指导下，旨在通过小组工作介入儿童性侵害预防的实务研究，探索可行的小组服务模式与方法，总结反思提出建议，从而为儿童性侵害预防工作提供参考价值，促进儿童的健康成长。

关键词　预防；儿童性侵害；小组工作

一、绪论

（一）研究背景

儿童性侵害事件的频繁发生，牵扯着人们的神经。从 2018 年的北京红黄蓝幼儿园虐童案件，再到 2019 年公安机关惩治的利用网络聊天工具猥亵儿童的相关案例，足以证明儿童性侵害给社会带来了极大的影响，也带来了极大的问题。中国少年儿童文化艺术基金会——女童保护基金发布的《2017 年性侵儿童案件统计及儿童防性侵教育调查报告》显示，全年媒体公开报道的性侵儿童（14 岁以下）案件达到 378 起，性侵儿童案件达到了每天平均 1.04 起。其中，男童占比相比以前略有提高，女童占比超过九成，并且受害者在 7—14 岁居多，年龄最小者仅仅只有 1 岁，熟人作案的占比较高。由于家庭监护和家庭教育不到位，学校教育及管理不完善，社区照顾不足，政府保护力度不够，社会风气不良等原因，[1]无知单纯的儿童受到很大伤害。可见，儿童性侵害预防教育迫在眉睫，儿童的健康成长需要社会各界对儿童预防教育问题的高度重视。[2]

近年来由社工团队和专业社会工作机构开展的儿童性侵害预防教育领域专业服务不断涌现，得益于社会的发展与社会福利水平的提升。M社会工作服务中心作为在儿童领域有着丰富经验的社工机构，在K小学儿童社会工作服务项目中，主要通过防性侵课堂走进学校和开展小组工作活动、个案等专业的社会工作方法对M市K小学的学生进行防性侵教育，旨在提升儿童的预防和自我保护意识，提高自我保护技能，从而促进儿童的健康成长。笔者有幸参与该项目，通过进入学校亲自参与实践，借助自身经验的总结与反思进行此次研究。

（二）研究目的及意义

1. 研究目的

第一，通过小组工作介入儿童防性侵教育的实务方法、技巧、模式的探索，总结经验与不足，为后续研究者提供参考。

第二，通过以学校为平台开展的社会工作服务，探究和分析经过学校的介入在儿童性侵害教育中的经验，改进学校对于儿童性侵害教育存在的不足，以及补充学校社会工作者在学校开展服务的实务经验。

第三，重点从性别教育作为出发点对儿童性侵害教育开展的小组工作的优劣性和实务方法进行总结，以便为小组工作介入儿童性侵害教育提供更多的研究价值。

2. 研究意义

第一，本文采用小组工作服务于儿童防性侵教育的方法，对服务效果进行系统和科学的评估，使该领域的实务研究更加多元化，更加广泛，丰富小组工作介入儿童性侵害的研究内容。

第二，本文利用小组工作介入儿童预防性侵害教育的实践研究，为有效的解决社会问题提供了更加丰富的实务路径，开拓了实践创新，为社会各组织提供了更多的实务经验，为建设更加健全的儿童保护服务体系提供有力保障，拓宽了儿童保护服务领域。

（三）相关理论依据及方法

1. 理论依据

（1）马斯洛需求层次理论。

20世纪50年代，心理学家马斯洛提出了"需求层次理论"，他把人的需求划分为五种，依次为：生理需求、安全需求、社交的需求、尊重需求和自我实现的需求。

我国心理学、性学专家王效道教授根据马斯洛的个人需求层次理论，构建了性需求层次理论。该理论主张：人类的性行为是建立在"性需求"基础上的人性化的社会行为。性需求层次理论为我们探讨儿童性需求提供了一个参照，儿童性需求与成人性需求有明显区别。以服务对象的需求为基础开展服务活动，我们以为安全的需求对于儿童必不可少，防性侵教育能够起到保护的作用。服务开展前的需求评估不容小觑，根据马斯洛的需求层次理论和性需求层次理论，我们可以全面评估儿童对性侵害的认识度、家庭和学校对防性侵教育的了解度和重视程度。

可以利用该理论指导小组计划书、需求评估等内容的撰写，例如小组第一节主要是打破僵局，建立关系，第二节可以是让儿童了解自己的隐私部位、自我保护等内容。[3]

（2）社会学习理论。

班杜拉认为，个人的认知、行为与环境因素三者及其交互作用共同对人类行为产生影响。在以往的研究中，理论的建立通常基于采用物理方法对动物进行的实验，人是处于社会中的人，利用此方法不具有科学性。班杜拉指出社会变量这一因素常常被忽略。考虑到人总是生活在一定的社会条件下的，班杜拉主张要在自然的社会环境中研究人的行为，而不是在封闭的实验室中研究人的行为。

班杜拉提出，人类的观察学习现象无法利用行为主义中的刺激反应理论得到解释。因为该理论不能解释表现出新的行为的原因，以及在学习到新行为后什么时候表现出来。班杜拉开展了一系列研究来证明自己的理论，最终利用科学的方法建立了社会学习理论。

本研究根据观察认知替代过程，通过对 K 小学的儿童进行防性侵预防教育的小组活动，运用游戏、情景模拟等方式让这些儿童的性别意识成长，并且让在这个小组团队中一些成长较快的组员对其他组员起到一个榜样的作用，这样的榜样可以调动其他组员更加快速地学习。通过性别意识的成长，组员可以学习预防知识和保护技能，提升主动参与社会与自我发展的能力，培养一个更有利于健康发展的行为习惯。[4]

2. 研究思路

本研究依托于 M 社会工作服务中心在 K 小学的儿童社会工作服务项目，笔者以 K 小学为服务平台，以 4—6 年级的学生为主要服务对象开展社会工作实务。首先，在学校老师的帮助下，笔者采用简单随机抽样的方法，在 K 小学随机抽取了 12 名同学参与服务。其次，通过访谈法及问卷调查等方式进行需求评估，了解他们对性侵害预防教育的认识以及当前存在的问题。经过详细的了解后，开设了"天使之翼"儿童性别成长小组活动，帮助服务对象提高对自己身体的认识，提升自我保护意识，促进他们的健康成长。最后，评估小组工作的成效，探究适合以学校为服务平台的儿童性侵害预防教育的方法，总结经验与不足，为社会工作介入儿童性侵害预防教育提供参考。

3. 研究方法

（1）文献研究法。

论文写作前期，笔者通过网络工具广泛地收集并阅读了与本次研究相关的文献资料，并对此次研究主题的相关概念以及国内外儿童性侵害预防教育研究的现状进行了整理和分析，在此基础上，从已有文献资料中找到了论文的写作思路与方法，也使本次研究更加全面。

（2）问卷法。

问卷法主要在需求评估、前后测试对比、满意度问卷调查等环节使用。在小组活动实施前，先对组员进行需求调查，评估后再设定小组活动计划。然后通过前后测的对比，评估小组工作介入前后小组成员对防性侵教育知识的掌握情况及活动效果，最后通过满意度调查评估组员对本次活动的满意情况。

（3）访谈法。

对随机抽取的 12 名儿童进行无结构式的访谈，从访谈的过程中获得需要的相关信息，了解服务对象的需求与问题，分析组员对儿童性侵害教育的了解程度。对学校领导和老师进行访谈，了解 K 学校开展防性侵教育的情况以及学生的基本情况，以便为接下来的服务活动奠定基础。

（4）观察法。

第一，通过观察服务对象的学校、社区及社会环境等系统，更进一步地了解服务对象的基本情况。第二，社会工作者在与服务对象进行深入访谈和开展服务活动的过程中，观察儿童的行为和心理情绪变化。这一方法既可以了解儿童的需求与问题，还可以帮助社工有效控制整个小组活动的节奏。

（四）相关概念界定

1. 儿童性侵犯

对于儿童性侵犯的定义，目前我国尚未统一，媒体和综述文章常用的词汇是"性虐待"和"性侵害"。《联合国儿童公约》将"性接触"界定为包括身体接触和非身体接触的性活动，撤除了限制性侵犯与受害儿童之间的年龄差距，突出强调受害者与侵犯者之间不平等的权力关系。

世界卫生组织（WHO）规定，儿童性侵犯是指行为人对尚未完全理解性行为、无法表示性同意、尚未发育完全而不能做出性同意，或在违背社会道德禁忌或法律的情况下与儿童进行性行为。

龙迪博士在《性之耻，还是伤之痛》这本著述中，对性侵犯做出的界定是：18 岁及 18 岁以下的未成年人（男性或女性）在胁迫诱惑下，卷入任何违反个人意愿的性活动，或在非知情同意情况下参与性活动。"性活动"包括带有性定义的身体接触，比如触摸身体、抚摸生殖器以及体腔插入等，也包括暴露身体、观看赤身、拍摄裸照、观看色情录像或图片等非身体接触。侵犯者可以是受害者熟悉的、处于权威地位的家人、老师、亲属和熟人，也可以是同龄人或陌生人。[5]

综上所述，笔者认为儿童性侵犯可以分为身体接触与非身体接触两种方式，儿童受害者在不知情及非自愿的情况下被胁迫从事性活动的行为。

2. 性侵害预防教育

对于性侵害预防教育的定义，学者们有不同深度的理解，性侵害预防教育研究对象女童占了绝大部分。其中，狄晓先认为防范教育是为了增强儿童的性安全预防意识，提升自我保护能力，而有系统性和目的性地对儿童进行的教育活动。[6]何晓莉认为提升女童对性侵犯行为的防范意识和防范能力，要对女童进行性预防教育和技能提升。[7]张璇认为儿童性教育就是对受教育者进行有关性科学、性知识、性道德和性文明教育培养的社会化过程。[8]周婕的性侵害预防教育重点研究留守女童，通过对留守女童知识技能的提升、安全意识的增强，提升其自我保护的能力来对女童进行性侵害预防的教育。

综上所述，笔者认为，对儿童性侵害的预防教育对象应是处于儿童年龄阶段的所有儿童，不应该只是针对女童，提升自我保护意识与技能性的性安全知识教育是所有儿童的需要。

（五）文献分析

1. 当前国内外儿童性侵害发展现状分析

长期以来，儿童性侵害这一问题一直备受国内外学者的研究与关注。就国外研究情况来看，对该研究领域的现状、影响因素、产生的后果、性侵害的预防等内容研究较多。由于儿童的警惕性和自我保护意识的缺乏，研究发现在国外的犯罪者中熟人居多。有关针对受害者的治疗研究，国外开展较早，主要采取家庭治疗、小组治疗、个案治疗的方式对受害者的心理及症状进行治疗。在儿童性侵害法律制定方面，国外很多国家都有针对被害人的特殊情况进行特殊保护，同时也制定了特别法律进行保护。例如，美国、英国、加拿大等国家比较早地开始了法律保护。针对儿童性侵害的预防教育，在国外，通过学校的介入影响儿童的知识与技能的获得研究较多。[9]

相对于国外而言，国内在该领域的研究起步较晚，且研究的领域不够宽泛。我国儿童性侵害发生现状呈现受害儿童数量逐年递增，儿童安全状况堪忧，受侵害者呈低龄化趋势，主要以 7—14 岁小学生居多，女生占到了九成，案件大多发生在城镇，犯罪者身份与国外相比同样以熟人居多，虽然近几年我国有关法律的制定也在不断地完善与修正，但在此方面的立法较分散，要依赖于其他的法律，并且针对性侵犯没有一个明确的界定。预防课程教育方面，我国目前也尚在探索中，且针对受害者的治疗手段不足。

总体而言，有关儿童性侵害预防方面的研究国内外都有发展，只是表现形式不一，我国的重视程度及预防力度需要加强。

2. 国内外儿童性侵害预防的对策研究

在国外的儿童预防性侵害研究领域，其中美国占据比较领先的地位，它在 1947 年制定了针对性侵犯罪者的相关法律，目前在司法方面对性侵儿童问题的制度主要包括性侵犯罪者登记、社区通报与矫正、住处限制、强制背景审查等。除此之外，法国等还开始要求强制采集性犯罪者 DNA 样本。[11]

在心理干预方面，国外已有较为系统的服务，且多部门联合协作，比如：心理、医生、法律等部门形成的专业团队。美国在此板块高度重视，在预防儿童性侵害方面扮演着重要的角色。其心理干预主要包括三个阶段：心理评估、危机干预和康复治疗。[12]

在性教育方面，国外较早就重视学校、家庭、社会三大系统联合作用对儿童性心理发展方面的影响，且强调开放性的教育。其中学校老师、家长、社区、社会组织等在预防儿童性侵害方面承担着不可避免的责任。

在中国，香港、台湾两地首先重视儿童性侵害这一社会问题。其中，学者蔡启源对台湾地区儿童性侵害预防和治理的政策与实务，进行了详细论述。

目前我国尚未有专门针对儿童性侵犯的相关法律法规，在立法、相关政策的制定上存在一些缺陷，且未得到足够的重视。但近年来，已通过法律修订等方式加强了对该领域问题的惩罚力度，如将嫖宿幼女罪按照强奸罪从重处罚。[13]但比较来说，我国对于儿童性侵害预防教育起步较晚，政策支持力度不够，相应部门执行力较弱，积累的理论和经验较少，服务体系不完善。梁梦娜等人提出了对于儿童性教育的社会工作介入可通过枢纽型联动机制、三级介入机制以及体验式学习开展性教育服务等方法。[14]目前，在社会工作实务研究领域，黄淡淳等人运用了小组社会工作进行了儿童性侵害预防教育，为儿童的健康成长提出了一定的实务经验与建议，但仍然未形成一套系统和具体的实务模式。

（六）研究述评

通过近十年来对儿童防性侵相关研究来看，我国在此领域的研究在不断地发展，且取得了一定的成果。

第一，研究队伍在不断扩大。在中国知网上输入关键词"儿童防性侵"，检索结果共 79 篇相关文献，从时间维度来看，在 2008—2012 年间每年只有几篇相关文献，2013 年起，相关文献骤增，一直持续到 2018 年，每年研究篇数维持在 10 篇左右。由此可见，越来越多的研究者关注和重视儿童防性侵问题。

第二，研究学科在不断增多。2013 年前，法学、教育学、社会学领域研究居多，社会工作服务的介入甚少，2013 年开始出现有关社会工作介入的研究内容，突破了以往的研究方向。

第三，研究对象在不断增加。研究对象从受侵害的重点对象逐渐发展到每一个需要得到预防教育的儿童，以往的研究绝大部分是针对农村留守女童，相对忽视了男童的预防教育。从这一趋势来看，充分说明了每一个儿童都需要接受教育的重要性。

虽然此领域的研究有了一定的发展，但还存在很多的不足：

第一，研究范围较狭窄。从相关文献来看，绝大部分的研究只是针对儿童性侵害法律思考，现状原因等问题的分析，重复性的探讨较多，社会工作服务领域的研究较少。

第二，社会工作介入模式未成型。已有研究表明，针对社会工作的实务研究不够细致，具体的介入模式和服务方法方面的研究几乎没有，只有极少基于小组工作方法的实务经验建议，但还不够权威，未经过理论验证。

因此，社会工作介入儿童性侵害预防工作还需要不断的探索与发展，社会工作者需要在介入学校、家庭和社会等领域积累经验，为儿童性侵害预防教育领域可行性的介入模式与方法的探索提出有益建议。

二、小组工作介入儿童性侵害教育

（一）小组基本情况

本次研究中，笔者在学校领导的协助下，拿到 K 学校 4—6 年级学生的花名册后，在三个年级中各随机抽取了 4 名儿童，随后在班主任的帮助下，形成了 6 男 6 女的小组。组员的基本情况见下表，由于 K 学校所在社区是典型的公租房社区，居住的绝大部分都是外来务工者居民，所以 K 学校的学生绝大部分都是流动儿童。

组员的基本情况表

编号	性别	年龄	年级
1	女	10 岁	四年级
2	女	9 岁半	四年级
3	男	9 岁	四年级
4	男	10 岁	四年级
5	女	11 岁	五年级
6	女	10 岁半	五年级
7	男	11 岁	五年级
8	男	11 岁半	五年级
9	女	12 岁	六年级
10	女	11 岁半	六年级
11	男	12 岁	六年级
12	男	13 岁	六年级

（二）前测评估

小组成员确定后，社工通过前测问卷和无结构式的访谈的方法，对这 12 名儿童对性侵害教育的需求进行了评估，重点从组员对身体变化的认识、对隐私部位的认识、对性侵害的了解程度以及是否接受过性教育四个方面进行了分析，调查问卷数据统计结果如图 1、图 2 所示：

图 1　是否了解自己身体的变化　　　图 2　是否知道哪些是身体的隐私部位

图 1 和图 2 的数据显示，不知道自己身体变化的组员为 58％，超过了一半；仅有低于一半的组员知道自己的身体变化。另外仅有 25％的组员了解隐

私部位，不知道隐私部位的组员占到了 75%。由此可推出，K 小学的学生绝大部分对自己身体的认识不够，自我保护的意识不强。

调查问卷中显示，12 名同学中，仅有 4 名同学表示接受过性教育，且这 4 名同学中，其中 1 名同学是通过家长和电视网络的途径接受到性教育的知识，仅有 1 名同学表示是通过学校了解到性教育知识，有 1 名同学是通过同学和朋友得知的，有 1 名是通过电视网络和其他的途径了解到的。由此可见，接受过性教育的学生很少，学校和家庭都缺乏对孩子给予性知识教育，如图 3 所示。

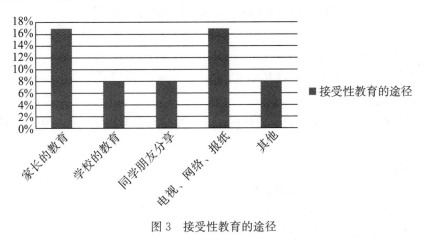

图 3　接受性教育的途径

"你认为什么举动是性侵犯行为"这一题为多选题，从图 4 中我们可以发现，几乎所有的组员都认为被人强吻、被迫发生性关系、被迫观看黄色书刊和

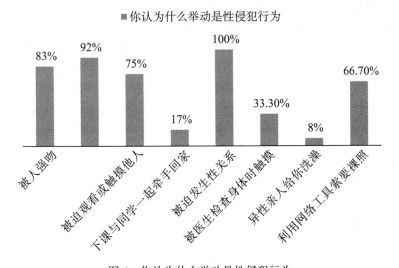

图 4　你认为什么举动是性侵犯行为

触摸别人的性器官是一种性侵犯行为，但还是有极少部分的组员不能做清晰的认定。也有 1~2 名同学认为下课与同学牵手回家和异性亲戚给自己洗澡是一种性侵害行为，说明该部分同学对性侵犯的认知不够全面和具体。

针对以上的数据，可以总结出组员有以下需求：

（1）对自己身体认识的需求；

（2）学习性侵害相关知识的需求；

（3）掌握自我保护技能的需求；

（4）家长和学校应重视和加强对儿童性侵犯教育的需要。

（三）小组方案设计

1. 小组名称

"天使之翼"儿童性别成长小组。

2. 小组目标

总目标：提高组员对自身身体的认识，增强知识与技能，提升组员自我保护的意识。

具体目标：

（1）帮助组员了解自己的身体变化；

（2）帮助组员熟悉青春期的知识；

（3）帮助组员了解识别性侵犯行为；

（4）帮助组员学习自我保护的方法与技巧。

3. 小组理念

"天使之翼"儿童性别成长小组采用小组工作模式中的发展模式开展服务，以班杜拉的社会学习理论为指导展开，强调以人的发展为核心的发展模式，非常重视人的社会功能的提升。该理论认为儿童具有自我意识，有自我评价和自我实现的潜能，通过情景模拟、角色扮演等方法，可以提升组员对自我的认知。此理论强调个人的认知、行为与环境因素，及其三者交互作用对人类行为的影响，通过组员间的学习与交流，在同辈群体的影响下，借用榜样的力量，促进儿童的成长与发展。

4. 小组特征

小组性质：封闭式小组，教育成长类小组。

小组周期：2017 年 12 月 17 日至 2018 年 1 月 20 日，每周一次。

小组人数：12 人。

小组节数：共 6 节。

5. 小组计划安排表

节数	日期	目标	主题
第一节	12 月 17 日	建立关系，认识性别	你我初相识
第二节	12 月 24 日	让组员们了解自己是从何而来的	我从哪里来
第三节	12 月 31 日	让组员了解成长过程中发生的变化，给组员一个正确的引导，让组员在迎接即将到来的青春期时有一个心理准备	成长之旅
第四节	1 月 7 日	让组员了解性别的多样性，树立对不同性别的尊重	别样的她/他
第五节	1 月 14 日	让组员学会一些保护自己，预防性侵害的技能	安全我知道
第六节	1 月 20 日	回顾之前的小组内容，处理离别情绪	我们的故事

6. 评估方法

第一，在每节小组活动结束之后，让组员填写问卷对小组活动的成效进行评估。

第二，通过前后测以及社会工作者在活动执行过程中的观察来分析组员的变化。

第三，小组活动结束后，组员填写活动满意度调查表对活动的效果进行评估。

（四）小组实施过程

1. 第一次小组活动：你我初相识

第一次小组活动的目的主要是社工与组员建立信任关系，其次是对性别进行掌握。社工提前将座位按照 U 型进行摆放，以促进社工与组员之间的沟通，同时拉近社工与组员之间的距离。活动一开始，社工从自己的姓名、家乡、兴趣爱好、特长进行了一个详细地介绍，前半阶段几乎都是社工在介绍，扮演着一个比较主动的角色，组员们表现得很被动。社工对整个小组的性质、内容、目的等进行介绍之后，通过"我的名字"环节，每一个组员都向大家介绍了姓名、年龄、兴趣爱好等，让所有组员之间有了一个初步的认识。在这个环节中，很多组员表现出比较害羞、胆小，不敢很自信地介绍自己。社工通过鼓励、自我表露等技巧帮助组员战胜困难，组员也逐渐对社工产生信任。

自我介绍环节后，在社工的组织下建立小组契约，组员们开动自己的脑筋，在"规则树"上写满了约定：第一，无特殊情况，不缺席每一次的小组活动。第二，不迟到不早退。第三，活动过程中，听从社工的安排。第四，不得在活动过程中吃东西、大声讲话等。

小组契约制定后，为了活跃气氛，缓解组员的紧张感，社工通过"我是小记者"游戏，让组员充当小记者的角色，对自己的搭档进行采访，并记录采访到的"新闻"内容。一方面，增进了组员之间的认识；另一方面，通过有趣的游戏调动了活动的气氛。

活动氛围缓和之后，社工正式进入本次小组活动需要让组员了解有关性别的知识。通过"拼字游戏"环节，通过对"性"字的拼成，引导组员对"性"字组成的思考，社工对"性"进行解释后，随后通过一个情景剧让组员理解"性别"之差。经过三名组员的扮演，社工分别从生理性别、社会性别、心理性别三个方面对性别进行讲解，帮助组员进一步了解了对性别的认识差异。最后，社工对本次活动进行总结，邀请组员分享本次活动的感受与收获。

总结：在第一次小组活动中，社工与组员树立了基本信任的专业关系，小组契约通过组员合作共同制定完成，未出现强势或不守规则的组员。虽然整个小组的氛围不够放松，但这是因为第一次见面不可避免的问题，组员都存在防卫的心理，大家还不能完全打开心扉，这需要在接下来的小组活动中，社工和组员一起努力和配合。总体来说，本次小组目标及效果基本完成。

2. 第二次小组活动：我从哪里来

首先，社工先对组员进行了问候，分享这一个星期以来发生的事情。引入之后，社工带领大家对上次的小组活动内容和小组契约进行了回顾，让组员分享上次小组活动最令人印象深刻的内容。一个星期之后，社工发现组员对上一次活动的内容已经掌握，组员们之前的被动状态也开始慢慢变得主动。进入主题之前，社工通过小朋友们喜欢玩的"萝卜蹲"游戏，带动了小组的活跃度，组员之间的亲密度也有所提高。

其次，进入了第二次小组活动的主题部分，本次小组活动的主要目的是让组员了解自己是怎么来的。社工先从"生命的诞生"开始引入，让组员思考动植物是怎么来的？然后引申到"我们的诞生"。由于生命的诞生过程这一内容不好讲解，涉及医学领域的专业内容，所以社工采用播放视频的形式进行。当社工问道："自己喜欢的动植物是怎么来的？"一位组员回答："我喜欢的动植物是小狗和向日葵，小狗是狗妈妈生出来的，而向日葵是人们将向日葵的种子种在土里，经过细心地栽培后生长出来的。"这个组员说得非常棒，社工给予了鼓励及表扬。然后社工又问："我们是怎么来的呢？"组员们都争先恐后地回答说："我们是从妈妈肚子里来的。"经过一番讨论及观看视频后，对自己的由来及出生过程有了更加深刻的认识。

再次，社工又引导进行了"男女大不同"游戏环节，在此环节中，组员们一起分析了男生女生的不同之处，展开了讨论，其中一名组员说："我觉得男生女生之间的不同有很多，他们的头发长短不一样，长相和声音也不一样。"另一名组员说："我觉得男女生之间的不同是他们的隐私部位不同。"在经过小朋友们的分享后，社工解开了最终的答案，男女生之间最大的不同是他们的性别器官。虽然这个话题男女生都感兴趣，但是社工谈到生殖器官的时候，组员们表现出回避、羞涩的状态。社工及时对组员的误解进行澄清和解释，帮助组员形成正确的认知。

最后，社工对此次活动进行小结，邀请组员分享本次活动的感受。社工邀请组员分享时，一名组员这样回答道："通过这次的活动我不仅明白了我是从哪里来的，而且我还知道了男生女生之间最大的不同，并且明白了我们的性别是无法改变的，所以我们要尊重性别的不同。"活动结束前，社工让组员填写活动评估表，并告知组员下次的活动时间。

小结：本次活动中，组员开始进入小组角色，组员之间的互动开始增多，关系逐渐转为亲密，有些组员之间还互相留了联系方式。社工能够基本掌握每一个组员的情况，结合对组员行为和心理情绪变化的观察，对整个小组有了总体的感知。本次活动的目标基本达成。

3. 第三次小组活动：成长之旅

本次小组活动的主要目的是让组员了解自己的身体结构和成长过程中身体发生的变化。活动开始之初，社工还是首先进行问候，然后就上次活动开展的内容进行回顾和巩固小组契约。

正式进入主题前，进行热身游戏"小鸡进化论"，通过猜拳的方式，从"鸡蛋"到"小鸡"再到"猴子"最后到"人"，看谁能进化成功。游戏的开展，进一步消除了组员之间的陌生感，也顺理成章地引出了本次小组活动的主题。

本次活动的第一站"我的身体"，组员们通过帮助图片中的女生或男生标出身体器官，让组员分享自己对身体的认识。其中一位女组员说："这个小女生的器官有头部、心脏、肾，还有腹部。"一位男组员提出了疑问："这个小男生为什么没有胸？"社工进行了解释，并分享了人体器官小知识。通过组员的讨论，发现组员们对身体的了解并不全面，但经过社工的努力，组员们都增加了对自己身体的了解。

在本次活动的第二站"长大之后"，通过社工引导组员们思考长大之后身体会发生的变化来引出儿童在成长过程中的生理变化。在学习这部分知识时组员们都表现得比较害羞，在社工澄清之后，组员们都明白了这些是我们成长过程中会发生的事情，我们应该引起重视。

本次活动的第三站"你知道吗？"社工给组员们分享了一些生理卫生知识，青春期的特点和应注意问题等，通过对这些知识的学习使组员们在成长的过程中可以更好地保护自己。最后总结分享本次活动内容。一名组员分享道："在今天的活动中我收获了很多，之前我只知道我们长大之后身高会更高，通过今天的学习，我才知道原来在成长的过程中我们身体的变化远远不止这些，所以我们要保护好自己。"

小结：组员在本节学习的过程中，配合度还是很高，但本节内容较为敏感，特别是在谈到青春期的生理特征时，组员们都显得很害羞，但是在有自己疑惑的问题时，组员都很积极地提出来。本次小组出现了个别组员对活动内容不感兴趣，参与度低的情况，活动结束后社工对这名组员进行了深入访谈，了解其中的原因，进行及时的处理，并对接下来的活动形式进行了调整。

4. 第四次小组活动：别样的她/他

本次小组活动主要是让组员了解性别的多样性，帮助组员学会尊重性别的多样性。

社工活动前的问候和对上次小组活动内容的回顾是必不可少的内容。活动刚开始，社工通过游戏"谁的王座"活跃现场的氛围，在做游戏的时候组员表现较上几次活动更加活跃和积极，组员之间已经没有了陌生感。

"找不同"环节，社工让组员们回忆之前几节活动中提到男生和女生之间区别，经过思考后，一名组员分享道："男生女生之间最大的不同是性别器官。"组员们也纷纷表示赞同，社工对男女之间的区别又再一次进行了讲解，通过提问发现组员们已掌握了对男女之别这一内容。

"原来如此"环节通过社工提问，给每一位组员一张纸，在纸上标出社工所提问每个阶段的年龄，引导组员找出不同之处的根源。"性别种类"环节，引导组员思考性别的多样性。在社工提出人类有多少种性别时，有些组员说人类分为男性和女性两种，而有些组员认为人类的性别分为男性、女性、中性三种性别。随后社工通过分享小视频"人类的性别到底有多少种"来揭晓最终答案。组员们感叹道："原来人类有这么多种性别啊！"当社工问道："如果你身边有多重性别的人，你愿意和他做朋友吗？"组员们纷纷回答："愿意。"当问到理由时，一名组员说："我非常愿意和这种人做朋友，虽然他和我们的性别不一样，但他同样是人，我觉得和这种人交朋友会非常有趣。"她的回答得到了组员们的认可。最后，社工对本次活动进行小结，并告诉组员小组活动仅剩两次，活动即将结束了。

小结：通过前四次的活动，社工发现了组员们出现变化，对自身的认识及对安全知识掌握有了很大的提升。组员之间关系已经进入亲密阶段。与此同时，小组也开始出现一些争议。当小组出现冲突时，社工要用理性、包容、冷静的态度，协助组员理清内在的冲突，缓解僵硬的人际关系，适当调整小组契约。

5. 第五次小组活动：安全我知道

本次小组活动的目的是提高组员对预防性侵犯的意识，让组员学会一些保护自己的技能。主要包括"情景剧""新闻分享""安全小技能"三个环节。

"情景剧"表演环节，在社工的领导下，通过让组员参与，对"小兰的故事"进行表演。社工向组员们提出问题："大家觉得小兰后面会发生什么情况呢？"组员们展开了积极的讨论，得出了很多种不同的答案，但最终的结果都是不好的。通过情景剧的表演，让组员们意识到遇到类似情况要及时告诉家长、老师或者其他值得信任的人，树立防范意识，保护好自己的身体。

"新闻分享"环节，社工分享了一些典型案例，以告诉组员这些事情是真实的发生在我们的生活中的，我们应该引起高度的重视，从而避免这些危险的情况发生在自己身上。

危险无处不在，帮助组员学会保护自己才是根本。针对上一个"情景剧"中小兰所遇到的问题，组员展开了讨论。社工邀请组员分享自己的应对方法，但组员的回答都不是很全面，在"安全小技能"环节中，社工重点向组员讲解了不同情况下的应对手段，主要就单独外出时注意的问题、女生宿舍需要做好的防范、遭遇性侵害后我们该怎么办进行了教导。活动过程中，组员们对存在的疑问展开了积极的讨论，社工及时解困。

最后组员们分享了此次活动的收获。一名组员说道："如果在之前我遇到了这种危险的话，我可能不懂得如何保护自己，就像小兰一样只会害怕地哭。通过今天的活动，我学习到了很多自我保护的技巧，也明白了遇到坏人时，我们不能冲动，一定要智取，这样才能使自己不受到伤害。"活动结束前，社工再一次向组员提醒了本次活动只剩下最后一次了，让组员做好准备，希望大家能够回去整理前五节活动中学到的内容，做一个简单的总结，以便学以致用。

小结：小组的主要内容已经完全学习完毕，学习成效可以从组员的表现看出，活动目标达成得较高，组员变化较大。这个阶段的小组组员之间的关系融洽，彼此充满信任，对小组的归属感和认同感比较强，成员依靠小组力量尽可能地保护自己和他人。

6. 第六次小组活动：我们的故事

本次小组活动的目标是处理组员的分离情感，帮助组员维持小组经验。活动开始前，社工还是通过一个小游戏带动小组的氛围。然后通过"我的成长"环节，通过一个小视频让让组员回顾之前的几次活动，发现自己的成长与改变，视频中包括每一个组员在每一次小组活动中的表现，从视频中可以看到，每一个组员都有一定程度的改变。从胆小到勇敢，从不自信到自信，从抗拒到接受，从最初的紧张陌生，到最后整个小组的亲密感提升，等等，这些变化都见证了每一个组员的巨大变化。

为了让组员能够充分地将前五次小组活动学习到的内容运用起来，社工又再一次带领组员讨论对性的认识、身体的认识和辨别性侵害行为的方法。同时也对如何应对性侵害进行了总结、回顾、反思，帮助组员掌握知识。然后，社工让组员填写了后测问卷以及满意度评估问卷，以评估组员在小组活动中的改变和整个小组活动的成效。最后，社工对整个小组活动进行了小结，并感谢大家的配合，同时也希望组员们能够真正地学习到一些自我保护的知识，能够在生活中安全、健康、快乐地成长。很多组员表示不舍，社工进行了及时的疏导，处理组员内心的矛盾和伤感，帮助组员认识到离开小组，进入现实生活的必要性和积极性。

小结：由于是最后一次小组活动，所以组员们都很珍惜在一起的每一刻时光，小组氛围很融洽，组员表现得也很听话。对于组员产生的离别情绪，社工也及时地进行了解决，从对前五次知识总结中组员的表现可以看出，小组的目标也基本达成。

（五）评估与总结

1. 小组过程评估

（1）前后测问卷评估分析。

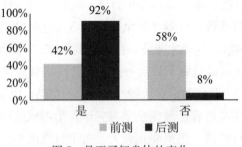

图 5　是否了解身体的变化

如图 5 所示的数据可以看出，了解自己身体的变化在前测中仅有 42% 的组员，通过服务之后，12 名组员中有 11 名组员知道了自己身体的变化，且仅有 1 名组员还不够了解身体的变化。由此可见，组员对身体的认识更加深入，对自己的身体变化有了充分的了解，才能更好地保护自己。

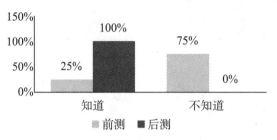

图 6　是否知道哪些是身体的隐私部位

如图 6 所示，对组员是否知道哪些是身体的隐私部位，知道自己的隐私部位的组员由原来的 25% 增加到了现在的 100%，即 12 名组员完全掌握了对身体隐私部位的认识。由此可见，了解自己身体结构，是组员保护自己的第一道防线。

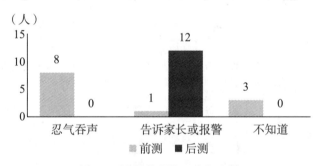

图 7　不幸被性骚扰，会怎么做

如图 7 所示，在前测中，当不幸被性骚扰时，有 8 名组员选择会忍气吞声，3 名组员不知道该怎么办，仅有一名选择告诉家长或者报警。经过学习之后，全部的组员已经可以做出正确的选择，如果遭遇性骚扰，他们会主动选择告诉老师或者警察。

如图 8 所示，在前测中有 2 名组员选择了"下课与同学一起牵手回家"，还有部分组员不能很明确的确定"利用网络工具索要裸照"这一行为。表明之前组员对于性侵害的概念还很模糊。经过系统的学习之后，组员能够明确的界定性侵害行为，且了解性侵害行为分为接触性和非接触性两种。

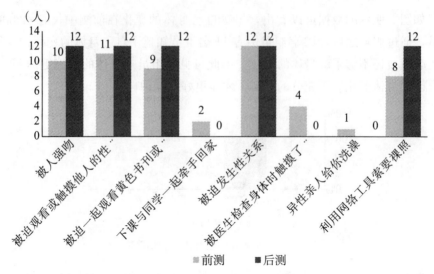

图 8　你认为什么举动是性侵犯行为

（2）小组目标达成情况。

目标	评估与分析
让组员了解自己是从何而来的	在活动中通过分享、讨论视频《小威向前冲》，组员们都了解自己是从何而来的，刚开始问大家自己是从哪里来的时候，组员们的回答大多都是"我妈说我是从市场捡来的"在问到我们的出生谁的功劳最大时，组员们都认为妈妈的功劳最大，并且觉得我们是妈妈十月怀胎生出来的，就算没有爸爸，我们还是会出生，通过视频的分享以及社工的解释，组员了解了自己的出生，并且感叹道："原来我们的出生不只是妈妈辛苦的结果，还有爸爸的功劳啊。"
让组员了解成长过程中发生的变化，给组员一个正确的引导，让组员在迎接即将到来的青春期时有一个心理准备	在活动过程中通过给图片中的小女生标出身体器官来让组员了解自己的身体，并和组员分享在青春期时我们身体会发生的一些变化。在分享到月经的相关知识时，组员们都显得有些害羞，但是有自己疑惑的问题时，组员们还是非常积极地提出来，在最后的知识小挑战中，考验了组员们对知识的理解和掌握情况，所有组员都通过了挑战，获得了奖励。之后社工给组员们分享了一些生理卫生知识，组员们都非常认真的学习
让组员了解性别的多样性，树立对不同性别的尊重	在活动过程中，组员们回忆之前的活动内容发现男生女生的不同之处，再让组员们思考人类有多少种性别。大部分组员都认为人类有男、女两种性别，个别组员认为有三种，通过社工分享小视频后组员们了解了人类的性别远远不止男女两种。并且明白了我们应该要尊重不同的性别，因为人与人之间都是平等的

目标	评估与分析
让组员学会一些保护自己，预防性侵害的技能	通过情景剧和新闻分享的方式使组员们明白了，性侵害事件是在现实生活中真实发生的，并且认识到了预防性侵害的重要性。在学习预防性侵害技能的时候，组员们都非常认真的学习，并且掌握了相应的技能

（3）组员的状况对比。

编号	进入小组初期表现	小组结束后表现
1	表现得比较害羞，不喜欢主动回答问题和分享	和组员的交往增多，愿意主动回答问题和分享
2	有点害羞，但是会积极地发言，分享自己知道的知识	愿意给组员分享很多自己知道的一些生活中的案例，并鼓励其他组员分享
3	与其他组员的交流较少，组员分享时会认真倾听，但是不会主动发言	和组员的交往增多，会和组员相互分享
4	有点害羞，但是会积极主动地分享，学习知识时非常认真	积极主动发言，愿意给大家分享自己的观点，学习到了很多知识
5	有点害羞，会主动回答问题，有问题时会主动提出来	有点害羞，通过学习积累到了一些知识
6	会主动和大家分享自己的观点，并且积极提出自己的问题	会主动和大家分享自己的观点，积极提出自己的问题，并且积累了一些知识
7	有点害羞，不愿意主动回答问题	和组员之间的交流增多，会给大家分享自己知道的知识
8	知道一些知识，但不愿意主动分享	愿意主动给大家分享一些自己知道的知识
9	在小组活动中比较害羞，知道的知识也较少	学习到了一些安全小知识，但不愿意主动分享
10	有点害羞但是愿意和大家分享自己知道的知识	积累了一些知识，并和组员们分享
11	愿意主动和别人分享，但是积累的知识还不够	学习到了一些知识，愿意和大家分享自己的观点
12	积累的知识较少，不愿意主动分享	学习到了一些知识，但是不愿意和别人分享自己学习到的知识

2. 小组结果评估

小组的结果评估是指在小组活动结束之后，通过组员填写满意度调查表和对组员的深入访谈得出的结论进行评估。

（1）满意度调查表评估。

主要从小组的安排、小组的内容、小组的整体评价三个方面进行满意度调查。对满意度调查表的总结可以得出以下分析：

小组安排评价方面，对小组的时间和场地的安排都非常满意的有 11 名，其中，有一名同学表示一般，社工反思，可能是因为场地比较狭窄以及每次小组都在室内进行的原因。对于社工的态度评价，12 名组员都非常满意。由此可见，社工在小组工作中的表现很好，很受组员的欢迎。

小组内容评价方面，小组的设计有 9 名组员表示非常满意，有 3 名组员表示满意。小组内容的准备有 11 名组员表示非常满意，1 名组员表示满意。组员没有做到绝对的满意，说明在小组的设计和内容上社工还需要进行反思和改善，丰富活动的形式，不断地开拓创新，提升组员的参与度。

小组整体评价方面，从数据中可看出，全部的组员都认为自己积极地投入了小组的活动中，且参加本次的小组对他们的成长是有帮助的，交到了新朋友，知道了学习性安全知识的重要性，且在小组活动中学习到了应对性侵害的方法。由此可见，小组的总目标实现度比较高，本次小组的价值也得到了充分的体现。

（2）访谈评估分析。

小组活动结束后，社工同预防知识薄弱的儿童开展了深入访谈。主要访谈记录如下：

社工：你在小组中收获了什么呢？

组员一：我学习了有关身体的知识和保护自己的技能。我第一次了解了什么是性侵害，以及如何去应对。

社工：如果还有这样的活动，会介绍你的同学来参加吗？

组员一：会的，我也希望可以再次参与。

社工：你觉得你学到了什么呢？

组员二：我学习了有关身体的知识，更加了解自己了，我知道每个人都有相同之处和不同之处。

社工：你觉得你在小组中有什么收获？

组员三：我学习到了很多课外知识，还结交了很多新朋友。还有小组中有很多好玩的游戏，社工姐姐超级好，我都很喜欢。

对于本次开展的"天使之翼"儿童性别成长小组活动，大部分的儿童对社工开展的活动表示非常满意，通过以上评估可见大部分的组员有所收获，学习到了有关性侵害预防的知识与技能。

3. 小结

本研究通过学校社工驻校的经验，在学校领导、老师支持下，对 12 名 4—6 年级学生开展了性侵害预防教育小组活动，结果显示，提高了儿童预防性侵害的意识，增强了儿童的性安全知识，其自我保护意识有所提升，这说明社会工作方法在介入性侵预防教育上是有作用的，需要家庭、学校与社会工作者一起参与。

三、结论

（一）小组工作介入儿童性侵害教育的反思

1. 社会工作应整合多方的资源

首先，在提供社会工作服务过程中，社会工作者扮演着一个很重要的角色——资源整合者，能够善于整合和利用资源的社会工作者，才能为服务对象提供更加优质的服务。社工在活动执行的过程中发现，对儿童知识的教导上不具有权威性，比如在儿童性侵犯预防对于隐私部位的讲解的把握度上，有关儿童青春期的生物知识上、儿童教育学知识以及生活常识上都很有限，专业要求比较高的知识需要花大量的时间学习，占用了社工很多的准备时间。在本次小组活动中，社工并没有向外部寻求资源，请不同领域的专家为儿童传播知识或者社会工作组织给社工提供集中培训的机会，到外面专业的领域学习。因此，社工往往不是承担资源的提供者的角色，更多的是承担发现资源、整合资源和利用资源的角色。

其次，社会支持网络的链接者也是社会工作者在进行实务过程中需承担的角色。在社会工作介入儿童性侵害的过程中，应该建立儿童的社会支持网络，无论是正式支持网络还是非正式支持网络，但预防阶段，主要需要发挥家庭、学校、社区的保护作用。因此，帮助预防性侵教育仅靠社工的力量是微不足道的，需要社会各组织的共同参与，共同保护。

最后，充分发挥资源的整合与社会支持网络的共同作用与互动，才能使服务得到更加充分的体现。

2. 男童和女童的性教育应该分开进行

本次实践过程中，由于考虑到组员的招募工作困难，在活动设计中，忽略了对服务对象的合理选择，直接通过花名册进行随机抽选，没有按照性别差异进行分类。因为男生和女生在行为和性格上都存在很大的差异，男生一般较为活泼好动，女生比较文静内向，同时男生女生所喜爱的活动类型也是不同的。男生更愿意选择户外类的活动，而女生更偏向于喜欢室内手工类的活动。除此之外，还有原因是男生女生在一起进行教育，社工难以就敏感性的问题进行控制。因此，根据经验，还是需要将男生女生进行区分，有利于活动效果的呈现。

3. 社会工作者应增加服务专业性与多样性

在社会工作的服务过程中，具备专业的知识体系与技巧是作为一名社会工作者最基本的条件之一，学会运用专业知识与技巧，是达成实现小组目标的需要。再加上"儿童性侵害"这个话题一直以来都是比较敏感的话题，社会工作者本身就欠缺这一领域的实务经验，实践过程中完全是靠社会工作者的自我探索。因此，社会工作者需要通过提升专业理论、专业技巧、专业价值观与伦理原则的学习，才能更好地开展实务工作。

此外，由于小组工作服务没能兼顾家庭和社区这两个支持网络，不能从社会环境中提升儿童性侵害预防体系，"人在情境"中成长，因此不能忽略了社会环境对预防儿童性侵害的重要性。因此，笔者认为需要综合运用社会工作的三大工作方法服务与儿童性侵害的预防工作。一方面，运用个案工作评估服务儿童的需求；另一方面，通过小组工作按照同质性需求设计一系列的小组活动；此外，可以通过社区工作建立安全的社区环境，从儿童的生态系统出发，提供性侵害预防教育。

（二）研究结论

1. 小组工作介入儿童性侵害预防的模式

本次研究旨在探究通过性别成长小组工作介入儿童性侵犯预防的实务模式。

第一，多方协作。以社会工作服务机构为枢纽中心，在社工的推动下，引导教育部门、学校、社区、家庭、机构督导以及相关部门的共同参与，多元协同，良性互动，为社工开展服务提供社会支持网络的支撑。

第二，计划筹备。在以上资源基本满足的条件下，社工便可以进行全面的调研工作，对服务对象的需求及问题进行评估，为服务对象争取更多的资源，整合支持网络系统，制定合理的小组方案，进行小组组员的招募等活动开展前的准备工作。

第三，活动执行。社工在理论知识与服务技巧的指导下，带领小组进行各次活动，实践过程中，社工要充分发挥自己的专业特长，形成小组动力，还要及时地了解组员情况，清楚小组在不同阶段的特征，及时处理小组出现的问题。

第四，评估总结。对小组的活动开展成效进行小组过程评估、小组结果评估，以回应小组目标的达成，及时地进行工作反思，形成经验与总结。此外，根据需要，对组员进行跟进服务，巩固和延续服务效果。

以上为笔者通过小组工作服务经验与文献研究总结出的一套实务模式，由于笔者在实务经验上不够充分，缺乏权威性，该模式只能作为参考，希望能够对该领域的研究有所帮助，同时也希望更多的学者可以研究出一套科学的实务模式。

2. 小组工作介入性侵害预防的技巧与方法

笔者研究了预防性侵害教育小组工作有效的主要技巧与方法。社工在领导小组时采用的方法有：

（1）专注与倾听。专注的倾听能有效地表达对组员的尊重与接纳。由于性侵犯预防教育这一话题很敏感，儿童对这方面的知识了解较少，因此，在组员表达自己的观点和疑问时，社工需要通过语言与非语言的专注，让组员感觉到自己是处在一个比较安全的关系中。

（2）自我表露。社工需要在小组初期建立关系将这一技术充分利用，通过向组员选择性地坦白亲身的经历、感受、态度等，促使组员能够坦诚自己的需要与问题，有利于信任关系的建构。

（3）营造安全、轻松的氛围。由于"性侵害"的危害极其严重，儿童又正处于成长与发展阶段，因此，社工需用热情友好的语言和真切的表情向组员传递温暖、诚恳、关爱等信息，营造一个放松、安全、自由的环境。

（4）澄清。绝大部分的儿童对"性侵害"的认知不够全面且有一定程度的误解，社工要及时地澄清组员的误解，帮助组员有一个正确的认知。

（5）支持与鼓励。对于胆小，缺乏自信心的组员，社工要及时地给予支持与鼓励，提高组员的融入度，站在同理心的角度，理解和接纳组员。

（6）总结。儿童具有天马行空、缺乏逻辑性等思维特点，社工团队对组员发言中散乱表达的信息进行小结，有利于其余组员理解和接收发言者的主要观点和重要信息。

（7）示范引导。社工在对儿童进行提问或给予反馈时，通过自身示范的方式加以引导，有利于组员情感和想法的表达。

参考文献

[1] 龙玲，陈世海. 农村留守女童性侵害的预防 [J]. 学理论，2013 (35)：43—45.

[2] 中国少年儿童文化艺术基金会女童保护基金. 2017 年性侵儿童案例统计及儿童防性侵教育调查报告 [EB/OL]. (2018—03—02) [2018—10—04]. http://www.sohu.com/a/224728229_99996733.

［3］丁志芳. 论儿童性教育课程的基础［J］. 中国性科学，2010（04）：37－39.

［4］林崇德，张春兴. 发展心理学［M］. 杭州：浙江教育出版社，2005.

［5］龙迪. 性之耻，还是伤之痛［M］. 桂林：广西师范大学出版社，2007.

［6］狄晓先. 幼儿家长预防儿童性侵犯教育的调查研究［D］. 石家庄：河北师范大学，2014.

［7］何晓莉. 女童反性侵教育的小组工作介入探索［D］. 昆明：云南大学，2015.

［8］张璇. 小组工作介入儿童性侵犯预防的探索［D］. 武汉：华中科技大学，2016.

［9］赵会杰，马梅，朱克修，等. 当前儿童性侵犯研究现状及进展［J］. 国外医学（医学地理分册），2018（01）：85－88.

［10］槛外人. 互联网儿童性侵数据分析报告！面对这样的现实，社工可以做什么？［EB/OL］. http：//m. sohu. com/a/169504466_491282，2017－9－4/2018－10－04.

［11］吴杰丽，朱伟清. 西方性侵犯罪者登记制度的发展及对我国的启示［J］. 上海公安高等专科学校学报，2015（06）：90－96.

［12］蔡迎旗，朱美玲. 美国受虐儿童心理干预经验及对我国的启示［J］. 学前教育研究，2015（05）：23－28＋44.

［13］陈鸿鹏，郭荣龙. 儿童性权利保护相关概念的刑法学界定［J］. 闽南师范大学学报（哲学社会科学版），2015（04）：36－39.

［14］梁梦娜，梁美琛，陈欣燕. 社会工作如何介入儿童性教育［J］. 中国社会工作，2018（03）：12－13.

附录一：小组计划书

第一次小组活动：你我初相识			
时间：12月17日	地点：K小学	人数：8～10人	社工：李社工

目标：1. 简述什么是社工，让学生了解社工及社工服务
　　　2. 组员之间建立关系
　　　3. 通过小组活动，让组员对本小组的内容有初步的了解

环节时长	环节名称	环节目标	环节内容	活动物资
	活动准备	提前准备好所有活动资料	提前三天做好以下准备： 1. 提前熟悉计划书内容 2. 提前协调好场地 3. 提前做好宣传工作，招募参加活动的学生 4. 提前准备好活动物资：见"活动物资"栏	海报 横幅 签到表 评估表
10分钟	我是谁	让组员明白小组的目的	1. 社工做自我介绍： 大家好，我是带领你们开展小组活动的社工，我姓李，你们可以叫我小李姐姐。在活动的过程中如果对我们的活动有什么意见可以及时向我提出来。希望我能和你们成为很好的朋友 2. 社工介绍本次小组主要内容及目标： 在接下来的活动中，我会带领你们进入一个非常奇妙的世界，在这个世界里，你们可以学习到很多知识，有了这些知识，你们可以更加了解你们自己，可以更好地保护自己，下面就要开始我们的冒险之旅了，你们准备好了吗	投影仪 凳子

第一次小组活动：你我初相识			
15分钟	规则树	1. 提高小组凝聚力 2. 使小组有序地进行下去 3. 增加小组成员的归属感	你们在学校都有一些校规，在班级里也有一些班规，所以我们小组也需要订立一个小组规则，这样才能使我们这个小组的活动有序地进行下去 在这棵规则树的下面有几条你们必须要遵守的规则：1. 每位组员必须按时到达活动场地，不许迟到。2. 在活动过程中不允许随意讲话，有问题可以举手提问。你们对于这个规则还有什么补充呢？每位组员可以想一条，然后补充在我们这个规则里面。（组员回答）现在我们这个规则已经建立好了，大家可以把自己的名字贴在规则树上面。这是我们大家一起制定出来的规则，我们每一位组员都必须要严格遵守。如果违反规则就要受到相应的惩罚	卡纸 大白纸 水彩笔
10分钟	我的名字	小组成员互相认识，同时增加同学之间的了解程度	1. 每一位组员挑选一张自己喜欢的颜色的女生卡（卡纸做成的女生标志的形状♀），并在上面写上自己的名字 所有组员围坐成一个圈，第一位组员拿着自己的女生卡给大家介绍自己的名字，并且说出姓名中的哪个字可以看得出来你是女生。（比如："大家好，我叫张雅文，我觉得从我名字中的这个雅字可以看出我是女孩子"）再由其他组员依次进行 2. 社工总结 每一位小朋友都勇敢地介绍了自己，有没有哪位小朋友，可以快速地说出组员的名字呢？我们举手抢答，回答正确的可以获得奖励 同学们都好厉害啊！在这么短的时间里都记住了大家的名字，看来大家的小脑袋都非常的聪明。你们这么聪明，那下面的这个挑战肯定就难不倒你们了。接下来我们玩的这个游戏，是帮助大家更加了解每一位组员的，你们准备好接受挑战了吗	凳子 女生卡

第一次小组活动：你我初相识				
15分钟	我是小记者	增加组员之间的熟悉程度，活跃现场的气氛，并了解一些组员的信息	每一位组员找一位自己的搭档（不能是认识的人），搭档双方互相作为记者进行采访，采访内容由自己拟定，时间为三分钟。采访的目的是在三分钟内尽可能地获取有深度的信息，要求在采访过程中做笔记，完成后再进行角色互换。完成采访后，每位组员要基于采访来的信息做一次一分钟的演讲。演讲完成后每一位组员分享通过以上的环节都认识了哪些新朋友	凳子 A4纸 签字笔
20分钟	拼字游戏	让组员明白什么是性别	1. 拼字小游戏 性别器官和我们的其他器官一样都是我们身体的组成部分，它发挥着重要的作用，所以它对我们每一个人都非常重要，我们每一个人都应该好好保护它 2. 引导组员们思考什么是性别 刚刚每一位小朋友都转动你们聪明的大脑学会了性别这两个字的组成，那你们知道什么是性别吗 3. 分享关于性别的科学知识 情景剧表演，下面我需要三位小演员发挥你们的表演天赋，来为我们表演一个情景剧，哪位小朋友愿意来主动表演呢？积极主动的同学有奖品哦	投影仪
5分钟	总结分享	了解组员想法，约定下次活动	让组员们分享这次活动的收获 我们今天的活动到这里就要结束了，下次的活动时间是下周的同一时间，如果有改变的话我会通知你们的	凳子

第二次小组活动：我从哪里来			
时间：12 月 24 日	地点：K 小学	人数：8~10 人	社工：李社工

目标：1. 让组员之间更加熟悉
　　　2. 让组员了解生命的诞生

环节时长	环节名称	环节目标	环节内容	活动物资
	活动准备	提前一天准备好活动所有资料	提前三天准备好以下内容： 1. 提前 3 天熟悉计划书内容 2. 提前 2 天协调好场地 3. 提前 1 天做好宣传工作，招募参加活动的学生 4. 提前 2 天准备好活动物资	海报 横幅 签到表 评估表
5 分钟	回顾	回顾上次小组活动	社工让任意组员分享上次活动的内容，并说出自己印象最深刻的是哪个环节，为什么 回顾小组规则	
20 分钟	萝卜蹲	1. 活跃现场气氛 2. 让组员之间相互更加熟悉	所有组员站成一排，进行萝卜蹲的游戏，坚持到游戏最后的 10 人获得奖励	扩音器
10 分钟	生命的诞生	让组员了解生命的诞生	1. 所有组员分享自己喜欢的植物、动物 你们家里、学校里肯定都种了一些植物，那你们最喜欢什么植物的？来给大家分享一下吧。你们喜欢什么样的小动物呢 2. 引导组员思考生命的诞生 你们觉得这些植物、动物都是从哪里来的呢？ 3. 引导组员思考自己的诞生 你们觉得我们和这些小动物一样吗？你们知道我们是怎么来的吗	投影仪
15 分钟	我们的诞生	让组员了解自己的诞生	1. 给组员分享视频，让组员了解自己的诞生 大家一定都很好奇自己是怎么来的吧？下面我们一起来看一个视频，相信它可以帮助你们解答疑问 2. 组员分享自己学习到的内容 看了刚才的视频，你们都明白自己是从哪里来的了吧。哪位同学可以来给我们分享一下吗	投影仪

第二次小组活动：我从哪里来				
5 分钟	男女大不同	让组员们了解男女生之间的不同	3. 引导组员思考男女生之间的不同 你们觉得男生和女生一样吗？谁来分享一下你认为的男女不一样的地方呢 你们的分享很棒，看来你们的观察能力都非常好，但是刚出生的小宝宝都没有穿衣服，而且长相都很相似，那医生从哪里可以看出小宝宝的性别呢 其实男生女生生理性别最大的不同就是生殖器官不同。我们每一个人的性别都是天生的，都是我们不能改变的，所以我们要尊重每一个人，不论是同性还是异性，我们都需要尊重	投影仪
5 分钟	总结分享	1. 了解组员的想法 2. 约定好下次的活动	1. 让组员们分享这次活动的收获 2. 社工总结，相信今天每一位组员都学习到了很多新的知识，今天的活动到这里就结束了，在之后的活动中我们还可以学习到更多的东西。下次的活动时间还是一样的，到时候我会提前通知你们的	投影仪

第三次小组活动：成长之旅				
时间：12 月 31 日		地点：K 小学	人数：8~10 人	社工：李社工
目标：1. 让组员了解自己身体的结构 　　　2. 让组员了解自己成长过程中发生的变化				
环节时长	环节名称	环节目标	环节内容	活动物资
	活动准备	提前一天准备好活动所需资料	提前三天准备好以下内容： 1. 提前 3 天熟悉计划书内容 2. 提前 2 天协调好场地 3. 提前 1 天做好宣传工作，招募参加活动的学生	海报 横幅 签到表 评估表
5 分钟	回顾上次活动	回顾上次小组活动	社工让任意组员分享上次活动的内容，并说出自己印象最深刻的是哪个环节，为什么	投影仪

第三次小组活动：成长之旅				
20分钟	我的身体	1. 让组员了解自己的身体 2. 让组员了解自己成长中会出现的变化 3. 学习一些生理卫生知识	1. 给每一位组员发一张图片，让组员标出图片中小女生的身体器官 下面有一个小考验给大家，看看大家对自己的身体了解多少。我会给大家发一张画了一个小女孩的图片，你们要帮助小女孩标出她的身体器官，只要把知道的标出来就可以了 2. 让组员分享自己的作品。 我发现你们每个人画得都非常好，现在大家轮流来展示一下你们的成果吧 3. 分享科学小知识，让组员了解身体器官 刚才大家画得都非常好，下面我们一起来看看，我们的身体到底由哪些器官组成	图片 签字笔
15分钟	长大之后	了解自己长大之后都会发生哪些变化	1. 引导组员思考成长中身体会发生的变化 通过刚才的环节，我们大家都了解了我们的身体，现在我们一起来思考一个问题。我们在长大之后身体会发生什么变化呢？我们可以先思考一下，然后把自己想到的内容写在纸上 2. 将写好的内容分享给大家 每个人都有自己不同的观点，下面我们来分享一下自己的答案	水彩笔 A4纸
20分钟	我们的变化	让组员明白自己成长的变化	给组员介绍成长中会发生的变化 刚才大家都分享了自己的答案，下面我们就一起来看看我们在成长的过程中到底会有哪些变化	
20分钟	你知道吗	让组员学习生理卫生知识	分享生理卫生知识 我们身体的每一个地方都很脆弱，当我们长大后，身体发生了变化之后，更要好好保护我们的身体，下面我们就来一起看看，我们要怎样做才能更好地保护我们自己	
15分钟	总结分享	分享感受，让组员体会到自己与队友合作的重要性	1. 组员们分享今天在活动中学习到了什么 今天我给大家分享了很多关于我们身体的小知识，下面谁来给我们分享一下你学习到的知识有哪些呢 2. 社工做本次的活动总结并约定好下次的活动	投影仪

第四次小组活动：别样的她/他				
时间：1月7日		地点：K小学	人数：8～10人	社工：李社工
目标：1. 让组员了解性别的多样性 　　　2. 帮助组员学会尊重性别的多样性				

环节 时长	环节 名称	环节目标	环节内容	活动物资
	活动 准备	提前准备资料	提前三天准备好以下内容： 1. 提前3天熟悉计划书内容 2. 提前2天协调好场地 3. 提前1天做好宣传工作，招募参加活动的学生	海报 横幅 签到表 评估表
5分钟	回顾	回顾上次小组活动	社工让任意组员分享上次活动的内容，并说出自己印象最深刻的是哪个环节，为什么	投影仪
20分钟	谁的 王座	活跃现场气氛	在活动场地中间放几个凳子，所有组员围着凳子站成一个圈，当音乐响起时，所有组员围着凳子走动，当音乐停止时，所有组员需要快速地坐在凳子上，没有坐到凳子的人需要接受惩罚	凳子 手机
20分钟	找不同	引导组员找出性别的不同	引导组员思考男女性别的不同之处 在前几次的活动中，我们分享了男女生性别的不同之处，现在谁来帮我们回忆有哪些不同呢	投影仪
20分钟	原来 如此	引导组员找出不同之处的根源	下面给你们每人一张纸，你们在纸上画出一条线，在线上标出你们每个阶段的年龄，当我问出问题时，你们就在你们答案的相应位置标出来（1. 女生为什么应该穿裙子。2. 女生跟男生有什么差别） 组员分享自己的答案 你们刚刚都写下了自己的答案，下面我们就来给大家分享一下	签字笔 水彩笔 A4纸

			第四次小组活动：别样的她/他	
20分钟	性别种类	让组员了解性别多样性，学会接纳、尊重以及平等对待性别的多样性	1. 引导组员思考性别多样性 你觉得男生可以穿裙子吗？为什么 2. 分享人类性别的种类 其实人类的性别不仅仅只有男女两种生理性别，还有更多我们之前没有了解的，如果你们身边有多样性别的人，你愿意跟他交朋友吗？为什么 对有多样性别的人我们不能歧视，我们应该用正确的心态来看待他、接纳他、尊重他，因为人与人之间都是平等的	投影仪
10分钟	总结分享	分享此次活动的整体总结	1. 让组员分享这次活动中学习到的知识 在今天的活动中相信大家都学习到了很多知识，现在我们一起来分享 2. 约定好下次的活动	投影仪

第五次小组活动：安全我知道				
时间：1月14日		地点：K小学	人数：8~10人	社工：李社工
目标：1. 让组员明白预防性侵犯的重要性 　　　2. 让组员学会一些保护自己的技能				
环节时长	环节名称	环节目标	环节内容	活动物资
	活动准备	提前准备好资料	提前三天准备好以下内容： 1. 提前3天熟悉计划书内容 2. 提前2天协调好场地 3. 提前1天做好宣传工作，招募参加活动的学生	海报 横幅 签到表 评估表
5分钟	回顾	回顾上次小组活动	1. 社工让组员分享上次活动的内容，并说出自己印象最深刻的是哪个环节	投影仪
60分钟	情景剧	让组员认识到自我保护意识的重要性	情景剧表演： 1. 今天我们有一个情景剧的表演，需要一位组员的配合，我们先来熟悉一下剧本（详见：附件一），然后开始表演吧 2. 大家觉得小兰后面会发生什么情况呢	剧本

			第五次小组活动：安全我知道	
10分钟	新闻分享	让组员们明白性侵犯的事件是现实生活中真实存在的	新闻分享：大家在平时的生活中有没有看到过这些新闻呢？大家不要觉得这些都只是新闻，我们的身边有没有发生过这样的事，所以我们不用在意。正因为这些事情是真实发生的，所以我们要更加重视它，从而避免这些危险的情况发生在我们身上	投影仪
10分钟	安全小技能	让组员学会一些保护自己的方法	1. 让组员分享一些保护自己的方法如果小兰遇到的那种情况发生在你身上，你该怎么办呢？ 2. 大家刚才的分享都很棒，但是如果我们把这些方法都用完，还是不管用，我们该怎么办呢？下面我们一起来看看，还有哪些更好的方法来保护我们自己吧	投影仪
10分钟	总结分享	分享此次活动的整体总结	1. 组员分享今天活动的收获 2. 社工做本次活动总结	投影仪

			第六次小组活动：我们的故事	
时间：1月20日		地点：K小学	人数：8～10人	社工：李社工
目标：1. 回顾之前的小组内容 　　　2. 处理组员的离别情绪				
环节时长	环节名称	环节目标	环节内容	活动物资
	活动准备	提前准备资料	提前三天准备好以下内容： 1. 提前3天熟悉计划书内容 2. 提前2天协调好场地 3. 提前1天做好宣传工作，招募参加活动学生	海报 横幅 签到表 评估表
5分钟	回顾	回顾上次小组活动	社工让组员分享上次活动的内容，并说出自己印象最深刻的是哪个环节	投影仪

第六次小组活动：我们的故事				
20分钟	成语接龙	活跃活动现场气氛	将所有组员平均分成几个小组，每组成员依次进行。将社工提前准备好的题词卡，给第一个人看，其余所有人背向第一个人，第一个人看到成语后用自己的肢体语言将那个动作展现给第二个人，传递过程中不能说话，第二个人再将自己看到的动作传递给第三个人，依次传递下去，由最后一个人猜出成语，猜对最多的组获胜	题词卡
20分钟	我的成长	回顾，让组员从中发现自己的改变和成长	1. 将之前几次活动的照片做成视频或者PPT播放给组员观看 2. 引导组员回忆之前的几次活动，让大家分享在这个过程中你学习到了什么？自己有了哪些改变 3. 订立今后的目标并分享给大家	投影仪 A4纸 水彩笔
15分钟	社工总结与分享	1. 总结小组活动 2. 小组活动结束	1. 小组接近尾声，社工进行总结，先说出自己在活动中的感想 2. 组员完成评估表 3. 集体合影，社工宣布小组活动结束	评估表 签字笔

附录二：前测问卷

"天使之翼"儿童性别成长小组前测问卷

亲爱的同学：

你好！我是M社工服务中心的社工姐姐，我们需要通过本次调查了解你们对性侵害知识的了解程度以及对自我的认知，以便我们更好地为接下来的"天使之翼"儿童性别成长小组的顺利开展打下基础。希望你如实地填写并认真地回答，不要交头接耳，你所填的信息将对我们接下来计划起着决定性作用。请你放心，你所填写的信息我们都将为你保密！谢谢你的配合！

M社工

你的年龄_____岁，所在班级_____   填表日期___年___月___日

1. 你知道你是怎么来的吗？

A. 知道   B. 不知道

2. 你了解你身体上的变化吗？

A. 了解   B. 不了解

3. 你认为青春期的身体变化有哪些？

A. 个子迅速增高   B. 生殖器官开始发育   C. 每个人都会长青春痘

D. 男生会长胡须   E. 女生乳房开始发育   F. 不会有很大变化

4. 你知道男生和女生的区别吗？

A. 知道   B. 不知道

5. 你知道哪些部位是隐私部位吗？

A. 知道   B. 不知道

6. 你听说过性侵害吗？

A. 有   B. 有，但不知道是什么   C. 没有

7. 你觉得性侵害可怕吗？

A. 可怕   B. 不可怕

8. 在你的印象中，有接受过性教育吗？如果有，是通过哪些途径？

（1）否

（2）是（   ）可以多选

A. 家长的教育   B. 学校教育   C. 同学朋友分享

D. 网络、电视、报刊　　　G. 其他

9. 你认为什么举动是性侵害?（　　　　　）可多选

A. 被人强吻　　　B. 被迫观看或触摸他人的性器官

C. 被迫一起观看黄色书刊或色情碟　　　D. 下课与同学一起牵手回家

E. 被迫发生性关系　　　F. 医生检查身体时触摸了你的下体

G. 异性亲人给你洗澡　　　H. 利用网络工具索要裸照

10. 你觉得最有可能在什么地方遭性侵害?（　　　　）可多选

A. 学校　B. 游乐园　C. 偏僻的路上　D. 菜市场

F. 公交车上　G. 邻居家里

11. 如果你不幸被性骚扰,你觉得应该怎么做?

A. 忍气吞声　B. 告诉家长或者报警　C. 不知道怎么办

12. 你觉得以下哪种人最可能会对你造成侵害?（　　　　）可多选

A. 邻居　B. 亲戚　C. 陌生人　D. 老师　E. 同学　F. 父母的同事

13. 如果在我们开展有关防性侵教育的成长小组,你希望能在小组活动中学到什么?

附录三：后测问卷

"天使之翼"儿童性别成长小组后测问卷

亲爱的同学：

你好！我是 M 社工服务中心的社工姐姐，我们需要通过本次调查了解你们对性侵害知识的掌握程度。你所填的信息对我们的服务有很重要的意义，希望你如实的填写并认真地回答，不要交头接耳。请你放心，你所填写的信息我们都将为你保密！谢谢你的配合！

M 社工

你的年龄_____岁，所在班级_____ 填表日期_____年___月___日

1. 你知道你是怎么来的吗？

A. 知道   B. 不知道

2. 你了解你身体上的变化吗？

A. 了解   B. 不了解

3. 你认为青春期的身体变化有哪些？

A. 个子迅速增高   B. 生殖器官开始发育

C. 每个人都会长青春痘   D. 男生会长胡须

E. 女生乳房开始发育   F. 没什么变化

4. 你知道哪些部位是隐私部位吗？

A. 知道，请写出来_____

B. 不知道

5. 你觉得性侵害可怕吗？

A. 可怕   B. 不可怕

6. 在你的印象中，有接受过性教育吗？如果有，是通过哪些途径？

（1）否

（2）是（   ）可以多选

A. 家长的教育   B. 学校教育   C. 同学朋友分享

D. 网络、电视、报刊   G. 其他

7. 你认为什么举动是性侵害？（   ）可多选

A. 被人强吻　　　B. 被迫观看或触摸他人的性器官

C. 被迫一起观看黄色书刊或色情碟　　　D. 下课与同学一起牵手回家

E. 被迫发生性关系　　　F. 医生检查身体时触摸了你的下体

G. 异性亲人给你洗澡　　　H. 利用网络工具索要裸照

8. 你觉得最有可能在什么地方遭性侵害？（   ）可多选

A. 学校　　B. 游乐园　　C. 偏僻的路上　　D. 菜市场

F. 公交车上　　G. 邻居家里

9. 如果在公交车上有人触碰到你的身体，让你感到非常不舒服、不喜欢，你会怎么做？

A. 找车上的陌生人求助　　　B. 大声呼叫

C. 不说话　　　　　　　　D. 不知道怎么办

10. 如果你不幸被性骚扰，你觉得应该怎么做？

A. 忍气吞声　　B. 告诉家长或者报警　　C. 不知道怎么办

11. 你觉得以下哪种人可能会对你造成侵害？（   ）可多选

A. 邻居　　B. 亲戚　　C. 陌生人　　D. 老师　　E. 同学　　F. 父母的同事

12. 如果一个邻居家的哥哥给了你最喜欢的礼物，然后对你进行性侵害，这是你自己的错吗？

A. 是　　　　B. 不是

13. 通过在"天使之翼"儿童性别成长小组的学习过程中，你收获了什么？

附录四：活动满意度调查表

"天使之翼"性别成长小组活动满意度调查表

亲爱的组员

你好！为了收集你对活动的意见和看法，评估活动成效，以改善我们对今后活动的策划。希望你为我们提出宝贵建议，你的意见我们将为你保密，请你放心填写，在最能表达你意见的选项里打"√"

小组名称：　"天使之翼"儿童性别成长小组　　负责社工：_____					
项目	请你在最能代表您的意见的位置打"√"				
	非常不满意	不满意	一般	满意	非常满意
小组安排评价					
1. 我对小组的时间安排					
2. 我对小组的场地安排					
3. 我对小组工作人员的态度					
小组内容评价					
4. 我对小组内容的设计					
5. 我对小组内容的准备					
小组整体评价					
6. 我积极投入本次小组活动中					
7. 参加小组活动对我的帮助					
8. 通过小组认识并交了几个新朋友					
9. 在小组活动中我了解了性安全的重要性，也知道自己与别人都应该受到尊重					
10. 在小组活动中我学会了4种以上应对性侵害的方法					
你对小组活动有什么收获与建议					

归侨子女抗逆力的小组工作实务研究

——以深圳市 A 社区"归侨子女成长教育计划"为例

涂吉容

修订人：潘静

指导教师：张义烈

摘　要　本文以深圳市 A 社区"金色朝阳——归侨子女成长教育计划"实务项目抗逆力成长小组为案例分析，运用访谈法和分析工作者的工作笔记（包括活动档案）收集资料，以此来探索归侨子女的成长现状，发现他们在成长方面存在的问题。笔者在深圳市 A 社区实习期间，结合成长需求和抗逆力提升开展小组工作，对小组工作方法介入归侨子女抗逆力提升的策略进行探讨。最后，笔者对小组工作服务成效进行分析，并相应地提出提升抗逆力的措施和值得深入研究的思考。本研究对于归侨子女成长发展以及抗逆力提升具有积极的借鉴和推广作用。

关键词　小组工作；归侨子女；抗逆力

一、绪论

（一）选题缘由

对归侨子女的抗逆力服务关注来源于笔者 2014 年 7 月至 2014 年 11 月在深圳市 A 社区的社会工作专业实习。在四个月的专业实习过程中，笔者一直坚持优势视角理论，相信服务对象的发展潜能，那些被标上"问题"标签的归侨儿童在面对困境时有其个人特殊的应对方式，即他们面对压力和困境时的"反弹"，即抗逆力。

作为一名社工，笔者相信每个人都渴望幸福生活，都有能力改变，即使渴望的东西可能不为社会的主流价值观和规范所认同，但是这却是个体的反弹力。笔者认为人可以在困境与反弹中不断地重塑，结合儿童心理、生理方面的独特性，研究其抗逆力，促进儿童的健康成长和抗逆力提升是非常有价值的。然而，针对特定儿童群体的抗逆力实务方面，社会工作是如何介入以及开展工作的？社会工作在此过程中发挥着怎样的作用？家庭、学校、社区与儿童的联系与交流是如何一起建立抗逆力发展模式的？抗逆力发展模式的建立在其成长中有着怎样的作用？这些疑问萦绕在笔者的脑中。在专业实习中，以参与者的身份加入了深圳市 A 社区的"金色朝阳——归侨子女成长教育计划"项目，对这些疑问有了一些回答。

（二）研究意义

随着社会的发展，时代变迁与文化冲突并存使得归侨子女在思想观念及行为方式方面频频出现分化和重组的现象。当他们在现实面前感到无奈，难以为自己找到一个合理的解释时，困境（即困难情境）就成了其社会化过程中必须跨过的一道屏障。而社会化过程中的困难情境是不可避免的，因而提升其抗逆力就显得十分必要。他们在成功应对困难情境后也获得了成长，这使得他们自身各种能力得以提升。所以，将抗逆力的建设纳入成长教育非常有必要。

在抗逆力视角中，人在面对困难情境时是可以保持认可和积极的态度的，是可以应对和处理困难情境中遇到的问题的，这些困境是生命中的重要因素。随着个体的成长和发展，测试抗逆力的矛盾逐渐增多，需要专业的、正确的引导，否则很容易陷入困境。相关研究表明，抗逆力是可以通过内外因素交互作用建构的。为了提升学生的抗逆力，先有香港从 2004 年开始推广的"成长的天空"计划，后有中山大学社会工作研究中心推广的"抗逆力小穗星"成长计划。这两项计划皆获得了学校、家长及参与学生的认可，有效提升了学生的"效能感""归属感""乐观感"，促进了抗逆力的提升。因而，此次研究具有一定现实意义。

在本研究中社会工作者以抗逆力理论为基础，运用小组工作方法，解构归侨子女面临的困难，挖掘、利用资源，重整个体与家庭、学校、社区的关系，改善他们的支持网络，帮助他们正确处理人生中的矛盾，促进其学习生活中的风险性因素转化为保护性因素，改善其生活态度与状况，培养其保持积极的人生观、价值观，提高抗逆力水平，奠定人生发展道路。

虽然国内有将社会工作专业方法运用到关于归侨子女的实务工作，但形成的相关研究几乎没有，本研究将弥补以往的不足，结合抗逆力理论和小组工作理论，从归侨子女的"效能感""归属感""乐观感"的角度，以在深圳市 A 社区开展的"金色朝阳——归侨子女成长教育计划"为例，对项目进行研究，希望通过对实务工作的总结，为归侨子女抗逆力的培养提供有意义的参考资料和建议，提出对归侨子女社会工作更加有效的建议。

（三）文献回顾

1. 归侨子女面临的困境与原因探究

第一，学业困境。深圳市政协委员孔爱玲提出了《关于加强归侨子女教育成长问题的建议》。在提案中提到，一方面，归侨侨眷文化水平普遍偏低，大部分家长没有辅导子女功课的能力；另一方面，归侨家长大多没有经济能力聘请家教或上辅导班。因此，家长这一方在子女学业问题上就显得"力不从心"。[1]

第二，自我价值感偏低。归侨儿童大多处在多子女家庭，家庭的关怀不够，造成心理的缺失。有关调查显示，非独生子女的幸福感、满足感比独生子女要低。其原因在于非独生子女的家庭生活条件普遍比独生子女家庭低，父母对独生子女的关注度比较高，获取的能力较强。[2]

第三，内部差距大。归侨群体内部差异大，表现在贫富差距、文化素质等方面，文化素质水平会影响到子女的自我意识的发展、自我觉察水平的提高。父母学历参差不齐，其子女自我觉察、其他方面的发展的差异也泾渭分明，其中一个趋势是父母学历越高，自我觉察水平越高，[3]而这期间的差异导致归侨子女发展的不平衡。

第四，品行障碍。在归侨群体中，大多还是采用传统的教育方式，父母的暴力管教、溺爱放纵、忽视、贫穷、隔代教育等都是造成子女思想的片面性的因素，从而导致其形成品行障碍。[4]孔爱玲在参加会议时表示，对于这些问题如果不加以关注并解决，那么归侨子女未来将很难应对社会的各种竞争，从而错失向上流动的机会。[5]

2. 儿童抗逆力服务的相关研究

第一，研究对象多样化，服务领域涉及面广，且多为特殊群体。纵观现今国内外对儿童抗逆力服务的研究，服务及研究对象呈现多样化，并且多集中在特殊群体，如，残疾儿童、流动儿童、后进生、外来务工人员子女等，然而并没有与归侨子女抗逆力相关的实务与理论研究，因此，归侨子女抗逆力研究值得关注。

第二，研究视角由以前的问题视角转为近几年的优势视角。在学习"优势视角"工作模式之前，我国之前基本形成的是"问题视角"工作模式，[6]但是随着社会的发展，优势视角越来越多被运用到社会工作实务中。在优势视角中，优势视角以截然不同的视角分析问题，探求被不良行为遮掩的功能，儿童以不良行为进行防卫，以保护权益与地位。优势视角不局限于行为表面，关注行为呈现出来的发展潜能，处在困境中的儿童，就像没有受到滋润的小树，没有参天大树的雄伟，但并不等于他们没有生命的意义。[7]

第三，学者们对抗逆力理论方面进行了研究，形成了系统的理论模式，实务开展有了系统的理论支撑；在抗逆力实务研究方面，把相关理论落实到实务中，获得了各界人士（学校、家长、学生以及社会等）的认可，其中以香港推出的"成长的天空"计划为例，此计划实施后获得了家长、参与学生等的支持与认可。总的来说，抗逆力研究引起了许多学者的重视，在实务与理论方面的研究都比较多，并且涉及面都极广。

3. 对归侨子女抗逆力服务的策略分析

第一，政府方面：政府主张贯彻落实《归侨侨眷权益保护法》，要把侨务工作融入社会经济发展之中，切实解决归侨、侨眷的困难，发挥"侨力"促进社会和谐发展。[8]政府从加强归侨子女成长教育入手，认真做好为侨服务工作。

第二，社会方面：除必要的经济救助外，尝试探索第三部门（即 NPO 或NGO）介入侨胞社会服务工作，由其承担补充、协调、发展职能。一方面解决归侨子女教育上的缺失，另一方面加强文化建构、环境改善等，并吸引社会各界人士、单位、机构等的资金支持，以期解决当地归侨群体就业难、创业难、子女教育难等问题。[9]用问题视角来看待归侨子女，把他们当作问题儿童，工作者在服务过程中多是治疗者的角色。

4. 研究述评

学者们对归侨子女抗逆力服务的服务取向还不太明确，对服务的研究主要集中在侨务福利制度方面，缺少社会工作实务方面的深入探究，形成的相关文献几乎没有。部分机构有针对归侨子女开展的服务，比如，"金色朝阳——和谐侨区家庭教育计划"，但是还存在很多的问题。还没有学者从社会工作的专业角度和科学方法出发，对归侨子女进行介入研究，在合理的理论和专业上，运用社会工作方法，秉承接纳、支持、理解的服务理念，建立适合归侨子女成长和提升抗逆力的服务方案，动员学校、家庭、社区、社工、社会力量研究和介入归侨子女成长和抗逆力服务，帮助归侨子女自我实现，提升抗逆力。

二、研究设计

（一）概念界定

1. 归侨子女

《中华人民共和国归侨侨眷权益保护法》（第二条）里把归侨定义为：回国

定居的华侨。[10]归侨大致可分为这几种类型：在国外有所成就的科学家、知识分子；回国深造的华侨学生；回国团聚并定居的华侨；回国参与投资、建设的华侨企业家；归国华侨活动家；二十世纪六七十年代因两次大规模排华潮而被迫从东南亚回国的难侨。在本文里，笔者研究的归侨子女是指：二十世纪六七十年代因为东南亚国家两次大规模的排华潮而被迫回国的难侨的后辈（后辈在这里特指孙辈），特指9—13岁的儿童。

2. 抗逆力

抗逆力，是香港的学者提出来的，由"resilience"翻译而来，在内陆称之为"心理韧性""心理弹性"。它是指个体在遇到困境时的心理调适能力和应对能力，是面对困境时的反弹能力，即个体在遭遇困境后能够在困境中保持积极的、健康的心理和行为能力。抗逆力是每个个体都具有的特质，在顺境时潜伏，在逆境和压力时得到激发。在先天的遗传基础上，可以通过后天的培养建构来提升抗逆力，先天性的生理遗传基础、后天性的生活学习经验以及针对性的培养是建构和提升抗逆力的主要资源。[11]

抗逆力的影响因素有内部的生理、心理因素和外部的家庭支持系统、社会支持系统。通过两大因素的联合，提升个体的"效能感""乐观感""归属感"。如图1所示，是抗逆力的模式图。[12]

外在资源		内在资源	
支持及机会		正面的发展成果	
家庭内因素 正面的联系关系 坚定清晰的规范 生活知识、社交技巧 关怀支持的气氛 合理而高的期望 有意义的参与机会	家庭外因素 合理期望 积极参与 关怀环境 ⇒	抗逆力的素质 效能感 归属感 乐观感 ⇒	面对成长的挑战，有健康的对应策略

图1 抗逆力模式图

（二）研究方法

首先，笔者从中国知网、万方学位论文数据库、中文科技期刊数据库、维普期刊资源整合服务平台、超星图书馆中，下载了1996年至2015年的60多篇关于归侨、归侨子女、抗逆力的研究进行阅读分析，尤其是与社会工作角度有关的，一方面，发现其他学者研究的优秀之处以及研究还未涉及的方面，为本文写作寻找参考与启发；另一方面，为本文的撰写提供理论依据，增加本文的实效性。

其次，主要运用访谈法和分析工作者的工作笔记（包括活动档案）收集资料。笔者在实习期间，在服务后期介入此小组，既充当社工的角色，也充当研究者的角色，承担小组活动的策划、准备、运行与评估工作。对归侨子女抗逆力现状及服务成效的分析与调研，采用定量、定性研究相结合的方式，主要是问卷法、访谈法。

在小组成立之前，运用问卷法、访谈法对参与"金色朝阳——归侨子女成长教育计划"项目的 20 余名学生进行了调查，了解其抗逆力现状。一方面，进行前测，以便后期的成效评估；另一方面，探索出影响他们抗逆力的因素，并开展相应的、针对性的小组服务；在小组服务的过程中，主要以访谈法的方法了解小组成员的成长与服务满意度；在小组服务终期时，运用问卷法、访谈法评估小组成员的服务满意度，并针对抗逆力进行后测，与前测进行对比，评估小组活动的干预效果。

三、归侨子女抗逆力低的表现及原因分析

对归侨子女的抗逆力进行调研，主要是为了了解归侨子女的抗逆力现状，以及剖析归侨子女抗逆力低的原因。围绕归侨子女的归属感（个体会在与家庭、社区及社会的互动中产生归属感，源于对被照顾、被支持的关系存在期望）、乐观感（对未来充满期待和相信未来光明）、效能感（人际关系、情绪管理及目标制定等）三方面进行分析与评估，调研发现一些归侨子女由于自身、家庭、社区等原因在心理等方面存在问题。

（一）归侨子女抗逆力低的表现

1. 存在心理问题

因为学业成绩差、家庭关系淡漠、隔代教育、应试教育以及网络资源使用不当等原因，归侨子女普遍形成各种心理障碍。大多孩子都存在依赖感强、孤僻、任性、以自我为中心、做事缺乏责任感等问题。归侨子女的依赖主要表现为：有些学生是祖辈带大的，过度的溺爱导致自理能力差，缺乏信心和独立意识。主要的表现形式为：当他们做作业遇到不会的题目时就去抄别人的作业，自己从不认真思考，希望别人直接告诉答案；做事缺乏毅力，怕苦怕累怕困难。孤僻表现为：内向、不合群，对周围环境和人的戒备心理强，别人很难走进他们的内心，但是他们潜意识里是希望得到关注和关怀的。心理障碍会影响归侨子女的健康成长，所以解决这些问题是有必要、有意义的。

2. 自我效能感弱，归属感较低

归侨子女在人际关系方面大部分都出现力不从心的现象。在朋辈群体中，

与同学交往困难，不知如何与同学建立良好关系，在朋辈群体中没有存在感；在家里，与父母关系淡漠，不懂如何与父母进行有效的沟通，在家庭事务上没有发言权，进而影响其对家庭的归属感。

没有合理的目标期望。主要体现在老师对学生学习上的过高要求，个体不合理的目标规划，父母对子女学习以及生活上的不合理期盼与过度寄托。

在学校、家庭、社区中的归属感低。他们在学校没有良好的人际关系、不受老师的重视、在家里没有发言权、在社区里受歧视等都影响着他们的归属感。

（二）归侨子女抗逆力低的原因

1. 自身原因

第一，缺乏合理的认知。首先，没有学习的意识，缺乏对学习的正确认知与良好的学习习惯，学业上的弱势影响个体认知（容易产生无用心理）、老师的关怀程度等，进而影响其效能感和归属感。其次，对人际关系认识不足，没有形成良好的社交理念和社交技巧，因此，孩子在人际关系上是薄弱环节。

第二，这些归侨子女处于儿童期，没有明确的辨别是非的能力，对某些事情没有正确的认知，价值观容易受环境的影响。

2. 家庭原因

第一，家庭成员关系冷漠，缺乏关怀。父母工作繁忙，早出晚归，与孩子相处的时间不多，加上下班后身体劳累，没有过多的精力与子女进行交流；子女回家大多喜欢做自己的事情，想拥有自己的秘密，不想被父母探知，所以会不自觉地远离父母，进而缺乏交流与互动；部分孩子是由祖辈带大的，稍稍长大后直接与父母住一起，双方都不知如何交流、沟通，日积月累，家庭的关系就显得十分淡漠。家庭关系的淡漠会导致孩子的心理出现障碍，有些学生会不知道如何与长辈、同辈交流，进而出现孤僻、戒备心理强等心理问题。

第二，家长教育观念落后，文化素质偏低。归侨子女的父母的文化素质普遍偏低，文化水平大多在小学，极少数父母的学历在初中以上，他们没有足够的知识来辅导子女的功课，没有丰富的、进步的、正确的教育观念，过度地关注学习成绩，忽视孩子的健康成长，把自己的期望加在孩子身上，孩子的压力每日剧增，期望值与现状不相符，子女也会出现自卑、做事缺乏毅力和责任感等心理问题，进而影响子女面对困难时的应对姿态。

3. 社区及社会原因

第一，由于应试教育的弊端，学校基本只关注学生的学业成绩，忽略了心理建设。在强大学业重压下，学生的心理容易产生问题，进而行为发生偏差。

第二，归侨群体在社会处于弱势地位，周边群体的不认同、排挤，加上社会经济地位低，子女没有良好的社区氛围，容易出现自卑、内向等心理问题。

第三，网络资源的不合理利用，归侨子女易受不良信息的干扰，进而影响心理健康。

四、小组工作介入归侨子女抗逆力培养

社会工作小组工作方法是以团体或小组为服务对象的助人工作方法，社工组织服务对象开展活动为其提供专业性的服务，以实现小组目标，与服务对象共同发展、成长，促进个体社会化。归侨子女在成长过程中有很多的内在因素、外部家庭和社会支持系统以及效能因素，小组工作介入归侨子女抗逆力培养有利于激发和挖掘各种优势资源和支持系统等，以缓解负面因素和困境对其的影响，从而帮助归侨子应对困境和压力，提升抗逆力。

（一）A 社区归侨子女抗逆力成长小组

1. 小组成立背景

A 社区的"金色朝阳——归侨子女成长教育计划"项目是一个以促进归侨子女健康成长为目的的项目。因为个人、家庭、学校、社区及社会等影响，归侨子女的抗逆力普遍偏低，之前的三期项目大多关注他们学习方面的成长，而忽视了抗逆力的培养。因此，在第四期的项目里，把培养归侨子女的抗逆力作为重点服务，以帮助 A 社区的归侨子女抗逆力的提升，积极应对生活、学习中的困难。

2. 小组成员

"归侨子女抗逆力成长小组"的小组成员是由参加"金色朝阳——归侨子女成长教育计划"项目的 26 名 9—12 岁的儿童组成，小组成员为 A 社区 B 小学的学生，由于他们的需求、表征问题、目标等相同，因此成立有针对性的、互动性较强的抗逆力提升小组。

3. 小组计划

"归侨子女抗逆力成长小组"以抗逆力理论为指导，运用社会工作小组工作方法开展专业性的、互动性强的活动，目标在于挖掘小组成员的潜能和资源，注重个体与家庭、学校、社区的关系，改善支持网络，以抵御面对困难情境、压力时的负面影响，改善其生活态度与状况，保持积极的人生观、价值观，提升其"效能感""归属感""乐观感"，促进社区归侨子女抗逆力的激发和提升，奠定人生发展道路。

"归侨子女抗逆力成长小组"由两个成长小组组成，分别为"社交能力成

长小组"和"阳光之星成长小组"。通过两个成长小组活动的开展来完成小组目标和总目标，每个成长小组、每次活动都有层层递进、相互促进、相辅相成的特点。另外，每个成长小组都设有适合本小组的、合理的小组目标，每次小组活动都围绕小组目标设计。通过每次小组活目标以及两个成长小组目标的实现，来达到抗逆力成长小组总目标的实现。

（二）归侨子女抗逆力成长小组过程分析

1. 社交能力成长小组分析

人生活在集体中，就需要与他人沟通交流，与组员团结协作。提高社交技巧是我们每一个人必修的功课，学会更多的社交技巧才能让我们更易于融入群体中。通过开展以"提高社交能力"为主题的六次小组活动，使小组成员能够合理地认识自我，形成正确的人生观，提高社交能力，增强抗逆力。见表1。

表1　社交能力成长小组活动内容之一

总目的	提高学生们学习与人交流、相处的能力；帮助学生们培养一种良好的人际交往意识；增强孩子们的自信心、自尊心和抗逆力	
	小组活动名称	活动目的
第一节	了解自己，接纳他人	了解自己，正确对待缺点，增进组员感情
第二节	沟通与合作	认识到沟通与合作的重要性，加强沟通合作意识
第三节	建立自信心	发现自己的价值，增强自信心，增强抗逆力
第四节	定位目标，凝聚团队	形成团队意识，学会合理制定目标
第五节	社交礼仪	了解社交礼仪，增强社交技巧
第六节	我们是一家人	分享组员的收获，处理离别情绪

社交能力成长小组活动开展时间为2014年5月9日至2014年7月4日，以小组工作理论为基础，按照小组工作基本模式进行，小组成员为13名9—12岁的深圳市光明新区A社区的归侨子女。根据这些学生"不自信、孤立、不懂尊重他人"等社交能力现状，结合小孩该时期的心理特征，设计活泼、多样的活动。通过活动，学习社交技巧，提高社交能力，形成良好的行为习惯，帮助他们健康成长，增强抗逆力。

考虑到服务对象的年龄特点，每次活动都会穿插一些小游戏，以达到活跃气氛、尽快进入角色、活动顺利开展的目的。游戏的互动性，不仅可以增强小组成员之间的联系和感情，而且可以使服务对象与社工建立信任纽带，从而使小组活动更好地开展，更好地促进服务对象的成长。每一节活动都有分享环节，通过组员之间的互动与交流，讲述体会和获得，可以加深组员对活动的理解，促进组员之间的交流与互动。整节活动通过扣分的规则来约束，使参加者明白，扣分不是关键，而是我们期待他们在行为上、社交上有更好地表现，一味地惩罚不是我们的初衷，最后的结果是期待他们的改善。

每一节活动结束后都会对成员进行评估，看是否需要修改计划书以实现小组目标，在社交能力成长小组结束后对其进行了总体评估，通过社工自评、小组成员及家庭的反馈来评估小组的成效：

（1）通过观察与分析小组成员参与过程表现、参与活动的积极性、投入度等发现：参与者刚开始都怯于表达，小组成员之间的互动性差；随着活动的开展、小组成员之间的深入了解以及社工的积极引导，他们开始慢慢地放开自己融入团体中，共同努力，促进自身的发展；到终期的时候，小组成员的沟通技巧、社交技巧都比刚开始的时候有明显的提升，有些同学不再羞于表达，有些同学更加自信，有些同学更加懂得尊重别人。但是在开展过程中也有一些困难和问题，比如基于参与者的年龄，参与者很难明白活动的深层含义，社工需要有有效的方法来解决这个困难，需要有大量的时间与精力进行解释，有时结果还是事倍功半。

（2）对13名小组成员发放了参加活动反馈表，根据反馈表所回馈的内容，对参与者进行了评估，从反馈表中可看出：13名学生对小组的总体满意度皆在4分以上（5分为满分），最高为4.6分，也就是说，小组成员对小组的总体满意度至少为80％，最高为92％，平均满意度为85％，如图1所示。由此可知，小组成员对社交能力成长小组的满意程度是比较高的，他们表示很喜欢以小组的形式开展服务，既可以玩又能够有所收获。

总结小组成员的表现，参与者在参加小组后，在社交能力方面获得了提升，人际关系得到改善，和父母的关系日趋和谐温暖。他们把学到的沟通技巧运用到了家庭之中，勇于表达自己的观点和看法，和家长的交流和沟通不再是生活中的阻碍；家庭关系的改善，使得因家庭不和谐而引起的不良行为和不足，也得到了改善；变得越来越自信，和同学的关系越来越好，人际关系得到改善，有利于促进学习的进步和提高。但是小组活动时间有限，需组员不断学习和自我监督。

（3）在例行家访的时候，社工与13名参与者的家长进行了交流，大多数家长反映，孩子回家后变得愿意和家长沟通了，待人接物变得更有礼貌，但是由于归侨家庭的文化素质不高，沟通有一定的困难，有时很难明白孩子的意思。有家长反映："小一以前回家什么都不做，只知道看电视、出去玩，现在回家就会帮忙打扫卫生，也愿意和我们说话了，以前你说十句他都不一定能回一句。"

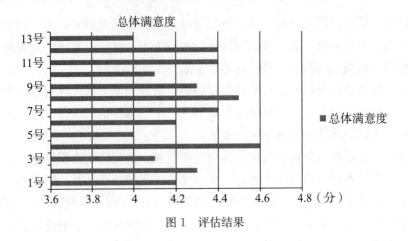

图 1　评估结果

2. 阳光之星成长小组分析

结合抗逆力理论和小组工作理论，从归侨子女的"效能感""归属感""乐观感"的角度，设计并开展了 7 节小组活动，促进归侨子女的健康成长，增强抗逆力，见表 2。

表 2　社交能力成长小组活动内容之二

总目的	提高学生们与人交流、相处的能力；帮助学生们培养一种良好的人际交往意识；增强学生们的自信心、自尊心和抗逆力	
	小组活动名称	活动目的
第一节	纪律大比拼	相互之间深入了解；让学生了解自己在服务过程中，需要遵守的纪律规范；促进学生自律能力的提高；促使学生养成良好的行为规范
第二节	图书的奇幻漂流之旅	拓宽知识面；丰富文化生活；提高科学文化素质；激发学习兴趣；让学生们学会分享
第三节	妈妈我想对你说	增进亲子之间感情交流；明白母爱的伟大，懂得珍惜亲情；丰富学生们的情感世界
第四节	爱心天使送清凉	让学生们懂得感恩社会；引导树立精神榜样；学习交通知识，提高安全意识
第五节	趣味运动会	丰富学生们的课余时间；达到锻炼身体、娱乐身心的效果；发掘学生们身上的优点，并加以鼓励
第六节	"小手拉大手"义卖捐赠	为义工联的志愿者朱少而募捐，帮助他走出生活的困境；让学生们在活动中学会乐于助人，传播爱；提升学生们的社会交往能力，增强学生们的沟通技能
第七节	相亲相爱	分享成果与收获，处理离别情绪

阳光之星成长小组活动开展时间为 2014 年 4 月 18 日—2014 年 7 月 5 日，以抗逆力理论为基础，结合小组工作理论，按照小组工作基本模式进行，小组成员为 13 名 9—12 岁的深圳市光明新区 A 社区的归侨子女。

第一节活动"纪律大比拼"。社工带领学生遵守班级纪律规范目标、制定系统的奖惩积分制度目标达成。活动通过知识抢答的游戏，事先将纪律规范发给学生阅读，社工再以提问的方式了解学生掌握情况，以游戏竞赛的方式讨论让学生记住纪律要求。在之后的一个星期中，学生积极遵守纪律，不迟到不早退。知识竞赛之后，是一个关于纪律总结以及具体惩罚扣分的讨论，经过讨论之后，制定详细的积分扣分制度。针对纪律规范以游戏方式代替枯燥的讲解，娱乐之后不忘具体积分奖惩的讨论总结，能形成系统的奖惩制度，促进组员之间的相互了解，使得组员之间关系更融洽；但是有些学生对于哑巴接龙的游戏不感兴趣，该游戏时间较短，学生的感受未曾分享。

第二节活动"图书的奇幻漂流之旅"。在借阅过程中，学生们都对科幻类书籍较为感兴趣，学生们都愿意拿出自己的书籍与他人分享，并很乐意说出自己的读书感想，每位同学都能积极参与进来，借到自己喜欢的书。活动结束前，分享心得提升了这个活动的意义和价值，社工鼓励了每一个参与的学生，欣赏了他们过程中的努力。制作漂流瓶的纸条，作为小礼物赠送给学生，上面有暖心话语，既可以做书签，也可以作为励志话语，激发他们的学习兴趣。

第三节活动"妈妈我想对你说"。社工发出 13 份家务选择题的作业，但是只回收了 7 份，近一半的学生几乎不帮妈妈做家务。从所有回收上来的作业中可以看出，大部分的学生平时会帮忙扫地、洗碗等，家长对孩子的表现很欣慰。由于天气的缘故，制作贺卡和为妈妈唱歌的项目取消，但是通过电话回访了解到仍有些学生在母亲节当天给妈妈送了贺卡和花。学生自身认识到活动的意义，并且得到社工们鼓励，学生们主动参与到活动中来，在缺少外人监督的情况下也能自觉完成任务。活动的内容丰富，形式新颖，家长们对于此次活动评价很高，并且期待有类似的活动。活动不仅可以让孩子感恩妈妈，同时体会到妈妈的辛苦并在行动上为妈妈减轻负担，而且还可以帮助学生养成自立的习惯。但是社工在活动之前没有考虑到天气的因素，再者，在通知方面，没有考虑到时间是否恰当，没有提前咨询家长是否有空。

第四节"爱心天使送清凉"。活动场地设在麦当劳店内，氛围比较轻松。学生们认真地制作贺卡，在贺卡上写上自己对交警的祝福语；学生们将贺卡和饮料送给交警，并帮助交警叔叔派发交通宣传单，以发传单的形式向民众们宣传了交通知识；活动最后的环节是交警叔叔给学生们讲授交通知识。地点定在麦当劳店，对孩子们有一定的吸引力，在制作贺卡、送贺卡饮料、交警授课环节都表现出了很大的积极性，三个活动都紧扣此次活动主题，获得了学生们与家长的认可，有利于学生的成长。但在活动前没有召开工作人员的集体会议和志愿者培训，导致活动当天分配工作时比较匆忙，有些工作没有具体分配到位；活动前没有与交警沟通好，确定他们的出勤、休息时间。

第五节活动"趣味运动会"。活动刚开始时场面比较混乱，很多孩子跑来跑去，无法安静下来，处理办法是让一名志愿者看一名小朋友，让孩子们不要跑动太大。另外，主持人用扩音器说话，吸引孩子们的注意力；在第一个游戏中，有一个组的组员产生了分歧，导致活动停滞了一段时间，经过社工多次鼓励该组成员，引导其与队友合作，才让活动正常开展下去；在接下来的四个游戏中，组员们找到了默契，积极地投入到活动中来，发挥出团队协作的精神，游戏的趣味性以及孩子们的合作热情，激起了孩子们的积极性，社工、义工在一旁为自己的组员加油打气，充分调动了现场气氛。整个活动都注重组员的团队合作，孩子们在游戏中与队友齐心协力，发挥出应有的合作精神；此次活动丰富了孩子们的课余生活，孩子们在运动中尽情地投入，体会到运动所带来的乐趣。此次活动没能让家长参与到游戏中来，与孩子们进行亲子互动，是此次活动的一大遗憾。

第六节活动"'小手拉大手'义卖捐赠"。通过义卖与募捐，达到了给朱少而募捐、锻炼孩子人际交往能力、深切领会助人乐趣的目的，使孩子们在生活中体会到他人的爱，并将这份爱传递下去，在他人需要帮助的时候积极伸出援助之手，学会乐于助人。孩子们的人际交往能力得到了锻炼，活动刚开始时，大多孩子都很胆怯，不敢开口，经过社工与志愿者的鼓励与帮助，慢慢放开自己，自己独立地卖花，并享受义卖与募捐的乐趣。但活动策划没有考虑到天气的因素，孩子们不能忍受天气的炎热。

第七节活动"相亲相爱"为阳光之星成长小组的最后一节活动。在活动中可以看到孩子们的成长，有的变得开朗了，有的变得不再胆怯、更有自信了，有的变得宽容了，有的变得更加感恩了，都获得了成长，抗逆力得到了提升。当宣布这个小组结束时，都表现出沮丧情绪，通过社工的调节，组员都处理好了自己的情绪，并希望之后能够继续与社工保持良好的关系，希望得到关注。

在阳光之星成长小组结束后，小组成员进行了反馈，通过整合反馈表，得到这样的结论：13 名学生对小组的总体满意度都在 4.25 分以上（5 分为满分），最高分为 4.75 分，也就是说，小组成员对小组的总体满意度最低是85%，最高为 95%，平均满意度为 89%。由此可知，小组成员对阳光之星成长小组的满意程度是比较高的，他们是真的获得了收获与成长，如图2所示。

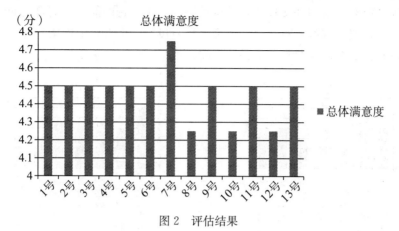

图2　评估结果

五、抗逆力成长小组成效评估

在抗逆力成长小组中，主要运用观察法、访谈法、社工反思和问卷法对小组进行评估。通过观察法收集组员的出席率、迟到早退情况和组员参与活动情况等信息，作为评估小组成效、组员前后改变的参考；通过组员填写问卷和访谈法，可以根据组员"效能感""乐观感""归属感"方面的情况来分析小组成员抗逆力的变化。

（一）效果评估

1. 问卷前测与后测

在活动开展前设计了一份测试服务对象抗逆力水平的问卷，对26名服务对象进行了测试，以了解他们的抗逆力现状，在小组活动结束后，以同份问卷对他们进行第二次测试。通过分析、比较问卷前测后测呈现出来的结果，评估小组活动开展的效果，看是否达到服务对象抗逆力提升的目的。根据问卷，提取了7个因素来表现组员的抗逆力水平，7个因素为：支持关怀的氛围、有意义的参与、社交技巧、问题解决与自我效能、自我觉察、合理期望、目标与志向。通过一些问题的分值来反映组员的"效能感""归属感""乐观感"，平均数越接近最高分（满分为5分），则表示"效能感""乐观感""归属感"越高，如图3所示。

对26名服务对象进行前测和后测，经过对比分析，发现26名服务对象在效能感等方面都有所提升。在服务没有开展之前，组员在社交技巧与自我觉察方面的平均值为最低值（2.5分），在有意义的参与方面分值最高（2.7分），但是普遍来说，总体水平偏低。组员没有足够的来自家庭、朋友、学校等的支持氛围，没有一定的社交技巧，没有足够的解决问题的能力，对自我的觉察不够、自我效能感偏低，对父母、老师、自我没有一个合理的期望，在生活、学习上没有目标等，这些都有上升的空间，都是可以通过人为后天改变的。

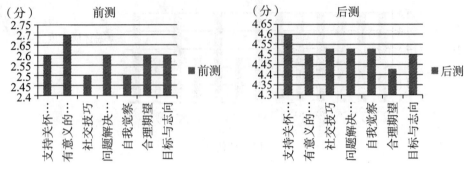

图 3　前测与后测图

在服务开展之后，组员的总体平均值普遍升高，表明组员在活动中都获得了成长，在支持环境、自我效能、社交能力等方面都得到改变和提升，他们的抗逆力水平有所提高。通过对问卷的分析发现，组员的平均值都在 4.43 分以上，都接近最高分。

在支持关怀的氛围方面分值最高（4.6 分），说明活动得到了组员父母的支持，并对孩子的成长做出了努力，而组员也为自己的成长做出了改变；在社交技巧和自我觉察方面的平均值都比前测高出了 2.03 分，成长小组活动提升了小组成员的社交能力，使组员在社交方面有所成长，还有组员对自我能力所在、解决问题能力方面也有所提升；在合理期望方面的分值差较其他因素要低，可能是在期望方面没有直接的引导，组员根据其他方面的成长来调整自己的期望，所以成长没有其他方面明显，但是成长还是很显著的。

2. 小组工作对增强抗逆力的效果

（1）增强自信心，拥有积极乐观的心境。经过成长小组的开展，组员的自信心较之前有鲜明的对比，能充分发挥自己的长处来弥补自己的不足，在获得成功后收获更大的自信。人生态度发生转变，在面对人生的困境时，不再逃避、不再消极面对，变得勇敢、坚定，学会与父母、朋友交流，获得他人的鼓励和支持，从而跨过困境，增强了自身的抗逆力。

（2）人际交往能力的提升。通过"沟通与合作""'小手拉大手'义卖捐赠""社交礼仪""定位目标，凝聚团队"等活动的开展，小组成员通过社工系统讲解人际交往的技巧，通过自己学习与参与活动来深入了解贯彻社交技巧，从而提升自信心，提升社交技巧，收获更多的友谊。

（3）自我觉察、解决问题能力的提升。组员存在偏差行为和不良生活态度的原因是缺乏对自我的正确认知和解决问题的能力，遇到问题和挫折时选择逃避或消极面对。比如，当组员在面对父母对自己的质疑和暴力时，不是选择解释和沟通，而是默默承受，久而久之形成孤僻的性格。成长小组活动的开展，有效提高了组员处理困难的能力，面对质疑勇于直面，面对暴力勇于反对，面对问题勇于解决。自我觉察和解决问题能力的提升，提高了组员的抗逆力，从而改善了偏差行为和不良生活态度，有利于健康成长。

（4）建立自己的目标、积极合理的期望。随着小组活动的开展，组员的人际交往能力得到提升，他们与家长之间能够更好地交流，家长也可以探知子女心中的想法和困惑，从而与老师主动交流，根据具体情况建立符合组员的目标，降低学业压力，摆脱学业强压，组员以选择作弊行为提高分数的期望得到改善。父母和组员之间的相互同感，让组员更加自信，增强抗逆力。

（5）关怀环境的改善，老师、父母和朋友的理解与支持。基于父母工作繁忙等原因造成的父母与孩子之间存在障碍、不善交际而缺乏朋友关怀等问题，开展了"爱心之旅"等活动，在活动后，组员懂得父母的爱、分担父母的辛苦，拉近了组员与父母之间的距离，增进亲子之间感情交流，促进了家庭的和谐，从而使组员的支持氛围得到改善，得到足够的关怀，促进其健康成长。随着人际交往能力的提升，组员获得了更多的友谊，得到了朋辈群体的支持与关怀，生活环境更加和谐，提升了抗逆力。父母与老师的互动与交流，促进老师关心组员的学习和生活，在学校能得到老师的关注，在学习上获得进步，成长更加的健康。

（二）对抗逆力成长小组的反思

1. 优势

（1）针对服务对象所呈现出来的表征问题开展不同的小组活动，既有利于小组成员的成长，也有利于更好地提供服务以达到提高抗逆力的目标。

（2）得到了义工的支持。社工人员不足，在开展室外活动时（义卖、运动会）需依靠义工的帮助，社工很好地利用了机构的志愿者团队来使活动顺利开展，许多由于社工不足导致无法实现的活动因志愿者团队的帮助而顺利进行，保证了小组活动的质量，保障了小组活动的顺利进行。

（3）督导对工作者督导，分享有关的工作、学习经验，给予工作者有效的建议与意见；督导组织工作者对开展过和未开展过的工作进行总结和点拨，以提供更好的服务，保障服务质量。

（4）得到了家长的支持。活动多在周末，部分家长会陪同孩子共同参加活动，以期获得共同成长。大多数家长对开展的活动表示理解与支持，并建议多开展类似的活动。

2. 不足

（1）开展活动的工作人员多为实习生，只有一个专业社工。一方面，缺乏人力资源；另一方面，相关经验不是很充足，开展活动时缺乏专业性和技巧性，有时不能很好地带领组员进行分享。

（2）服务的延续性。开展小组活动的时间在项目的中后期，随着社工实习时间和项目的结束，未能以个案的形式对组员进行服务跟进以保证抗逆力服务的延续性。因此，对此抗逆力成长小组的评估存在一定的局限性，长远的成效无法得到评估。

（3）社工对抗逆力理论、工作实施理解的浅显。社工对抗逆力的理解多源于香港"成长的天空"计划，并没有透彻弄懂抗逆力的理论内涵和实务实施，大多对抗逆力一知半解，这在一定程度上弱化了小组的成效。

（4）小学生思维能力的限制。小组成员为9—12岁的小学生，对开展的活动有时并不能很好地理解其深层含义，而社工有时又疏于引导，导致组员参加活动后只记得游戏，并不能理解活动的目的与意义。

六、总结

（一）归侨子女抗逆力培养的建议

1. 坚持优势视角理论，重塑个体特质

第一，培养其人际交往能力和合作意识，提高社会适应能力，在遇到困境时，利用自己的资源和潜能，在合作中能深化友谊，提高社会认知能力，提升社会胜任力；学会同理心和同感，同理心和同感的表达既可以拉近彼此之间的距离，也可以帮助他人克服困难，有利于培养个体内在品质，树立良好的助人观念；提升解决问题的能力，在面对困境时，每个人都有不同的应对方式，问题解决能力的高低和应对方式息息相关，在一定程度上会影响个体行为和认知，甚至导致偏差、越轨和犯罪，所以提高解决问题的能力是提升抗逆力极重要的一方面。

第二，建立自信心，提高自主能力，拥有积极乐观的心态。通过参与公益、有意义的活动，可以让他们找到乐趣，挖掘潜能，利用自身资源确定努力的方向。活动能锻炼自主力和判断力，物质和精神的鼓励有助于形成良好的自我认知和自我概念，提高自尊水平。在以后的活动中，面对困境时能挖掘自身资源和潜能，做出有益的有成效的行动，以寻找突破口，走出困境。

第三，建立合理期望，形成良好的目标感。社会阅历的浅显使他们在遇到挫折时，会认为是打击。有了合理的目标，这些挫折在一定程度上能激发斗志，激发目标感和对生活的激情，在困境时只要坦然面对，保持积极乐观的心态，就能走出困境。坚持自己的目标，乐观、自信的实现自我价值。

2. 提升家长和教师素质，加强学校心理辅导，营造支持关怀的环境

第一，提升家长和教师的素质。家长不懂合理的教育孩子的方法，会影响孩子解决问题的能力、自信心等。家长是子女的镜子，提升家长的素质是提升孩子抗逆力的重要方面，父母和子女心灵交流，让家长了解孩子的内心世界，才能正面引导子女的健康成长，增强其抗逆力。老师的关心和爱护对学生同样有很重要的影响，只有加强教师的素质，在学生面对困难时才能给予帮助，以免产生偏差行为和消极情绪。

第二，加强学校心理辅导。抗逆力低的部分原因是学生的心理障碍，所以心理辅导是必不可少的。在学生时代，学生大部分时间都在学校度过，学校心理辅导尤显重要。对学生进行心理辅导，帮助他们形成良好的学习意识和学习习惯，疏导生活中遇到挫折而产生的消极情绪，让他们有快乐的校园生活，增加其乐观感和归属感。

第三，营造关怀支持的氛围。人穿梭在环境中，需要获得环境的认可和鼓励，良好的环境能促其成长，所以增强抗逆力的一个必不可少的条件就是要营造一个关怀的氛围（家庭、社区以及学校）。父母应该关心、倾听孩子的内心世界，与其沟通，了解其生活状况和需求，调整教育方式；父母和学校根据孩子的实际情况设定合理的目标，不要把过多的压力强加在孩子身上，过高期望会造成孩子心理障碍，影响其成长；营造和谐社区，改变人们对归侨的印象，让归侨子女不再感到自卑，不再感到排斥。

3. 构建"学校—社区—家庭"联动网络机制

环境是学生成长过程中必不可少的，学校、社区、家庭是对成长作用最大的三个环境。家庭，是孩子的后盾，使孩子获得安定，是孩子最先了解的环境，是对抗逆力培养最直接的环境；学校，是形成正确人生观、价值观的关键地方，通过知识的积累、同学影响等增强抗逆力；社区，是最丰富的环境，是闲暇生活的环境，社区的环境、安全等影响着孩子的健康成长和抗逆力水平的提升。

提升抗逆力水平，调动家庭、社区、学校等资源对其培养。在家庭中增强父母与子女之间的信任关系，增强家庭成员之间的交流，经常开展家庭活动，给予孩子更多的正面期待、合理期待，使孩子能够参与家庭决策、部分家庭事

务的处理，让孩子树立主人翁意识和责任意识，给孩子创造成功的机会；学校也应该与社工、家长交流与合作，开设关于自我觉察、人际交往能力、情绪管理、困境应对等内容的心理辅导，不要只关注学生的学习而不注重心理健康，根据学生的不同情况进行个性化培养；在社区中，社工应定期对家长进行家访或电访，和老师进行联系，以了解服务对象在学校及家里的情况，针对不同的问题提供不同的服务，与学校活动、社区活动、家庭活动相结合，保障活动的成效，不能为了完成任务而开展工作，多开展亲子活动、团队活动、公益活动等，帮助学生促进关系良性发展，促进团队意识的提升，提升自我价值，以应对困境。

通过家庭、学校、社区的有机结合、多方合作，共同提升归侨子女抗逆力，利用多环境的优势，合理利用资源，为归侨子女的健康成长、抗逆力的培养提供良好的环境。

4. 小组工作与个案辅导的有效结合

社会工作一般采用个案工作、小组工作、社区工作三种工作方法，小组工作是儿童工作中最常见的一种工作方法。由于小学生的特殊性，小组工作方法介入抗逆力的培养是可行的。在成长小组中，组员有相同的目标，相互促进，相互帮助，激发和挖掘潜能，缓解消极因素的影响，从而帮助其走出困境、抵御压力，提升抗逆力。在运用小组工作的同时，结合个案辅导，对部分服务对象进行个案辅导会提升服务效果，更好地达到提升抗逆力的目的。合理运用个案工作理念，运用同感、同理心、关注等技巧开展服务，提升服务对象的抗逆力水平，使其能自如应对生活中的困境。

在开展小组工作时，小组活动要有具体的目标，清晰的思路，以便活动和评估的顺利进行，把游戏作为辅助手段，通过互动，引发组员思索，促使目标的实现；活动由浅入深，考虑儿童思维、接收能力限制，遵循先易后难的原则；活动前预估每种困难，以想好应对方式，要有解决突发事件的能力。

5. 其他资源的合理利用

志愿者团队的合理利用。在活动中，会出现工作人员数量不足等问题，这就需要志愿者的支持，他们会有效弥补这个不足，以便活动的顺利开展。邀请家长参与志愿者服务，让他们直接参与活动，见证孩子的变化与成长。

（二）可供深入研究的思考

1. 弱化家庭及学校影响的思考

家长和学校的支持与参与度对抗逆力的培养有极大的影响，家长因生活奔波而无法给予孩子较多的支持或者缺乏正确的教育理念，老师过多地关注学生的成绩，从而阻碍了孩子的健康成长。在工作中，应怎样才能更多的获得家长与学校的支持？怎样才能弱化家庭和学校对孩子成长的影响？笔者认为，这个方面的研究可能还有更大的现实意义。

2. 短时间抗逆力的培养

随着家庭与社会问题的日益复杂，外界对孩子的诱惑越来越多，孩子每天都要面对不少的困境，如何尽快走出困境？如何在短时间内提升抗逆力？笔者认为，这是现今面临的艰巨任务。

（三）本研究的不足

笔者能力、知识有限，阅历不足，在资料分析论证、深度思考方面有待提高，需要不断地学习和提升，以丰富内涵，弥补不足。

本研究选取一个项目点的两个抗逆力成长小组作为研究对象进行研究，缺乏足够的样本，所以研究结论在一定程度上不具有普遍性。

参考文献

[1] [5] [9] 孔爱玲. 归侨子女教育成长问题应加强 [N]. 深圳侨报，2014-1-27.

[2] [3] 刘小先. 父母教养观念、亲子关系与儿童青少年自我意识的相关研究 [D]. 上海：华东师范大学，2009.

[4] 李银兵，万霞. 红河流域印尼和越南归侨特殊群体比较研究 [J]. 钦州学院学报，2014（4）：95-100.

[6] 静进. 我国儿童青少年面临的主要心理卫生问题及对策 [J]. 中国心理卫生杂志，2010（05）：321-324+355.

[7] 田国秀. 从"问题视角"转向"优势视角"——挖掘学生抗逆力的学校心理咨询工作模式浅析 [J]. 中国教育学刊，2007（01）：14-18.

[8] 钟润生，罗国淮. 光明街道获全国社区侨务工作先进 [N]. 科深圳特区报，2006-9-5.

[10] 陈昌福.《中华人民共和国归侨侨眷权益保护法》简介 [J]. 上海市社会主义学院学报，2010（01）：18-23.

[11] 沈之菲. 抗逆力：一种重要的心理品质 [J]. 思想理论教育，2010（18）：73-78.

[12] 钟宇慧. 香港抗逆力辅导工作及其启示——以"成长的天空"计划为例 [J]. 广东青年干部学院学报，2009（03）：29-35.

附录一：抗逆力现状调查问卷

亲爱的朋友，为了深入地了解抗逆力现状，提供更好的服务/检测服务后的抗逆力情况，特进行调查，希望得到你的配合，感谢你的支持！

1. 你今年几岁？ _____

2. 你的性别？ [1] 男　　[2] 女

3. 你有几个兄弟姐妹？ _____

4. 你现在跟谁一起住？

[1] 爸爸妈妈　　[2] 哥哥姐姐　　[3] 爷爷奶奶、外公外婆

[4] 亲戚　　[5] 朋友　　[6] 其他

5. 你对目前的家庭情况满意吗？

[1] 满意　　[2] 有点满意　　[3] 不满意　　[4] 很不满意

6. 你平时在哪里玩？

[1] 同学家　　[2] 网吧　　[3] 家里　　[4] 其他

7. 你的朋友多吗？

[1] 很少　　[2] 一般　　[3] 很多

8. 你逃过课吗？

[1] 没有　　[2] 有过，但很少　　[3] 有过，经常逃课

9. 请根据你自身感受如实填写（自我方面）

	非常不符合	不符合	说不准	部分符合	完全符合
1. 我清楚自己的能力	1	2	3	4	5
2. 我会尽力去克服困难	1	2	3	4	5
3. 我能够解决自己的问题	1	2	3	4	5
4. 我知道从哪里获得帮助	1	2	3	4	5
5. 我有一个很值得信任的人	1	2	3	4	5
6. 我会与别人合作做事	1	2	3	4	5
7. 我有自己的目标与计划	1	2	3	4	5
8. 我知道怎么控制处理情绪	1	2	3	4	5

10. 下列描述多大程度上描写了你？（人际交往方面）

	非常不符合	不符合	说不准	部分符合	完全符合
1. 我觉得对他人友好很重要	1	2	3	4	5
2. 我经常帮助他人	1	2	3	4	5
3. 我有困难时，会有朋友帮助我	1	2	3	4	5
4. 我知道怎么和别人相处	1	2	3	4	5
5. 我可以与身边的人合作	1	2	3	4	5
6. 有人愿意倾听我的话	1	2	3	4	5
7. 我的朋友非常关心我	1	2	3	4	5

11. 下列描述多大程度上描写了你？（家庭方面）

	非常不符合	不符合	说不准	部分符合	完全符合
1. 我参与一些家庭决策	1	2	3	4	5
2. 我的家庭氛围很好	1	2	3	4	5
3. 父母很关心我	1	2	3	4	5
4. 父母在我困难时会支持鼓励我	1	2	3	4	5
5. 父母愿意倾听我的心里话	1	2	3	4	5
6. 父母对我期望很高	1	2	3	4	5

12. 下列描述多大程度上描写了你（学校及社区方面）

	非常不符合	不符合	说不准	部分符合	完全符合
1. 我会参加一些校园活动	1	2	3	4	5
2. 我喜欢学校生活	1	2	3	4	5
3. 至少有一个老师关心我	1	2	3	4	5
4. 老师很关心我的学业	1	2	3	4	5
5. 获得教育对我很重要	1	2	3	4	5
6. 我在学校有归属感	1	2	3	4	5
7. 我知道在社区哪里可获得帮助	1	2	3	4	5
8. 我在社区中被公平对待	1	2	3	4	5
9. 社区里大家相处得很好	1	2	3	4	5

13. 你对现在的生活状况满意吗？

［1］满意　　［2］有点满意　　［3］不满意　　［4］很不满意

14. 你认为你什么地方需要改进？

_____

_____

调查结束，感谢你的配合与支持！

附录二：社交能力成长小组

小组 名称	社交能力提高班	负责社工	陈人民　石伟平　李芬
小组 性质	☐发展性　☐预防性 ☐补救性　☐其他	小组类型	社交小组
服务 对象	归侨子女	人数	13
活动 地点	金色朝阳项目专用教室	时间日期	2014 年 5 月
招募 宣传	电话招募或直接在辅导班告知学生们		
背景	"金色朝阳——归侨子女成长教育计划"是一个特色项目，它不仅仅是针对归侨子女的功课辅导，更注重帮助归侨子女健康成长。金色朝阳的孩子们每天都生活在一个集体里，在学校是一个集体，班级是一个集体，家庭是一个集体，来到辅导班也是一个集体，当然进入社会更是一个大集体。生活在集体中，就需要与他人沟通交流，与组员团结协作。提高社交技巧是我们每一个人必修的功课，学会更多的社交技巧才能让我们更易于融入群体中。金色朝阳有一些学生表现得不够自信，有的比较孤立，有的不懂尊重他人，有的喜欢讲粗话等，这些都会影响他们与他人交流。我们通过开展 6 节以"提高社交能力"为主题的活动，让学生们能提高自身交往技巧		
目的 目标	目的： 提高学生们与人交流、相处的能力；帮助学生们培养一种良好的人际交往意识；增强孩子们的自信心、自尊心 目标： 协助小组成员学习社交技巧，分享交流方式，增强其对他人和团队的了解和信任；与组员一起探讨现实生活中普遍存在的交往误区，学习正确的交往方式；启发组员为寻求良好的人际交往进行积极地自我探索和行为认知，从而让组员最终形成良好的人际关系		

小组名称	社交能力提高班		负责社工	陈人民　石伟平　李芬

第一节主题	了解自己，接纳他人			
日期及时间	2014 年 5 月 9 日 19：30—20：10		地点	金色朝阳项目专用教室

时间	目标	内容	所需物资	负责人
19：30—19：40	让学生们知晓活动流程	主持人说明活动流程（10 分钟）		
19：40—20：00	让学生们了解自己的优缺点，明白人无完人	1. "优点缺点"你我有。给每位学生发一张白纸，让同学们在纸的左侧写上自己的优点，右侧写上自己的缺点（10 分钟） 2. 之后鼓励学生向大家分享自己的优缺点，并询问弥补缺点的方法，之后主持人引导学生做活动分享（10 分钟）	A4 纸笔	陈人民
20：00—20：10	让同学们积极地接纳自己的组员	1. 举行鼓励、接纳仪式。全体学生围成一个圈，每位学生向右手边的同学说："XXX，我们相信你。"（5 分钟） 2. 活动分享（5 分钟）	无	陈人民

小组名称	社交能力提高班		负责社工	陈人民　石伟平　李芬		

	第二节主题	沟通与合作				
	日期及时间	2014年5月16日 19：10—20：00		地点	金色朝阳项目专用教室	
	时间	目标	内容		所需物资	负责人
	19：10—19：20	让学生们知晓活动流程	主持人讲明活动流程及相关规则		无	
	19：20—19：50	鼓励每一位学生主动与组员沟通协作	游戏：纸牌传递。进行5轮。第一个人手拿纸牌，把纸牌一张张地传给第二个人，第二个人同时把纸牌一张张地传给第三个人……依此类推，直到最后一个人拿完纸牌为止。游戏中所有人都只能用一只手，不能换手，若有一张牌掉到地上，则从头再来。每一轮游戏结束后，各组的组员都有三分钟时间来商讨如何能快速传递完纸牌的对策，先传完纸牌的队伍获胜		扑克牌 奖品	陈人民
	19：50—20：00	了解学生对活动的感想	主持人带领学生们做活动分享		无	陈人民

小组名称	社交能力提高班		负责社工	陈人民　石伟平　李芬

第三节主题	建立自信心			
日期及时间	2014 年 5 月 23 日 19：35—20：10		地点	金色朝阳项目专用教室
时间	目标	内容	所需物资	负责人
19：35—19：45	让学生们对自己的角色有一个了解	暖身活动——认识你自己。请在纸上写下 15 个"我是……"，鼓励学生分享（10 分钟）	白纸、小奖品	李芬
19：45—19：50	让学生们对活动有一个了解	围绕暖身活动目标，说明本次活动内容（5 分钟）	无	
19：50—20：10	让学生们发现自己更多的优点，找到自信的依据。	自我寻宝 寻宝方式：我开始喜欢我自己，因为…… 寻宝要求：必须是自己的优点或特长，也可以是自己的进步；每个人必须找到自己的 5 个珍宝。鼓励学生主动上讲台与他人分享（20 分钟）	白纸小奖品	
20：00—20：10	进一步强化学生们对本次活动的感受	引导学生做活动感想，并总结本次活动（10 分钟）	无	

小组名称	社交能力提高班		负责社工	陈人民　石伟平　李芬	
	第四节主题	定位目标，凝聚团队			
	日期及时间	2014 年 6 月 13 日 19：35－20：10	地点	金色朝阳项目专用教室	
	时间	目标	内容	所需物资	负责人
	19：35－19：40	让学生了解本次活动内容	主持人说明活动流程（5 分钟）	无	
	19：40－20：00	学习凝聚团队共识的方法，厘清个人目标、定位团队目标	踩报纸。将组员平均分成 6 人一组。将 4 张 4 开的报纸两两合放，再一起放在地上，每两张合并的报纸上站 6 个人（一个小组），每个小组派一个代表与对方猜拳（剪刀石头布），输掉的小组须将脚下的报纸对折后再站在上面（所有的双脚都不许着地），直到其中一方站不上去为止。根据时间可进行多轮（20 分钟）	报纸奖品	陈人民
	20：00－20：10	鼓励学生多说参与活动的感受	主持人引导组员做活动分享（10 分钟）	无	陈人民

小组名称	社交能力提高班		负责社工	陈人民　石伟平　李芬	
	第五节主题	社交礼仪			
	日期及时间	2014 年 6 月 20 日 19：10—20：10		地点	金色朝阳项目专用教室
	时间	目标	内容	所需物资	负责人
	19：10—19：20	让学生们知晓活动内容	主持人引出活动内容（10 分钟）		李芬
	19：20—19：40	了解同学们对礼仪有多少了解	礼仪知识竞赛（以举手抢答的方式，并以加分为铺垫，鼓励孩子们积极回答自己所知道的礼仪知识，以达到加深学生们对社交礼仪的印象与了解）	奖品	
	19：40—19：50	加深同学们对礼仪的印象	总体概括社交礼仪（是对本小节的一次总结，再一次加深礼仪在学生中的印象。社工事先查找一些社交礼仪资料，可以根据自己的生活经历一一列出，也可以在网络上搜索相关礼仪）	无	
	19：50—20：00	让学生们对社交有一个更直观的认识	利用投影仪播放一个有关社交礼仪的视频（10 分钟）	投影仪	
	20：00—20：10	了解学生对本次活动的感受	引导学生做活动感想	无	

小组名称	社交能力提高班		负责社工	陈人民　石伟平　李芬	
	第六节主题	我们是一家人			
	日期及时间	2014 年 7 月 4 日 19：00－20：10		地点	金色朝阳项目专用教室
	时间	目标	内容	所需物资	负责人
	19：00－19：10	让学生们知晓活动流程	主持人说明活动流程（10 分钟）	无	石伟平
	19：10－20：00	分享组员的收获，处理离别情绪	1. 每个人写下自己觉得最有趣的活动和最大的收获或改变，原因是什么 2. 社工组织进行分享 3. 离别情绪的处理	A4 纸笔	
	20：00－20：10	结束，填反馈表和问卷	填反馈表和问卷 相互拥抱 留影纪念	问卷反馈表	

小组评估		小组评估	权重
	1	学生们现场活动参与度	40％
	2	活动反馈表	30％
	3	社工自评	30％

预计困难与解决办法		预计困难	解决办法
	1	学生出现不配合	通过奖品来刺激他们，让其参与进来
	2	现场比较吵闹	通过扣分来约束其行为

督导意见	预计困难环节，可以通过扣分的规则来约束，也要使参加者明白，扣分不是关键，而是我们期待他们在行为上有更加好的表现，一味地惩罚不是我们的初衷，最后的结果是我们期待改善的 这个小组从理念到章节内容，都比较贴近需求和服务目标，会安排时间去现场观摩，定期进行服务评估和改善 <div align="right">李一丹 2014.5.7</div>

附录三："阳光之星"成长小组

小组名称	"阳光之星"成长小组	负责社工	陈人民 石伟平
小组性质	□发展性　□预防性 □补救性　□其他	小组类型	成长小组
服务对象	归侨子女	人数	13
活动地点	金色朝阳项目专用教室	时间日期	2014 年 4 月
招募宣传	电话招募或直接在辅导班与学生们宣传		
背景	"金色朝阳——归侨子女成长教育计划"是一个特色项目，它不仅仅是针对归侨子女的功课辅导，更注重帮助归侨子女健康成长。金色朝阳有一些学生表现得不够自信，有的比较孤立，有的不懂尊重他人，有的喜欢讲粗话等，这些都会影响他们成长。结合抗逆力理论和小组工作理论，从归侨子女的"效能感""归属感""乐观感"的角度，设计并开展了 7 节小组活动，促进归侨子女的健康成长，增强抗逆力		
目的	提高学生与人交流、相处的能力，帮助学生培养良好的人际交往意识，增强学生的自信心、自尊心和抗逆力		

第一节主题	纪律大比拼		
日期及时间	2014 年 4 月 18 日 19：30－20：30	地点	金色朝阳项目专用教室

时间	内容	所需物资	负责人
19：10－19：20	开场主持——说明活动流程		
19：20－19：40	纪律大 PK（知识抢答）		
19：40－19：50	纪律总结，说明惩罚制度		
19：50－20：10	哑巴接龙游戏	相机	陈人民 方菲菲
20：10－20：20	"我要自由和民主"（说明纪律要求严格遵守、但也得追求民主，每人发放民主本，说明怎样使用民主本）		
20：20－20：30	统一发放礼品		
19：10－20：30	拍摄活动照片		

小组名称	"阳光之星"成长小组		负责社工	陈人民 石伟平
	第二节主题	图书的奇幻漂流之旅		

日期及时间	2014年4月25日、28日18：50—19：30	地点	工作站

时间	内容	所需物资	负责人
25日18：50—19：00	活动介绍、注意事项	无	陈人民
19：00—19：20	图书信息登记		
19：20—19：30	图书借阅登记		
28日18：50—19：10	图书归还登记		
19：10—19：30	心得分享 漂流书签大合照		

第三节主题	妈妈我想对你说

日期及时间	2014年5月8日 18：30—20：30	地点	金色朝阳项目专用教室

时间	内容	所需物资	负责人
5月11日	活动一：真情献母亲——做妈妈的优秀小帮手	家务选择题评比结果	陈人民
5月11日	活动二：我心目中的妈妈	A4纸	
5月11日	活动三：家务选择题分数公布，发放礼品	家务选择题评分结果、小礼品	
5月12日	母亲节活动电话回访	无	
5月12日	活动通信稿	无	
5月14日	活动照片冲印	相片	

小组名称	"阳光之星"成长小组		负责社工	陈人民 石伟平
	第四节主题	爱心天使送清凉		
	日期及时间	2014年5月17日8：20—10：15	地点	光明客运站
	时间	内容	所需物资	负责人
	8：20	学生们到达集合点（麦当劳店即光明汽车站对面）	无	陈人民
	8：30—8：40	主持人向学生们说明活动内容，再次强调安全问题。贴壹家亲LOGO	壹家亲LOGO	
	8：40—9：10	引导学生制作贺卡，观摩交警执勤，引导完善卡片内容	壹家亲LOGO 卡纸 剪刀 固体胶 铅笔 透明胶 水彩笔 小饰品	陈人民
	8：30—9：00	准备饮料	饮料	
	9：10—9：30	前往交警出勤点向交警送贺卡及饮料	饮料 贺卡	
	9：30—10：00	交警教授学生相关交通知识 学生派发交通知识宣传册	交通知识宣传册	石伟平
	8：30—10：10	活动拍照	相机	
	10：10—10：15	布置反馈任务：发放反馈表、并要求写活动感想感受	相机	

小组名称	"阳光之星"成长小组		负责社工	陈人民 石伟平

	第五节主题	运动会			
	日期及时间	2014年6月7日 7：50—10：40	地点	牛山公园	
	时间	内容		所需物资	负责人
	7：50	学生到达集合点（牛山公园）		无	陈人民
	8：00—8：10	主持人向学生说明活动要注意问题		无	
	8：10—8：15	热身活动		无	
	8：15—8：30	环节一：串珍珠		绳子 珍珠	
	8：30—8：45	环节二：两人三足		绳子	
	8：45—9：00	环节三：手托乒乓球		乒乓球 乒乓球拍	
	9：00—9：15	环节四：背夹篮球		篮球	
	9：15—9：30	环节五：沙包投准		沙包 数字版	
	9：30—9：35	活动反馈表		活动 反馈表	
	9：30—9：35	活动拍照		相机	
	第六节主题	"小手拉大手"义卖捐赠			
	日期及时间	2014年6月21日 8：20—12：00	地点	麦当劳、光明广场	
	时间	内容		所需物资	负责人
	8：20—8：30	认识志愿者并和他们讲解义卖活动的主要工作		无	李芬、陈人民负责学生总体安全
	8：30—8：40	活动签到（学生签到和志愿者签到）		签制表	
	10：20—10：40	活动前准备（包括场所布置、活动物资的准备）		展牌 捐赠箱	

续表

小组名称	"阳光之星"成长小组		负责社工	陈人民 石伟平
	10：40—10：50	各组负责人带领学生到达麦当劳，并休息10分钟	无	各组社工志愿者
	10：50—11：30	到达指定义卖点（地点1和地点2）并义务卖花（具体措施及社工和志愿者的分工）见附录	花、展牌、募捐箱、义工服	陈人民
		活动拍照（提醒带好手机）	相机或手机	石伟平
	11：30—11：40	麦当劳集合（陈人民主要负责将广场的成员带回麦当劳）	活动奖品	陈人民
		填写反馈表及签退表	笔反馈表	李芬
	11：40—12：00	通过短信让家长鼓励孩子在活动过程中遇到的挫折	无	陈人民负责学生总体安全

第六节主题	我们是一家人			
日期及时间	2014年7月5日 19：00—20：10		地点	金色朝阳项目专用教室
时间	目标	内容	所需物资	负责人
19：00—19：10	让学生们知晓活动流程	主持人说明活动流程（10分钟）	无	石伟平
19：10—20：00	分享组员的收获，处理离别情绪	1. 每个人写下自己觉得最有趣的活动和最大的收获或改变，原因是什么 2. 社工组织进行分享，离别情绪的处理	A4纸笔	
20：00—20：10	结束，填反馈表和问卷	1. 填反馈表和问卷 2. 相互拥抱 3. 留影纪念	问卷反馈表	

附录四：义卖

一、活动场所范围：

（1）麦当劳（地点1）：麦当劳一二楼、台阶上和台阶下停车处（不可以过马路）由李芬负责，第一组、第二组、第三组在麦当劳处。

（2）超市广场（地点2）：广场上、广场门口，广场内一楼（不可以在路中间，也不可以到商场后面）由陈人民负责，第四组、第五组在广场处。

二、义卖活动的具体安排及人员分工

（1）每组成员有两个学生，一个社工、一个志愿者组成。

社工：主要负责本组成员的拍照，学生安全、活动范围的提醒，帮忙卖出剩余的花。

丽虹负责第一组、天庆负责第二组、李芬负责第三组、人民负责第四组、两个志愿者负责第五组。

志愿者：帮忙介绍活动的目的，提醒路人将钱直接放入捐赠箱，引导孩子注意礼貌，帮孩子加油，登记捐赠者信息。

（2）除了每组的负责人之外，石伟平主要负责活动点大捐赠箱的捐款和东西的看护及反馈表的发放。

附录五："妈妈我想对你说"母亲节活动

活动一：真情献母亲——做母亲的优秀小帮手。（4月29日布置五一作业）

工作人员将准备好的"家务选择题"发给每个学生，由学生自己选择假期间为妈妈做的一件小事情。学生写上姓名，妈妈回去的任务就是拍下孩子们做家务的过程。于5月7日将纸条回馈给工作人员，工作人员加家长QQ，由妈妈将照片发送至工作人员，由工作人员进行家务选择题实际情况评比，妈妈签名、妈妈写下感受。

活动二：我心目中的妈妈。（4月29日布置作业）

活动目的：通过制作卡纸，让孩子们表达对母亲的爱。

给每个孩子准备一张A4纸，由孩子们自己动手，可以通过写一写、画一画，画出"我心目中的妈妈"（可以涂上颜色）并建立亲情档案，亲情内容包括：妈妈姓名、妈妈的生日、兴趣爱好及其他重要节日，制作一张体现母子亲情的卡片，并签上学生姓名。卡片于5月7日上交。

5月8日，活动当天发给每个学生，由学生给妈妈献上自己亲手制作的卡片。并给妈妈一个大大的拥抱，学生和家长以及图画一起拍合照。

有些学生中途参与活动，事先准备好A4纸和家务选择题。

活动三：家务选择题规则评比

学生可做单选和多选，最高选项为5项。

妈妈监督：由妈妈拍下孩子们做家务的照片，并将照片存下来，工作人员加家长QQ，通过照片传送进行存档，以验证孩子在做家务时的风采迷人照。

20~25分（包括20分）　最佳优秀小帮手——　奖励一支圆珠笔＋一根棒棒糖。

15~20分（不包括15分）优秀小帮手——　奖励两根棒棒糖。

15分以下（包括15分）活动参与奖——　奖励一根棒棒糖。

家务选择题：（可自由选择单项或多项家务，由妈妈给予评分）

学生姓名： 家务选择题	满意度调查	
	1~5分	妈妈感受
1. 餐后帮收拾碗筷，并洗碗		
2. 帮妈妈拖地，清洁家里卫生		
3. 帮妈妈洗衣服、晾衣服		
4. 晚上帮妈妈收回衣服，并叠好衣服		
5. 和妈妈去买菜，回来后跟妈妈一起洗菜		
6. 帮妈妈梳头，并唱"世上只有妈妈好"或自选其他歌曲		
7. 学生自己选择		
		家长签名：

附录六：参加者意见表

这份问卷的目的是收集你对本中心服务的意见，以改善中心的服务，请选择最能代表你意见的答案。你的意见将会被保密，而且提出的意见并不会影响你现时或将来所接受的服务。现诚意邀请你抽空填写问卷，完成后请交予有关工作人员。多谢合作！

活动名称：＿＿＿＿＿＿＿＿＿＿＿＿

活动目标：＿＿＿＿＿＿＿＿＿＿＿＿

请圈出以下最能代表你意见的答案

对此项活动评价

非常不同意			非常同意		
1. 我认为活动可达到目标	1	2	3	4	5
2. 我满意活动的时间编排	1	2	3	4	5
3. 我满意活动的形式	1	2	3	4	5
4. 我满意活动的场地	1	2	3	4	5
5. 我满意以下活动的内容					
5.1	1	2	3	4	5
5.2	1	2	3	4	5
5.3	1	2	3	4	5
6. 工作人员表现					
6.1 我满意工作人员的工作表现	1	2	3	4	5
6.2 我满意工作人员的工作态度	1	2	3	4	5
7. 我投入此活动	1	2	3	4	5

（1）你对活动的其他意见或建议是：

＿＿＿＿＿＿＿＿＿＿＿＿＿＿＿＿＿＿＿＿＿＿＿＿＿＿＿＿＿＿＿＿

＿＿＿＿＿＿＿＿＿＿＿＿＿＿＿＿＿＿＿＿＿＿＿＿＿＿＿＿＿＿＿＿

参加者姓名：（可选择不填写）＿＿＿＿＿

日期：＿＿＿＿＿

活动时间	活动目的	活动内容/活动细节/注意事项 （尽量具体）	所需物资及数量 （尽量具体）	负责人
9：30— 9：35	签到	1. 组员签到 2. 请组员就座，并介绍本节活动的内容：宽容待人。（5分钟）	小组考勤表1张 签字笔1支	刘琨莹
9：35— 10：20	学会 宽容	1. 小组活动开始时，社工邀请组员进行一个测试小游戏，即每个参与者可以拿到一张白纸和笔，然后根据实际情况，按照提问者的问题把答案写在白纸上。只需要选择"经常""有时"和"没有"这三个答案中的一个，并根据得分进行分析，以此来判断组员是否具有宽容心，并根据组员测试的结果引出本节小组活动的学习主题：学会宽容；（20分钟） 2. 社工引导组员预设情景剧：有一天，小明在课间休息时，不小心将小刚的文具盒碰掉了……请问这时候会发生什么 3. 社工根据组员的情节预设，邀请组员分不同情况进行情景模拟；并引导组员思考模拟的场景中，哪一种解决方式是最好的？从而让组员学会宽容待人（25分钟）	白纸若干 笔若干	刘琨莹
10：20— 10：30	休息		无	
10：30— 11：00	学会 分享	1. 社工引导组员思考：当你走路时，你发现路中间有一个东西很碍脚，你会怎么做 2. 故事分享：《仇恨袋》 传说在很久以前，希腊有一位力大无穷的英雄叫海格力斯。有一天，海格力斯在山路上行走时，发现路中间有个像袋子一样的东西很碍脚，便踢了它一脚。谁知那东西不但没有被踢开反而膨胀起来。海格力斯有点生气，便狠狠踩了它一脚，想把它踩破，谁知道那东西不但没被踩破反而又膨胀了许多。海格力斯恼羞成怒，抓起一根碗口那么粗的木棒，向那东西狠狠地砸起来。那东西竟然加倍地膨胀，最后大到把路都堵死了	无	刘琨莹

活动时间	活动目的	活动内容/活动细节/注意事项 （尽量具体）	所需物资及数量 （尽量具体）	负责人
10：30— 11：00	学会分享	一位圣人路过，连忙对海格力斯说："朋友，快别动它，忽略它，离开它远去吧！这个东西叫仇恨袋。如果你不去触碰它，它就像人当初看见它的时候那么小。如果你的心里老记着它、折磨它，它就会膨胀起来，挡住你前进的道路，与你敌对到底 3. 社工引导组员思考：这个故事告诉我们什么道理 4. 社工邀请组员回忆自己曾经与同学、朋友或者家人之间发生的冲突，并在组员之间分享自己当时的感受以及自己当时是如何处理的。同时引导组员思考：如果换作是自己，当时会怎么做？以此来引导组员学会宽容（30分钟）	无	刘琨莹
11：00— 11：20	制作关于宽容的书签	社工引导组员制作一支关于宽容的书签，并将其赠送给曾经与自己产生过冲突的同学、朋友或者家人，以表达自己的歉意（20分钟）	卡片15张 彩色笔3盒 铅笔1盒	刘琨莹
11：20— 11：30	总结本次小组活动	1. 社工引导组员回顾本节活动的学习内容 2. 社工为表现较好的组员颁发金色、红色、蓝色四叶草 3. 通知组员下次活动的时间（10分钟）	金色、红色、蓝色四叶草各1枚	刘琨莹

小组工作介入流动儿童人际交往问题的实务研究

——以人际关系成长小组为例

刘琨莹

修订人：牟徐澜

指导教师：刘华强

摘　要　随着城市化进程的不断加快，我国出现了大规模人口流动的现象。越来越多的农民离开农村涌入城市，同时也导致大量务工人员子女（流动儿童）流入城市，与之相伴而生的是流动儿童就学、城市融入、人际交往、心理、行为等各方面的问题。本文以深圳市 C 机构流动儿童合唱团项目为依托，以合唱团成员为主要服务对象，对其人际交往方面的现状及需求进行了解，并运用社会工作专业核心方法中的小组工作对流动儿童人际交往问题开展实务工作，以引导流动儿童学习人际交往技巧，改善人际关系。本文通过对小组工作介入流动儿童人际交往问题的实务工作进行反思和总结，发现小组活动设计的逻辑性、小组目标的期望程度、理论与小组活动的关联程度以及小组实施过程中组员座位的安排、小组活动的趣味性、社工的引导方式、小组影响的持久性等方面对促进小组及组员的成长，达成小组目标，提升小组实施效果具有重要作用。这对于今后专业社会工作者运用小组工作方法为流动儿童开展专业服务具有重要的指导和借鉴意义，有利于提升社会工作服务的专业性。

关键词　流动儿童；小组工作；人际交往

一、导论

（一）选题的背景

20 世纪 80 年代以来，随着改革开放的深入和社会主义市场经济体制的建立健全，我国社会经济得到了快速发展，同时，整个社会已然发生巨大变迁，在社会转型的大背景下，社会流动问题逐渐凸显。《中华人民共和国 2016 年国民经济和社会发展统计公报》显示，全国人户分离的人口达 2.92 亿人，其中流动人口为 2.45 亿人。在我国，社会流动的主要形式是从农村到城市，其目的主要是务工。流动人口中大多数是 18—45 岁的中青年人，而他们的子女正处在学龄阶段，伴随着子女求学的需要，许多农村人口不再是单身一人进城务工经商，而是举家迁徙。[1]全国妇联《我国农村留守儿童、城乡流动儿童状况研究报告》显示，2013 年全国流动儿童规模达到 3581 万，其中学龄前流动儿童（0～5 周岁）规模达到 981 万，占流动儿童总数的 27.4％；小学（6～11 周岁）和初中阶段（12～14 周岁）学龄儿童在流动儿童中所占比例分别为27.89％和 13.21％，规模分别为 999 万和 473 万；大龄流动儿童（15～17 周岁）占流动儿童比例为 31.51％，规模达 1128 万。3000 多万儿童来到父母所在的城市成为流动儿童，衍生出居家安全、城市融合、人际交往、亲子沟通、教育升学、就业等一系列问题。

流动儿童正处于成长的关键时期，他们的成长关系到国家的强盛、民族的复兴以及社会的和谐。然而，虽然这些流动儿童日常跟父母生活在一起，从表面看来在生活、学习上得到了父母的照顾，但是其父母为了养家糊口，长时间在外工作，这些流动儿童未能像普通儿童那样得到应有的家庭教育和亲情陪伴。而流动儿童正处于成长期，除了希望得到家庭的支持以外，对于人际交往也具有较大的需求，尤其是朋辈群体的支持，这对于促进流动儿童健康成长具有重要作用。在这一阶段，朋辈群体成为流动儿童最主要的交往对象。

人际交往是个体社会需要的重要组成部分，是个体保持生存和发展的必要条件。在与人交往的过程中，个体不仅要掌握基本的礼仪常识，同时还要了解人与人之间的相处之道，掌握人际交往的基本技巧。在现代社会中，良好的人际关系是一个人在各方面取得成功的基础，每个人都应该重视。尤其是流动儿童中的学生群体，更应该认识到人际交往的重要性，在老师和家长的引导下学习与人相处之道，掌握与人交往的技巧，建立良好的人际关系网络。

（二）研究意义

1. 理论意义

本文着重对社会工作介入流动儿童人际交往问题的实务工作进行研究，在一定程度上弥补了现有研究中重理论而轻实务的不足。除此之外，以往学者多从教育学、心理学、社会学、人口学等研究角度入手，而本文着重以社会工作理念为指导，以库利的"镜中我"理论和马斯洛的"需求层次"理论作为理论基础，结合流动儿童人际交往方面面临的各种困境，探讨小组工作介入流动儿童人际交往问题的服务模式。这有利于形成更加系统、全面的小组工作介入流动儿童人际交往问题的服务方案，对于社会工作在流动儿童人际交往问题方面的实务发展具有重要的理论意义。

2. 现实意义

（1）改善流动儿童人际交往困境，促进其健康成长。

本文从社会工作专业角度出发，针对流动儿童在人际交往方面面临的困境展开研究，并运用社会工作专业方法对流动儿童开展相关的小组服务，能够帮助流动儿童脱离现有的人际交往困境，改善流动儿童自身的不良行为，引导流动儿童健康成长，塑造健全的人格，促进流动儿童个性发展。同时，通过对流动儿童人际交往行为进行研究，在一定程度上能够引起社会各界对流动儿童这一群体的关注，从而为流动儿童争取更多有利的社会资源，以促进其发展。

（2）提供政策建议，促进社会和谐发展。

流动儿童是祖国的花朵、民族的未来，流动儿童面临的人际交往问题是我国在工业化、城市化进程中所出现的事关国家、家庭的社会性问题。良好的人际交往不仅关系到流动儿童自身的成长和未来的发展，更关系到国家的繁荣富强以及社会的和谐与稳定。本文通过对小组工作介入流动儿童人际交往问题的实务工作展开研究，有利于充分发挥社会工作倡导者的角色。社工通过提出相关的政策建议，倡导社会各界关注流动儿童的人际交往问题，为流动儿童提供和谐友好的学习、成长环境，进而促进社会的和谐发展。

（三）研究方法

1. 文献研究

在实务工作开展之前，笔者通过查阅关于流动儿童的相关文献，了解国内外学者近几年对流动儿童的相关研究，摘抄、记录相关有用信息，完成了小组计划书的撰写，并借以指导实务工作的开展。实务工作开展之后，通过检索社会工作介入流动儿童人际交往方面的研究文献，并认真分析、整理，形成了关于小组工作介入流动儿童人际交往问题实务研究的文献综述。

2. 无结构访谈

笔者以一名实习生的身份参与到深圳市 C 机构的流动儿童合唱团项目中去，并以此项目为依托，采用无结构访谈的方式与流动儿童近距离交流，了解流动儿童在日常的人际交往过程中存在的实际问题，针对流动儿童的现实需求，运用社会工作专业方法介入到流动儿童这一群体之中，以改善流动儿童的不良行为，引导流动儿童掌握人际交往技巧，学习人与人之间的相处之道，从而改善流动儿童的人际交往现状。

3. 参与观察

在开展实务工作的过程中，笔者作为小组活动带领者，在带领活动的过程中观察流动儿童的实际行为和表现，并通过基线测量的方式对流动儿童参与活动前后的表现进行测量和记录，以了解和观察服务对象在小组活动中的行为变化。

（四）理论依据

1. 需求层次理论

马斯洛认为，人的需求是由 5 个层次构成的，它们按照从低级到高级的排列顺序分别是：生理需求、安全需求、归属和爱的需求、尊重的需求、自我实现的需求。如果个人生理和安全的需求都得到满足了，那么就会出现情感、友谊和归属的需求，如渴望自己有所归属，被人认同和承认，成为集体的一员。

根据马斯洛的需求层次理论，在小组中，我们将引导组员认识和了解人际交往的重要性，通过小组活动设计加深组员对自我的认识，改正自身在人际交往中存在的缺点，学习并掌握一些人际交往的技巧，改善人际关系，进一步完善自我，从而帮助组员建立在集体中的归属感。[2]

2. 镜中我理论

美国早期著名社会学家和社会心理学家查尔斯·霍顿·库利提出了"镜中我"的概念。"镜中我"理论的核心内容是他人在生活中的表现就如同一面镜子，个体通过与他人的交往互动，将他人的行为作为参照物来衡量自己的行为，并从中获得对自我的认识和评价。简单地说，就是自我源于同他人的交往。[3]换言之，"镜中我"的概念就是在与他人进行交往的过程中，通过从他人的语言、行为等方面了解别人对自己的看法和评价，从而更好地认识自我、评价自我。[4]

我们对他人眼中自己形象的想象，对他人关于这一形象评价的想象以及某种自我感觉，构成了我们的自我认识。按照库利的说法，一个人如果不同别人交往、进行社会互动，他就不能客观地认识自己。因此，良好的人际交往对于促进个人的发展具有重要意义。

结合库利的镜中我理论，从社会工作专业角度出发，设计、开展小组工作，通过小组互动，一方面，我们可以引导流动儿童发现真实的自我，加深对自我的认识和了解；另一方面，通过同伴的反馈和评价，引导组员反思自己在人际交往中的一些行为是否合适，是否需要修正，从而提升组员的综合素质、行为修养，促进组员人际关系的改善。

（五）研究的创新之处

1. 研究对象新颖

在儿童社会工作领域，大部分学者侧重于研究留守儿童，并针对留守儿童开展相关的社会工作实务研究。而本文则以流动儿童为主要研究对象，并对其人际交往问题进行研究和介入，以改善流动儿童人际交往现状，帮助流动儿童建立良好的人际关系网络。

2. 介入角度新颖

现有研究更多关注的是流动儿童城市适应、心理、教育等较为宏观的问题，而对流动儿童人际交往方面的问题的关注度则相对较低。本文着重从社会工作实务介入流动儿童人际交往问题的角度进行研究，弥补了现有研究仅仅注重流动儿童社会适应、教育、心理等方面的不足。

3. 侧重于社会工作专业实践

本文在研究策略上，侧重于社会工作专业实践。通过查阅文献可知，现有研究基本上是站在理论的角度进行探讨，而忽略了坚持理论与实务相结合的原则。本文通过研究社会工作专业方法的介入，弥补了"很多研究脱离实践而主要从理论的角度进行研究"这一不足。

二、文献综述

（一）相关概念界定

1. 关于流动儿童

学界对流动儿童的定义相对较为模糊，不同的研究学者对"流动儿童"的称谓也有所不同，现分别有"农民工子女""进城务工人员子女""进城务工随迁子女"等不同的称谓，本文将其统一称为"流动儿童"。1998年教育部、公安部发布的《流动儿童少年就学暂行办法》规定：所谓流动儿童少年是指"4至14周岁（或7至15周岁），随父母或其他监护人在流入地暂时居住半年以上有学习能力的儿童少年"。[5]妇联规定，流动儿童是指随务工父母到户籍所在地以外生活学习半年以上的儿童。儿童年龄界定在18岁以下（0—17岁）。[6]也有学者从人口学的角度出发，认为流动儿童的特点在于"流动"，所以流动儿童也就是"流动人口的子弟"，一般是指15周岁以下的儿童，跟随进城务工的父母而来到城市接受义务教育的孩子。[7]

本研究中的流动儿童，是指年龄在9—11周岁处于义务教育阶段，随父母或其他监护人来到城市并居住半年以上的有学习能力的学龄儿童。

2. 关于小组工作

小组工作是以一定的专业价值为基石和灵魂，以专业理论为指导，经由小组工作者的协助，通过有目的的小组互动过程和小组经验分享，改善个人、小组和社区（社会）间的相互关系，并使他们达到功能增强的目的，进而促进个人成长和社会的进步与发展。[8]本文中所指的小组，强调社会工作者在社会工作专业价值的基础上，运用社会工作专业方法，通过策划、开展小组活动，引导组员学习人与人之间的相处之道，提升成员的人际交往技巧，改善组员的人际关系，促进组员成长。

3. 关于人际交往

学者郭晓俊（2006）认为，人际沟通能力主要是指个体建立、适应能力、协调和处理人际关系。[9]学者王英春（2009）指出人际交往能力是在人际交往过程中，个体具有交往意愿，积极主动参与交往，并且表现出有效和适宜的交往行为，在人际交往过程中使自身与他人的关系处于和谐状态的一种能力。[10]

综上所述，本文中人际交往指的是个人在与他人人际互动的过程中（主要指流动儿童在日常生活以及学习中与同学、老师的互动），通过适当的自我调节，并掌握一定的人际交往技巧，在生活和学习中达到人际关系和谐状态的能力。

（二）文献回顾

20 世纪 80 年代以后，社会开始关注流动儿童。随着中国城市化进程的加快，社会各界对流动儿童的关注力度逐渐加大，目前流动儿童的相关问题已经成为学术界研究的重要领域。本文将着重从社会工作介入流动儿童人际交往问题研究方面来对现有文献进行梳理、回顾。

1. 关于社会工作介入流动儿童人际关系问题的研究

（1）社会工作介入流动儿童人际交往问题的相关理论。

通过查阅文献可以了解到，目前各研究学者在针对流动儿童人际交往问题开展实务研究时主要以社会支持、小组动力学、增能、优势视角等作为理论基础。

缪芸（2015）从社会支持理论、增能理论出发，认为流动儿童自身是有能力的，他们自身存在的人际交往障碍通过与周围人的有效互动是可以解决的，其人际交往能力是可以不断增强的；同时，她主张对流动儿童的社会支持网络进行评估，分析流动儿童的社会支持网络，了解其可用资源，并帮助儿童运用社会支持网络中的资源来解决问题，比如发挥其家庭、老师、同学等周围的社会支持资源，提高其建立和运用社会支持网络的能力，从而提高其人际交往能力。[11]于之宽（2013）从优势视角出发，发现并挖掘流动儿童在同伴交往中的优势潜能，重在提升流动儿童在同伴交往中的抗逆力，开创社会工作介入流动儿童的新视角。[12]张小华、汤素素（2011）针对流动儿童出现的自卑、害羞、攻击倾向、不合作、不礼貌、情绪控制差等人际交往障碍，运用"小组动力"理论，设计并开展了人际交往小组活动。让组员在小组的互动过程中不断提高自我认识，学会人际交往技巧，提高人际交往能力，解决其人际交往存在的问题，增强其自信心并实现正常社会化。[13]

（2）社会工作介入流动儿童人际交往的专业方法。

关于社会工作介入流动儿童人际交往问题的实务研究主要以小组为主，很少涉及个案和社区工作。张娅（2013）运用成长小组模式介入流动儿童面临的人际关系、沟通等问题，帮助流动儿童改善同伴关系问题，以促进服务对象正常成长与生活。[14]蔡德峰（2015）针对流动儿童同辈交往的意愿和动力不足、对同辈交往的重要性认识不足、欠缺同辈群体之间的人际交往技巧和能力等问题开展了小组工作，以便更好地提升流动儿童的同辈交往问题。[15]

2. 现有研究存在的不足

通过学者的研究可知：部分研究学者意识到了人际交往问题对流动儿童的重要性，并强调了良好的人际关系是流动儿童更好地融入城市生活的基础，同时也提到了流动儿童朋辈群体支持的重要性，并希望通过社会工作专业方法的介入，帮助流动儿童学习人际交往技巧，改善人际交往困境。这对于增强流动儿童人际交往自信，建立和谐、友好的朋辈支持系统，促进流动儿童自身的发展具有重要意义。纵观各界学者的研究，从研究深度和广度上来说，依然存在很多的不足。

（1）宏观研究较多，缺乏中观、微观研究。

大部分研究学者更多关注的是流动儿童城市适应、心理、教育等较为宏观的问题，而对流动儿童人际交往方面的问题的关注度则相对较低。而且大部分关于流动儿童的研究仅仅停留在倡导相关政策、制度等宏观层面，而从流动儿童个人、家庭、学校、社区等微观、中观层面的研究则相对较少。

（2）理论研究较多，缺乏实务研究。

国内外学者在对流动儿童人际交往问题进行理论研究时，指出了流动儿童同辈交往的重要性，而且对儿童友谊发展阶段、同伴团体的形成过程进行了详细的描述。虽然有部分学者运用个案、小组方法对流动儿童同辈交往开展实务活动，并取得了相应的成果，但这些还远远不够，仍需要社会工作者加大对流动儿童人际交往的深入研究。

三、深圳市 C 机构 "流动儿童公益合唱团项目" 流动儿童现状

（一）服务对象

本研究以深圳市 C 机构 "流动儿童公益合唱团项目" 为依托开展实施。该公益合唱团成立于 2007 年，是 C 机构关注流动儿童成长、推动流动儿童公平教育的实践项目。主要面向机构附近的小学招募 3—5 年级爱好音乐而未能接受系统音乐教育的流动儿童，为他们提供免费声乐、乐器教学，并通过开展德育、礼仪、表演等小组，组织合唱团外出公益表演、开展志愿服务等方式，提升儿童自信心，帮助儿童施展才能，促进更多社会人士关注流动儿童群体及流动儿童公平教育。到目前为止，合唱团项目共有 43 名成员，平时参加合唱团声乐小组以及其他小组活动的有 23 人。在前期的项目实施过程中，笔者通过观察合唱团成员的行为表现以及日常与家长、成员自身的交谈，发现项目中有 5 名流动儿童在人际交往方面存在较为严重的问题，7 名流动儿童在人际交往方面有轻微的障碍，其余合唱团成员人际交往状况良好。

（二）流动儿童人际交往现状

1. 自我认识度较低

在项目执行过程中，笔者发现部分流动儿童对自身认识严重不足，因此在人际交往过程中难以找准自身的定位；同时，由于很多儿童意识不到自身的优、缺点，在与他人交往时往往表现出傲慢、霸道等缺点，从而导致自身人际关系较差。

服务对象陈述：

李闻×："不知道为什么，在学校总有同学嘲笑我，他们都不愿意和我做朋友。"

陈俞×："我的好朋友最近和我的关系疏远了，但我不知道到底发生了什么事情。"

魏嘉×："我不知道自己到底擅长什么，和其他小伙伴相比，总感觉自己很差劲，在和他们相处时我感到十分自卑。"

2. 以自我为中心

通过了解发现，合唱团中的大部分流动儿童都是独生子女或者是家中的长子（长女），他们在人际交往过程中通常以自我为中心。在处理一些问题时，他们很少考虑到身边其他同伴的感受。而且在交往过程中，这些儿童总是认为自己比身边的人强，而轻视对方，给予对方以不尊重的态度。

服务对象陈述：

邹梦×："陈思×，你到底说的是什么，不是这样的，我刚刚说的才是正确的，你不要乱说好不好。"

张慧×："老师，我想和郑思×一组，可不可以让我去他们组呀？"

曹×："老师，我不想画这个，我可不可以去做其他事情呀？"

余×："老师，我不想和李闻×一组了，他总是和我说话，总是抢我的问题回答。"

3. 不懂得倾听和理解

在项目实施过程中，笔者发现部分流动儿童在与同学、老师交流时总是有东张西望、毫不在意的表现。尤其是当与他人发生冲突时，这些儿童往往只考虑自己的利益，总是站在自己的角度思考问题，而不懂得换位思考、将心比心，试着去理解他人，考虑他人的感受。

服务对象陈述：

陈思×："老师，曹×一直在看课外书，她都没有听你讲。"

邹梦×："陈俞×说话好慢，我都不耐烦了，一点也听不下去了。"

张慧×："老师，我们组的魏嘉×又迟到了，不知道为什么，她总是迟到，又给我们组扣分了。"

余×："老师，你为什么要把我和周耀×分开呢，我和他是最好的朋友，我想和他在一个小组。"

4. 极易与同伴发生冲突

在实践中发现，部分流动儿童难以很好地处理和控制自己的情绪，尤其是当和同伴因为某件事而意见不一致时，不懂得宽容和妥协，而是一味地争论或者是斤斤计较，甚至与同伴发生正面冲突，从而导致双方的关系破裂，失去友谊。

服务对象陈述：

邹梦×："老师，刚刚余×又和李闻×吵起来了，而且他又哭了。"

郑思×："老师，周耀×在我们组总是捣乱，什么也不做，我们都不想和他一组了。"

李闻×："余×和我们下棋时，总是悔棋，都不想和他玩了。"

张慧×："李闻×把我的手表弄坏了，而且他还不愿意承认。"

5. 难以拒绝他人的不合理请求

在日常学习和生活中，很多流动儿童都会接收到来自同伴的请求，这些请求中有合理的，但同时也有一些不合理的，如：考试时帮忙传纸条、放学后去网吧玩游戏等。当这些请求被提出来时，很多儿童不知道如何去应对，有的被迫接受，有的则果断拒绝，从而影响了自己与同伴之间的关系。

服务对象陈述：

余×："老师，星期五放假的时候，有朋友叫我去她家玩，我不知道该不该答应她。"

曹×："我同桌让我在考试时给他传递纸条，我不知道怎么拒绝他，因为我怕他以后都不理我了。"

周耀×："我想玩一下同学的玩具车，但是他不愿意给我玩，他根本没有把我当作好朋友，现在我都不想和他一起玩了。"

综上所述，合唱团项目中的部分流动儿童在与其他小伙伴相处时存在人身攻击、以自我为中心、不尊重他人等现象，而且很多儿童因相互之间缺乏理解、尊重而容易产生矛盾与分歧。一方面，这不利于合唱团成员之间形成团结友爱、和谐友好的集体氛围；另一方面，对于儿童自身的人际交往也具有一定的阻碍作用。因此，社会工作者运用小组工作方法以引导者、教育者的角色介入于流动儿童人际交往问题之中便显得尤为重要。

四、小组工作介入流动儿童人际交往问题的实务分析

（一）小组活动方案设计

通过前面服务对象的陈述以及笔者在实践过程中的观察，发现合唱团项目中的部分流动儿童在与其他小伙伴相处时存在人身攻击、以自我为中心、不尊重他人等现象，很多时候因相互之间缺乏理解、尊重而产生矛盾与分歧。一方面，这不利于合唱团成员之间形成团结友爱、和谐友好的大集体氛围；另一方面，对于儿童自身的人际交往也具有一定的阻碍作用。因此，针对合唱团项目中流动儿童存在的上述问题，笔者特地设计了人际关系成长小组。本小组计划并实际开展了五次活动，小组主要引导流动儿童懂得尊重、欣赏、理解、宽容、合理拒绝他人，学习人与人之间的相处之道，掌握人际交往的基本技巧，从而提升综合素质，建立良好的人际关系。

1. 组员招募

本次小组活动主要针对合唱团项目的内部成员进行招募，主要由社工在合唱团流动儿童家长微信群发布小组活动招募信息，并由家长及儿童自愿报名，组成小组成员。本次小组活动共有 16 名儿童报名参与，由于部分儿童因为学习或父母接送问题在小组活动中请假的次数相对较多，所以小组成员平均每节活动的参与人数为 14 人。

2. 小组活动目标

（1）总目标：引导儿童懂得尊重、欣赏、理解、宽容、合理拒绝他人，学习与人相处之道，掌握人际交往的基本技巧，从而提升综合素质，建立良好的人际关系。

（2）分目标：

A. 通过前后测的比较，参与小组活动的 80％的儿童能够懂得尊重、欣赏、理解、宽容、合理拒绝他人；

B. 通过前后测的比较，参与小组活动的 70％的儿童能够学会处理自己在人际关系中面临的一些小问题。

3. 小组活动方案

表 1　小组活动计划表

活动节数	活动主题	活动目的
第一节	知己知彼	增进组员间的了解
第二节	懂得欣赏与尊重	引导组员学会欣赏、尊重他人
第三节	学会理解与倾听	引导组员学会理解和倾听
第四节	宽容待人	引导组员学会宽容待人
第五节	感受拒绝的艺术	引导组员感受拒绝的艺术

（二）小组活动的实务介入与过程分析

1. 小组活动第一节——知己知彼

第一节小组活动主要引导组员充分认识自己以及身边的小伙伴，做到知己知彼，从而为后面的小组做准备。本节小组活动共有 14 人参与，组员出席状况较好。

（1）小组活动过程。

在小组活动开始时，社工主要引导组员通过"画手"以及"我的自画像"两个游戏来进行自我定位。在"画手"环节，社工邀请组员在左手或者右手的五个手指头空白处分别写上自己的爱好、性格、梦想、最大的优点以及最大的缺点，从而让组员充分认识自己；在画"我的自画像"环节，大部分组员都能够画出代表自己的一些图画，如：兔子、个人头像、陀螺、闪电、眼镜、蛋糕等，但也有一些组员不知道该画什么，其中林诗×、齐×两位小朋友表现最为明显。尤其是在后面的分享环节，三名小朋友不愿意与其他小伙伴进行分享，从而导致小组气氛较为尴尬。后来在社工的引导下，其中的林诗×小朋友表示愿意分享，而且在分享时也能够真实地表达自己的想法。

在后面的"我眼中的她/他"环节，因为小组活动设计的问题，组员对此部分内容缺乏兴趣，组员参与度极低，小组气氛显得有些尴尬，本环节的小组活动目标尚未达到。

（2）活动小结与反思。

本节小组活动由社工引导组员对自我进行了认识，对其他组员也有了初步的了解，但是通过反思，小组还可以以更好的方式呈现出来。本次小组活动因为组员人数较多，小组纪律一开始相对较差，这与社工的引导方式有极大的关系。因此，在以后的小组活动中，社工应该调整自己的引导方式，严格对待组员，从而维持良好的小组纪律，以便更好地达到小组活动目标。

同时，在之后的小组活动中，尤其是在小组活动开始前的准备环节，社工应该提前将小组活动内容在脑海中过一遍，并将在小组活动中可能出现的问题罗列出来，及时将小组活动策划进行适当地调整和修改，以增强组员在小组活动中的互动性。

2. 小组活动第二节——懂得欣赏与尊重

此次小组活动主要通过互动游戏、故事分享、小组讨论等形式引导组员学会欣赏和尊重他人。小组共有 14 人参与，组员出席状况良好。在小组活动开展过程中，组员有序参与小组游戏，积极参与小组讨论，组员之间的互动较好。

（1）小组活动过程。

本次小组活动主要分为"欣赏"与"尊重"两个模块，前者主要通过"游戏：优点大轰炸"来引导组员学会发现他人的优点，从而懂得欣赏他人。在优点大轰炸环节，社工引导组员通过抽签的方式抽取带有组员姓名的卡片，并对卡片上的组员进行优点大轰炸。在整个过程中，大部分组员都能够列出组员的优点，并通过具体的事例来说明，其中周耀×小朋友因为善于观察，通常能够很准确地说出组员的某些优点。通过优点大轰炸，很多组员都表示自己因为被组员所了解而感到开心，而其中曹×、李闻×两位组员则表示大家对自己的了解不够深刻，很多优点并没有列举出来。社工对此进行了引导，并鼓励大家在今后的小组活动中多进行互动，以增进彼此的了解，从而发现更多的优点。

在引导组员学习尊重他人模块，社工通过一则"商人变富翁"的故事引入"尊重"这一话题，从而让组员明白尊重他人的重要性。在后面的"照镜子"游戏环节，因为小组时间有限，社工在每一组只邀请了两名组员参与游戏。在游戏过程中，不管是扮演镜子的人，还是扮演照镜子的人，组员基本上都能按照游戏规则完成简单的五个动作，但因为动作较为简单、单调或者是组与组之间的相似性较大，游戏缺乏趣味性。但组员通过参与游戏也明白了：在学习和生活中，自己对待他人的态度往往决定了他人对自己的态度，就像照镜子一样，所以要学会尊重他人，友好地对待他人。

最后，社工引导组员讨论如何尊重父母、亲人、老师、同学以及陌生人，让组员在讨论、思考的同时，体会尊重的重要性。在讨论的过程中，A、C 两组的组员通过分工讨论的方式，展开小组讨论，并认真完成小组任务。因此，A、C 两组最后列举的内容相对较多。而 B 组采用集体讨论的方式，虽然列举的内容相对于 A、C 两组要少很多，但列举的内容较为有条理，而且通过这种讨论方式更能促进组员之间的互动，增进组员之间的了解。

（2）活动小结与反思。

本次小组活动社工通过抽签分组的方式，将组员分为 A、B、C 三个小组，同时对组员的座位进行了调整，并以各组组员举手表决的方式推选组长，引导组长与各组员之间相互监督，从而避免了之前小组中出现的组员纪律差、小组混乱无序的状况。此次小组组员表现较好，小组纪律良好，小组目标达到。

但需要注意的是，社工在设计游戏时要注重增强游戏的趣味性，以提高组员的参与热情。而且在小组讨论环节，社工需要引导组员注意组内分工以及小组讨论的形式，从而促进小组更快更好地完成小组任务。

3. 小组活动第三节——学会理解与倾听

此次小组活动主要是以游戏、话剧表演等形式引导组员学会理解与倾听，小组共有 14 人参加，组员出席状况较好。而且通过前一次小组活动的分组以及座位的调整，组员在小组中的纪律相对较好，组员之间的互动也较为频繁。

（1）小组活动过程。

在小组活动开始之前，社工引导组员回顾上节活动的内容，即如何尊重他人（父母、亲人、老师、同学以及陌生人），大部分组员都能够列举很多的内容，但是很多组员在行动上并不能做到，这还需要社工加强引导，鼓励组员将自己学到的内容体现在具体的行动上。

在小组活动中，社工通过"雪花片片"和"你说我画"两个游戏，引导组员明白理解的重要性。在游戏"雪花片片"环节，组员根据社工的指导语，并按自己的理解来撕手中的纸张，结果最后大家撕出来的形状各不相同。社工由此引导组员明白：一个游戏因为理解不同，结果也会出现很多种，而我们在人际关系中更是如此，所以我们在人际交往中要尽量减少因为理解出现偏差而造成的误解。但是在游戏过程中本着环保的原则，社工将 A4 纸裁成了两张，由于纸张太小，组员经过折叠之后，纸张逐渐变得很厚，最后大部分组员在撕扇形时出现了困难。因此，在后期的小组活动中，为了不影响游戏效果，社工需要特别注意此问题。

在"你说我画"环节，其他组员根据台上组员的描述来画出该图形，但是因为下面的组员在画的过程中只能根据组员的描述来画，而不能问组员，所以最后大家画的图形也各不相同。通过此游戏，组员明白了我们在人际交往中理解是双向的，相互理解十分重要。然而在游戏过程中，因为组员迫切地想知道自己画的图形与真实的图形是否一致，部分组员擅自离开自己的座位，从而扰乱了小组秩序。

为了引导组员明白倾听的重要性，社工邀请组员进行话剧表演。在话剧表演环节，组员积极参与，分组完成了话剧表演。在话剧表演的过程中，组员结合前面在表演小组中学到的动作、表情进行表演，表演较为生动、真实。表演结束之后，组员积极举手分享自己的感受，其中邹梦×、余×两位小朋友根据自己的理解向大家分享了自己的感受，同时也分享了自己从话剧表演中受到的启发。通过此环节可以看出大部分组员对于表演话剧较为感兴趣，表演性环节对于组员更有吸引力，同时组员也更易于从中受到启发，因此在之后的小组活动设计中，社工可多设计一些类似的环节，从而将小组活动内容与趣味游戏相结合，进而引导组员从中得到成长。

最后，社工通过让组员猜硬币的反面是什么，从而引导组员学会换位思考。但是在这一环节，因为大部分组员都知道硬币的反面是什么，所以在一开始便失去了趣味性，于是社工便只能将硬币换成是一本书的封面。在之后的小组活动中，为了避免类似的情况发生，社工需要提前准备一件有意义的物品，引导组员进行猜测。

（2）活动小结与反思。

总的来说，本次小组活动效果较好，小组目的达到。但是从小组活动中出现的问题来看，社工还有很多需要改进的地方，尤其是在小组活动设计以及小组引导两个方面。一方面，社工需要通过设计一些有意义的游戏对组员进行引导；另一方面，在进行引导时社工也需要注意自己的引导方式以及引导词，以促进组员更好地理解。此外，针对小组纪律问题，社工需要提醒组员以相互监督的形式监督其他组员是否遵守游戏规则，从而维持良好的小组纪律，以保证游戏的顺利进行。

4. 小组活动第四节——宽容待人

此次小组活动主要是通过情景预设、制作书签等形式引导组员学会宽容待人。小组共有 16 人参加，组员出席状况较好，小组成员间互动较为频繁。

（1）小组活动过程。

小组活动开始时社工通过测试游戏来了解组员在日常生活和学习中是否具有宽容心，并由此引出本次小组活动的主要内容：学会宽容。根据测试的结果来看，大部分组员的得分在 10～20 分之间，属于既不宽容，也不记仇的一类人；而小组中的邹梦×、陈思×两位小朋友得分则达到了 20 分以上，属于相对来说比较容易记仇的一类人；其中的邓宇×小朋友得分在 10 分以内，属于较为宽容的一类人。虽然此测试只能作为参考，并不能很准确地说明问题，但社工仍需要对小组中得分较高的组员加以重视。

随后，社工引导组员预设情景剧：有一天，小明在课间休息时，不小心将小刚的文具盒碰掉了……请问这时候会发生什么？并邀请组员分不同情况进行情景模拟。在模拟的过程中，三个小组预设的情景各不相同。其中 B 组的小朋友表现最好，一方面，能够根据小组讨论的情节临时发挥；另一方面，也能够灵活地将主题进行升华。而 A、C 两个小组的组员则因为在讨论时协商不到位，组员在模拟时因为记不住台词，而出现了冷场的现象，从而影响了模拟的效果。因此，在之后的小组中，社工需要针对组员可能出现的一些问题及时给予提醒和引导，以避免类似的问题发生，而不仅仅只是在问题出现时才进行引导。

最后，社工通过一则《仇恨袋》的故事引导组员远离仇恨，学会宽容。同时社工通过邀请组员制作书签，让组员忽略曾经与亲人、朋友之间发生的矛盾，从而感受"退一步海阔天空"带给自身的快乐。在书签制作的过程中，组员结合"宽容"这一主题，并根据自己的创意进行设计，制作完成了较为精美的书签。在以后的小组活动中，社工可多设计类似的环节，从而给予组员更多自我思考的空间，激发组员的创造力和想象力。

（2）活动小结与反思。

在此次小组活动中，各组员团结协作，认真讨论，小组任务完成情况较好。但是因为组员的时间观念较弱，很多组员都不能按时完成任务。因此，在之后的小组中，社工可运用适当的方法和技巧引导组员学会时间管理，以此增强组员的时间观念，提高小组效率。

5. 小组活动第五节——感受拒绝的艺术

此次小组活动主要是通过情景模拟的形式引导组员感受拒绝的艺术。小组共有 14 人参与，组员出席状况较好，小组成员间互动较多。

（1）小组活动过程。

在小组活动开始之前，社工通过引导组员回顾前面几节小组活动中学习的内容，从而提醒组员此节小组活动是本期人际关系成长小组的最后一节小组活动，从而引起组员的重视，并请组员做好小组结束的心理准备。小组活动开始时，社工通过提问题引出本节小组活动的学习主题：学会拒绝。在小组中，社工引导组员分组模拟拒绝他人的情景，从而引导组员感受：粗暴地拒绝、毫无理由地拒绝、不计后果地接受这三种不同的应对方式，并让组员指出每种应对方式的不足，从而进一步引导组员寻求正确的应对方式，即如何合理地拒绝他人的不合理请求。在模拟过程中，组员根据情节的大致内容加入了更多的角色，从而带动组内的其他组员加入到情景模拟环节中来。其中 A、B、C 三个小组根据自己抽取的情景，模拟相对较好。但是在模拟的过程中，组员只注重了表演的内容和方式，却没有注意表演前要进行介绍、表演时要以舞台为中心、声音洪亮、面对观众等细节问题，从而影响了模拟的效果。

在后面寻求正确的拒绝方式中，A、C 两个小组的组员通过相互合作完成了情景的模拟，但是 B 组的小朋友由于组员意见不一致，协商不到位，最后没有呈现出小组的讨论结果，从而拒绝了模拟。在这一环节，因为组员的拒绝，小组气氛稍显尴尬，而社工也只能尊重组员的决定，并提醒组员注意在以后的其他小组活动中要友好合作，积极参与。

最后，社工邀请组员分享自己在生活和学习中被他人拒绝的经历，从而引导组员坦然面对他人的拒绝，做到理解、尊重对方的决定。在整个环节中，邹梦×、余×、邓宇×三名小朋友积极举手，向大家分享了自己被拒绝的经历，同时也分享了自己的感受。社工针对组员的分享也给予了相应的反馈，并引导组员向对方询问原因，并尝试去理解对方，尊重对方。

（2）活动小结与反思

社工对本期小组活动进行了总结，同时也通过邀请组员反思自己是否做到了理解、倾听、尊重、宽容他人，其中邹梦×、陈思×两位小朋友通过举例分享了自己在生活和学习中遇到的一些情景，从而表示自己将小组中学到的内容运用到了实际行动中。但是通过观察，小组中也有部分组员并没有做到尊重、理解他人，其中李思×、曹×两位小朋友在小组活动中看课外书或者是东张西望、心不在焉，表现相对较差。其中曹×小朋友表现最为明显，社工利用课间休息的时间与曹×小朋友进行了沟通，在以后的小组活动中，社工需要给予曹×小朋友更多的关注。

五、小组实务介入的评估

（一）活动评估方法

小组评估采用过程评估和结果评估相结合。过程评估：计划实施过程中观察服务对象的行为表现，做好服务过程记录，及时更新进展情况信息、工作计划、服务记录、工作总结；结果评估：在服务计划实施后对服务对象的各项指标进行评估，见表2。

表2　小组活动评估表

编号	评估项	评估指标	评估方法	评估时间
1	社工布置的每一次任务	根据组员在小组中完成小组任务的情况来进行评估	观察统计	每节小组活动后
2	通过前后测的对比，参与小组的80%的儿童能够懂得尊重、欣赏、理解、宽容、拒绝他人	根据组员在参与小组前后的表现来进行评估	前测、后测	小组开展前后
3	通过前后测的对比，参与小组的70%的儿童能够学会处理自己在人际关系中面临的一些小问题	根据组员在小组中的具体表现进行评估	观察法	小组期间

（二）小组目标达成情况

小组目标达成情况，见表3、表4、表5。

表3　小组目标达成情况

目标	达成情况
通过前后测的比较，参与小组的80%的儿童能懂得尊重、欣赏、理解、宽容、拒绝他人	社工在小组开始和结束时通过行为观察分别对组员在小组中的行为进行了前测和后测。社工主要通过设计一些环节，在组员不知情的情况下，现场观察组员在整个环节中的行为，从而对组员违反纪律、不尊重他人等不良行为出现的次数进行记录，并对其进行评分。通过统计前测评分，大部分组员的分数均处于70~80分之间，只有两名组员的分数在60分以下。但通过五节小组的学习，组员在后测过程中的评分均有所提升，其中11名组员的分数在90分以上，其余均在80~90分之间。因此，此目标达成
通过前后测的比较，参与小组的70%的儿童能够学会处理自己人际关系中面临的一些小问题	本期小组活动设计了较多的情景模拟环节，通过预设一些与人际关系处理有关的情节，引导组员模拟解决情节中出现的人际交往方面的问题。根据组员参与情况来看，大部分组员通过相互之间的讨论与合作，基本上能够解决人际关系中出现的一些小问题。目标达成

表 4 小组前测表

组员	类别（观察组员在小组中出现的频次）															
	尊重与欣赏				理解与倾听				宽容				拒绝			
	随意打断他人说话	讲话时指手画脚	进行人身攻击	违反小组纪律	与他人讲话时东张西望	反驳他人的意见	不接受社工的安排	以自我为中心	与组员发生矛盾	指责其他组员	与组员斤斤计较	与社工、组员赌气	提不合理请求	接受不合理请求	包庇其他组员	难以接受被拒
郑思×	2	1	0	3	2	1	1	0	0	0	0	0	0	0	1	0
林诗×	0	0	0	4	0	0	3	0	0	0	0	0	0	0	0	0
李闻×	2	0	3	4	2	3	0	0	0	0	0	0	0	0	0	0
李奕×	0	0	0	0	0	1	0	0	0	0	0	0	0	0	0	0
陈思×	2	0	0	0	0	0	0	0	0	0	2	0	0	0	0	0
齐×	0	0	0	3	2	0	4	2	0	0	0	2	0	0	0	0
魏嘉×	0	0	0	0	3	0	2	0	0	0	0	0	0	0	0	0
邹梦×	3	2	2	2	3	2	0	0	3	3	0	2	0	0	0	0
余×	4	0	1	3	2	3	0	2	1	2	2	2	2	0	0	3
李俊×	1	0	0	1	3	0	2	1	0	0	0	0	0	0	0	0
张慧×	2	0	0	0	2	0	2	2	0	0	0	0	0	0	0	0
李思×	4	6	2	4	0	0	0	4	0	0	4	0	0	0	0	0
曹×	0	0	0	3	3	0	2	0	0	0	0	0	0	0	0	0
陈俞×	0	0	0	2	1	0	2	0	0	0	0	0	0	0	0	0
周耀×	5	3	2	5	2	3	0	0	3	2	0	2	0	0	0	0
邓宇×	3	2	2	5	2	2	0	0	1	0	0	0	0	0	0	0

人际关系成长小组考核评分表（前测）

前测时间：小组第一节"我眼中的她/他"环节

表 5 小组后测表

	人际关系成长小组考核评分表（后测）															
	后测时间：小组第五节"创设情景，感知技巧"环节															
	类别（观察组员在小组中出现的频次）															
组员	尊重与欣赏				理解与倾听				宽容				拒绝			
	随意打断他人说话	讲话时指手画脚	进行人身攻击	违反小组纪律	他人讲话时东张西望	反驳他人的意见	不接受社工的安排	以自我为中心	与组员发生矛盾	指责其他组员	与组员斤斤计较	与社工、组员赌气	提不合理请求	接受不合理请求	包庇其他组员	难以接受被拒
郑思×	0	1	0	3	2	1	1	0	0	0	0	0	0	0	1	0
林诗×	0	0	0	4	0	0	3	0	0	0	0	0	0	0	0	0
李闻×	2	0	3	2	2	1	0	0	0	0	0	0	0	0	0	0
李奕×	0	0	0	0	0	0	2	0	0	0	0	0	0	0	0	0
陈思×	1	0	0	0	0	0	0	0	0	0	2	0	0	0	0	0
齐×	0	0	0	2	2	0	4	2	0	0	0	0	0	0	0	0
魏嘉×	0	0	0	0	0	0	2	0	0	0	0	0	0	0	0	0
邹梦×	3	2	2	2	0	2	0	0	0	1	1	0	2	0	0	0
余×	2	0	1	3	2	3	0	2	1	2	2	2	0	0	0	1
李俊×	1	0	0	1	0	0	2	1	0	0	0	0	0	0	0	0
张慧×	2	0	0	0	0	0	0	0	0	0	0	0	0	0	0	0
李思×	1	6	2	1	2	0	2	0	0	0	0	0	0	0	0	0
曹×	0	0	0	2	3	0	2	0	0	0	0	0	0	0	0	0
陈俞×	0	0	0	2	1	0	2	0	0	0	0	0	0	0	0	0
周耀×	2	3	2	1	1	0	0	0	0	3	2	0	0	0	0	0
邓宇×	2	1	0	3	2	2	0	0	0	1	0	0	0	0	0	0

（三）总体评估

本期小组活动主要是引导儿童懂得尊重、欣赏、理解、宽容、拒绝他人，学习人与人之间的相处之道，掌握人际交往的基本技巧，从而提升自身综合素质，建立良好的人际关系。小组活动主要通过小组讨论、情景模拟、情景预设、故事分享、趣味游戏等方式来引导组员正确处理人际交往中出现的一些问题。

本期小组活动，总体上来说组员出席情况较好，平均每次出席 14 人。其中陈思×、魏嘉×两位小朋友迟到现象较多，其余小朋友均能按时参加小组。在小组活动开展的过程中，社工引导组员分为 A、B、C 三个小组，以相互竞争的形式参与小组活动。在小组中，三个小组的组员积极参与小组活动，认真完成小组任务，各组员之间的互动较多。通过观察发现，邹梦×、陈思×、周耀×、李闻×、余×五名组员积极回答问题，主动带动组内的其他组员进行讨论，在小组活动中表现较好。其中余×小朋友与之前相比进步较大。在之前的小组中，余×小朋友因为自身性格原因，很容易与小组中的其他小朋友发生矛盾，而且极易产生情绪问题，从而影响自身在小组中的参与状态，但是通过人际关系成长小组的参与以及社工的后续引导，余×小朋友虽然还是会与其他小朋友产生矛盾，但现已基本能够很快处理自己的情绪，从而恢复到之前的状态，进步较大。另外社工也发现，曹×小朋友在其他小组中表现较为主动积极，但是在此次人际关系成长小组中，曹×小朋友在小组中很少表现自己，而且经常心不在焉甚至违反小组纪律，与之前相比，退步较多，通过与其沟通发现，其主要原因在于组员自身的身体原因（头疼），因此需要社工引起重视。总体而言，本期小组活动，组员表现良好，大部分组员都表示自己懂得了尊重、宽容、理解他人，小组达成并超出预期目标。

六、总结与反思

（一）对小组活动的总结

1. 社会工作者的角色

社工在服务中主要扮演组织者、引导者、教育者、鼓励者、支持者的角色。小组活动由 1 名社工负责策划、主持、总结及宣传，1 名辅助人员协助拍照。人员分工较为明确，在一定程度上节省了人力资源。

2. 对小组干预效果的总结

笔者采用小组工作方法介入流动儿童人际交往问题之中，通过五节小组活动的实施，并根据前后测的比较发现，小组活动在整个小组执行过程中效果较为明显，小组目标达成度较高。但是由于小组结束之后，社工没有继续对小组成员进行跟进，导致很多组员出现行为反弹的现象，小组效果难以继续维持。

此外，通过总结，笔者发现组员之所以在小组实施过程中能够积极地改变主要取决于小组规则的严密程度。在小组活动开展之前，由于组员之间相互比较熟悉，组员对合唱团的纪律与规则较为了解，因此社工只需要在小组开展过程中给予组员提醒。大部分组员都能够严格遵循合唱团的规则，听从社工的教导，并做出积极地回应与改变。但是，小组一旦结束，组员便脱离了合唱团规则的制约，缺少了社工、组员的监督，导致行为倒退。因此，小组干预效果是否能够持续，不仅需要小组规则的长期制约，同时也需要社会工作者的持续跟进。

（二）对小组活动的反思

1. 对小组活动实施过程的反思

（1）组员的座位安排对于小组活动效果具有重要影响。

在本期小组活动中，社工采用分组、调整组员座位的方式，一方面，引导组员相互监督，以维持良好的小组纪律；另一方面，也便于社工对组员进行观察，从而及时给予组员正确的引导。这种分组方式以及座位调整方式是社工在合唱小组中第一次尝试，从组员的表现来看，效果较好，在后续的小组活动中可以沿用。

（2）组员的参与程度与小组活动的趣味性密切相关。

在小组活动开展过程中，部分环节因为设计不合理，从而导致小组活动效果较差。在小组活动设计中，社工需要根据组员的兴趣合理设计小组活动，以提升组员的参与度，从而改善活动效果。同时在小组活动开始之前，社工应该将小组流程在头脑中过一遍，并对小组活动中可能会出现的问题引起重视，从而对活动内容进行适当地调整，提前做好准备，从而保证活动效果。

（3）社工要时刻注意自己的引导方式。

在小组开展过程中，社工应尽量简化自己的引导词，学会用儿童能够理解的方式进行引导，并通过其他更为有趣的形式向组员展示活动内容，以加深组员对内容的理解，同时增强组员的学习和参与兴趣。同时，针对小组中组员违反纪律的现象，社工要注意自己的批评方式，避免直接当着所有组员面对组员进行批评，社工可通过私下与组员进行沟通，从而引导其及时改正。同时社工在与组员进行沟通时，要讲究方式方法，不能损害组员个人的自尊心，这一问题需要引起社工重视。

（4）注重小组活动效果的持久性。

通常情况下，在小组活动的开展过程中，大部分组员都能够按照社工预想的方案去改变、成长，但是根据笔者在实务工作中的观察发现：很多组员在小组活动开展过程中表现较为积极、认真，在社工的引导下也掌握了关于人际交往方面的技巧。但是小组活动结束之后，组员在行动上的表现与之前相比却没有多大的变化。在特定的场合中，组员均知道应该注意人际交往方面的细节问题，然而能够体现在实际行动上的组员却很少，从而导致小组活动的效果难以持续。因此，在今后的实务工作开展过程中，社工不仅要注重组员在小组活动过程中的表现及行为改变，更要关注组员在小组活动结束之后的行为表现，要注意引导组员做到知行合一，从而保持活动效果的持久性。

2. 对小组活动设计的反思

（1）小组活动设计逻辑性较弱。

笔者在设计小组时，采用的是平行小组的形式，小组活动的设计除了第一节"知己知彼"具有引入性之外，后面四节小组活动均为平行小组，从而导致小组活动的节与节之间缺乏一定的逻辑性，前后联系不紧密；并且在开展小组活动的过程中，前后节之间缺乏合理的过渡。因此，社工在设计小组活动时，要考虑逻辑性，在开展活动的过程中，要采用恰当地引导方式进行过渡，使服务对象能够理解和接受，并且达到改变的目的。

（2）小组目标期望较高。

从小组活动设计内容和目标来看，小组活动与小组目标契合度相对较高，但是由于小组内容、形式有限，而小组期望达到的目标较多，导致小组目标的设计超出了小组活动所能承受的范围。从小组执行效果来看，小组部分目标有所达成，但是依然有一部分目标由于小组活动内容和形式的限制，而无法达到预期的效果。因此，社工在设计小组活动、明确小组目标时，要考虑两者之间的匹配情况，使小组内容符合小组目标的期望，以确保小组活动的实施能够在最大程度上达到期望的目标。

（3）理论与小组活动联系不紧密。

笔者在设计小组活动时，主要以库利的"镜中我"理论和马斯洛的"需求层次"理论作为理论基础，两大理论为小组活动的设计和实施提供了方向和指导。但是，经过反思，笔者发现，小组活动与理论的联系并不密切。其中马斯洛的"需求层次"理论中的人际交往的需求始终贯穿整个小组过程，对活动的设计和实施起到了重要的理论支撑作用。但是库利的"镜中我"理论仅仅在小组第二节中有所体现，而在其余环节涉及较少，从而导致理论与小组活动联系不紧密。因此，社工在活动设计过程中，要充分考虑理论与小组活动之间的契合度，而不能只是摆出一些空洞的理论，却不将其运用于具体的专业实践之中。社工只有将理论与小组活动紧密结合，才能充分发挥理论对实践的指导作用，从而促进小组组员的成长，促使小组达成期望的目标。

七、小结

流动儿童是祖国的希望，民族的未来，流动儿童的人际交往问题不容忽视。改善流动儿童人际交往现状，增强流动儿童人际交往技能，对于提升流动儿童自身综合素质，增强流动儿童自信心具有重要意义。在本研究中，笔者对流动儿童人际交往现状进行了阐述，针对流动儿童在人际交往方面面临的困境，从社会工作专业角度出发设计、开展实务工作，并取得了一定的成效。因此，在今后的研究中，作为社会工作者我们应该将流动儿童的人际交往问题作为研究重点，引导流动儿童掌握人际交往技巧，增强流动儿童自信心，促进流动儿童在社会各界的广泛支持下健康、快乐地成长。

参考文献

[1] 王开庆，王毅杰. 生活情境中的情感归属与身体归属——流动儿童城市认同研究 [J]. 中国青年研究，2011（03）：69-75.

[2] 毛艳青. 小组工作在"关爱进城务工者子女项目"中的应用 [D]. 桂林：广西师范大学，2012：9-10.

[3] 文军. 社会工作模式：理论与应用 [M]. 北京：高等教育出版社，2010.

[4] 刘梦，张和清. 小组工作 [M]. 北京：高等教育出版社，2003.

[5] 张芳全. 教育政策分析与策略 [M]. 台北：台北师大书苑有限公司，1999.

[6] 全国妇联课题组. 全国农村留守儿童 城乡流动儿童状况研究报告 [J]. 中国妇运，2013（06）：30-34.

[7] 王思斌. 我国社会工作发展的新取向 [J]. 学习与实践，2007（03）：5-10+1.

[8] 张洪英. 小组工作 [M]. 济南：山东人民出版社，2012.

[9] 郭晓俊，徐雁，林大勇. 人际交往能力是大学生应具备的重要素质 [J]. 西昌学院学报（社会科学版），2006（03）：86-88.

[10] 王英春，邹泓. 青少年人际交往能力的类型及其与友谊质量的关系 [J]. 中国特殊教育，2009（02）：75-79.

[11] 缪芸. 社会工作介入流动儿童人际交往障碍研究 [D]. 南京：南京农业大学，2015.

[12] 于之宽. 优势视角下社会工作对流动儿童同伴关系的介入研究 [D]. 武汉：华中科技大学，2013.

［13］汤素素，张小华．"小组动力学"视角下学龄儿童"人际交往小组"社会工作介入［J］．社会工作（学术版），2011（07）：56－59．

［14］张娅．运用成长小组模式介入流动儿童同伴关系问题［D］．武汉：华中科技大学，2013．

［15］蔡德峰．小组工作介入流动儿童同辈交往的应用研究［D］．武汉：华中科技大学，2015．

附录一：小组计划书

人际关系成长小组计划书
C机构少儿公益合唱团（服务点）

一、活动综述

序号	活动名称：人际关系成长小组 活动编号：CWHCT_G—20161112
1	活动主题：学习人与人的相处之道
2	活动理念/理论架构： 人际交往是个体社会需要的重要组成部分，是个体保持生存和发展的必要条件。在与人交往的过程中，我们不仅要掌握基本的礼仪常识，礼貌待人，同时还要了解人与人之间的相处之道，掌握人际交往的基本技巧，学会正确与他人相处。在现代社会中，良好的人际关系是一个人在各方面取得成功的基础，因此我们每个人都应该引起重视。尤其是作为小学生，更应该从小认识到人际交往的重要性，注重对自身综合素质的培养，在老师和家长的引导下学习人与人之间的相处之道，掌握与人交往的技巧，提升个人修养，学会与身边的小伙伴友好相处。 同时，在小组活动开展过程中，社工发现部分儿童在与其他小伙伴相处时存在人身攻击、以自我为中心、不尊重他人等现象，很多时候因相互之间缺乏理解、尊重而产生矛盾与分歧，一方面，这不利于合唱团成员之间形成团结友爱、和谐友好的大集体氛围；另一方面，对于儿童自身的人际交往也具有一定的阻碍作用。因此，针对合唱团儿童存在的上述问题，开展此小组活动具有一定的必要性 活动设计理念： （1）马斯洛需求层次理论： 马斯洛认为，人的需求是由5个层次构成的，他们按照从低级到高级的排列顺序分别是：生理需求、安全需求、归属和爱的需求、尊重的需求、自我实现的需求。如果个人生理和安全的需求都得到满足了，那么就会出现情感、友谊和归属的需求，如渴望自己有所归属，被人认同和承认，成为集体的一员。根据马斯洛的需求层次理论，在小组活动中，我们将引导组员认识和了解人际交往的重要性，通过小组活动内容设计加深组员对自我的认识，改正自身在人际交往中存在的缺点，学习并掌握一些人际交往的技巧，以改善不良认知，学会与人沟通、相处，改善人际关系，进一步完善自我，从而帮助组员建立在集体中的归属感 （2）镜中我理论： "镜中我理论"认为，人与社会是紧密联系的。在与他人的互动过程中，我们通过感知他人对我们的反映和评价，从而建立起我们的自我意识、自我形象和自我评价。因此，结合库利的"镜中我"理论，通过小组成员间的互动，一方面，我们可以引导组员发现真实的自我，加深对自我的认识和了解；另一方面，通过他人的反馈和评价，引导组员反思自己在人际交往中的一些行为是否合适，是否需要修正，从而提升组员的综合素质、行为修养，促进组员人际关系的改善

序号				
3	活动名称：人际关系成长小组 活动编号：CWHCT＿G-20161112			
	活动目标： 总目标为：引导儿童懂得尊重、欣赏、理解、宽容、拒绝他人，学习人与人之间的相处之道，掌握人际交往的基本技巧，从而提升综合素质，建立良好的人际关系 分目标为：通过前后测的比较，参与小组的 80％的儿童能够懂得尊重、欣赏、理解、宽容、拒绝他人 通过前后测的比较，参与小组的 70％的儿童能够学会处理自己在人际关系中面临的一些小问题			
4	活动所需物品： 见每节活动计划			
5	活动详情： （1）活动时间：2016 年 11 月 12 日至 2016 年 12 月 16 日 （2）活动地点：机构活动室 （3）活动人数：15 人 （4）服务对象：8～11 岁合唱团成员			

	活动日期	每节活动主题及主要内容	负责人
第一节	11 月 12 日	知己知彼	
第二节	11 月 19 日	懂得欣赏与尊重	
第三节	11 月 26 日	学会理解与倾听	刘琨莹
第四节	12 月 3 日	宽容待人	
第五节	12 月 16 日	学会拒绝	

序号	
6	招募活动对象的方法： 面向合唱团成员通过微信进行招募
7	活动所需人力资源： 1 名辅助人员
8	协办者或协办单位： 无

续表

序号	活动名称：人际关系成长小组 活动编号：CWHCT＿G－20161112				
9	活动的评估方法				
	编号	评估项	评估指标	评估方法	评估时间
	（1）	社工布置的每一次任务	根据组员在小组活动中完成小组任务的情况来进行评估	观察统计	每节小组活动后
	（2）	通过前后测的对比，参与小组的80%的儿童能够懂得尊重、欣赏、理解、宽容、拒绝他人	根据组员在参与小组活动前后的表现来进行评估	前测、后测	小组开展前后
	（3）	通过前后测的对比，参与小组的70%的儿童能够学会处理自己在人际关系中面临的一些小问题	根据组员在小组活动中的具体表现进行评估	观察法	小组期间
	评估时间：A. 活动结束后；B. 活动开始前与结束后；C. 其他（请说明） 备注：评估使用问卷、量表、访谈提纲需一并附上				

序号		序号	项目	单价	数量	小计	经费来源
10		（1）	A4纸	30	1	30	A
		（2）	白色卡纸	30	1	30	A
		（3）	签字笔	12	1	12	A
		（4）	彩色笔	10	3	30	A
		（5）	铅笔	1	15	15	A
				向机构申请经费总计		117元	
	备注：在"经费来源"一栏请填写相应代码：A. 机构；B. 用人单位；C. 其他（请说明）						

序号	编号	预计困难	解决方法
11	（1）	小组报名人数过多，小组目标难以达到	招募组员时，严格限制小组名额，并向家长说明情况
	（2）	组员对小组活动内容不感兴趣，参与度不高	丰富小组内容，适当增加一些契合小组主题的游戏环节，以提高组员参与积极性

二、活动的详细计划

（一）详细计划

第一节

日期/时间：2016 年 11 月 12 日 9：30—11：30

主题：知己知彼

活动时间	活动目的	活动内容/活动细节/注意事项（尽量具体）	所需物资及数量（尽量具体）	负责人
9：30—9：35	签到	1. 组员签到 2. 请组员就座，介绍本节小组活动的学习内容：知己知彼（5 分钟）	小组活动考勤表 1 张，签字笔 1 支	刘琨莹
9：35—10：30	认识自我	社工通过游戏引导组员认识自己，了解自己。画手游戏： 每个人把自己的左手放到一张 A4 纸上，手腕贴着纸的边缘部分，用签字笔画出手的轮廓 在五个手指的轮廓空白处，按照从大拇指到小拇指的顺序写出以下内容：（1）大拇指：我的爱好。（2）食指：我的性格。（3）中指：我的梦想。（4）无名指：我最大的优点。（5）小指：我最大的缺点 社工将 A4 纸回收，邀请组员随机抽取几张，并说出上面的关键词，让其他组员猜出这个人是谁。社工通过"画手游戏"让组员对自身有一个明确的定位，同时让组员明白：人无完人，每个人都是很独特的，每个人都有自己独特的性格特点，有自己的优、缺点。因此，我们要学会取长补短，不断地完善自己，提升自己（30 分钟） 社工引导组员通过完成"我的自画像"，从而对自己有一个明确的定位。画完之后，组员需要向大家展示自己的画像，并向大家解释自己为什么这样画。一方面，通过游戏引导组员进一步认识自己、了解自己；另一方面，增进组员之间的了解，活跃组内气氛。注意：我的自画像不一定是画自己，也可以是自己喜欢的一个植物、动物或者能够代表自己的其他事物（25 分钟）	A4 纸 15 张	
10：30—10：40	休息		无	

活动时间	活动目的	活动内容/活动细节/注意事项 （尽量具体）	所需物资及数量 （尽量具体）	负责人
10：40—11：20	增进组员间的了解	1. 社工引导组员思考：通过前面的游戏环节，我们每个人都重新认识了自己，那么与此同时，大家是否对其他小伙伴也有了更多的了解呢 2. 社工引导组员通过游戏"我眼中的她/他"从而增进组员之间的了解 游戏规则： （1）每个组员拿着手中的卡片去找身边的小伙伴让其说出对自己的印象，并记录下来 （2）游戏时间为：3分钟 （3）最后，在相同的时间看谁得到的评价最多。通过此游戏促进组员之间的交流，拉近组员之间的距离 3. 社工邀请组员与其他组员分工合作完成一个任务。表演节目、摆造型、讲故事或者其他，以此引导组员学会与身边的小伙伴和睦相处（40分钟）	无	刘琨莹
11：20—11：30	小组活动总结	1. 带领组员回顾活动内容 2. 社工为表现较好的组员颁发金色、红色和蓝色四叶草 3. 通知组员下次活动的时间（10分钟）	金色、红色和蓝色四叶草各1枚	

第二节

日期/时间：2016 年 11 月 19 日 9：30—11：30

主题：懂得欣赏与尊重

活动时间	活动目的	活动内容/活动细节/注意事项 （尽量具体）	所需物资及数量 （尽量具体）	负责人
9：30— 9：35	签到	1. 组员签到 2. 请成员就座，介绍今天的活动内容：懂得欣赏与尊重（5 分钟）	小组活动考勤表 1 张，签字笔 1 支	
9：35— 10：30	学会欣赏他人	1. 社工引导组员思考： (1) 在小组中，如果你犯错了，同学嘲笑过你吗？当时你是什么感受 (2) 你有没有嘲笑过他人？当时对方有什么反应（10 分钟） 2. 社工反馈： 每个人都喜欢听赞美自己的话，真诚地赞美别人的优点有助于人际交往，因为每个人都有一些值得赞美的地方。所以，我们今天要学习怎样欣赏和赞美别人（5 分钟） 3. 游戏：优点大轰炸 社工邀请组员随机抽取一张带有组员姓名的卡片，并找一名组员做记录，其他组员对卡片上的组员进行优点大轰炸，每个人都要参与到游戏中来。依次进行，直到卡片被抽完，看谁身上的优点最多。（可以从学习、衣着、特长、助人为乐以及其他品质方面去赞美，赞美时不能胡乱赞美，要有事实依据，赞美要真诚，不能开玩笑，不能进行人身攻击（30 分钟） 4. 社工引导组员思考：刚才听了小伙伴的赞美，大家有何感受？从而引导大家在平时生活和学习中要学会欣赏他人，真诚地给予他人一些赞美，以此改善人际关系，拉近人与人之间的距离（10 分钟）	卡片 15 张	刘琨莹
10：30— 10：40	休息		无	

活动时间	活动目的	活动内容/活动细节/注意事项 （尽量具体）	所需物资及数量 （尽量具体）	负责人
10：40— 11：25	学会尊重他人	1. 社工提问：当大家在生活中看到一个衣衫褴褛的人在向你推销铅笔时，大家会怎么做 2. 引入故事：商人变富翁 一位商人看到一个衣衫褴褛的铅笔推销员，顿生一股怜悯之情。他不假思索地将10元钱塞到卖铅笔人的手中，然后头也不回地走开了。走了没几步，他忽然觉得这样做不妥，于是连忙返回来，并抱歉地解释说自己忘了取笔，希望不要介意。最后，他郑重其事地说："您和我一样，都是商人。" 一年之后，在一个商贾云集、热烈隆重的社交场合，一位西装革履、风度翩翩的推销商迎上这位商人，不无感激地自我介绍道："您可能早已忘记我了，而我也不知道您的名字，但我永远不会忘记您。您就是那位重新给了我自尊和自信的人。我一直觉得自己是个推销铅笔的乞丐，直到您亲口对我说，我和您一样都是商人为止。" 没想到商人这么一句简简单单的话，竟使一个不无自卑的人顿时树立起了自尊，使一个处境窘迫的人重新找回了自信。正是有了这种自尊与自信，才使他看到了自己的价值和优势，终于通过努力获得了成功。不难想象，倘若当初没有那么一句尊重鼓励的话，纵然给他几千元也无济于事，断不会出现从自认乞丐到自信自强的巨变。 3. 通过故事分享让组员感受尊重的力量，从而让组员明白：尊重别人，就是尊重自己（5分钟） 4. "照镜子游戏"：社工列举几个照镜子的动作，并邀请两名组员，一名组员扮演镜子，另一名组员扮演照镜子的人，照镜子的组员做任何动作，扮演镜子的组员就得做出相同的动作（每组做三个动作，各组的动作不能重复）。通过此游戏引导在座的组员明白：在我们的学习和生活中，自己对待他人的态度往往决定了他人对自己的态度，就像照镜子一样。因此，我们要学会尊重他人，友好地对待他人（10分钟）	无	刘珉莹

活动时间	活动目的	活动内容/活动细节/注意事项 （尽量具体）	所需物资及数量 （尽量具体）	负责人
10：40—11：25	学会尊重他人	5. 独家小窍门： 讨论从哪些方面来尊重他人（态度、礼仪、场合）： （1）在态度上尊重别人。比如老师讲课、同学发言、他人谈话时，我们要注意听，而不能随意打断 （2）在礼仪上尊重别人。如果小学生蓬头垢面，不仅有损自己的形象，也是对老师、同学的不尊重。站着和别人交谈时，不要用脚连连打地，与老师、长辈交谈时，不跷二郎腿；打招呼时不要"喂喂"……不停，或是叫绰号，因为这样别人会感觉不舒服；交谈时不谈对方不愿讲的话题，不挖别人的短处 （3）守时也是一种尊重。和同学约好就要准时赴约，老师安排的活动要准时参加 （4）尊重别人要注意场合。别人办喜事，就别说不吉利的话；人家办丧事就不要兴高采烈；同学没考好时，不能大谈特谈自己考得如何如何好 社工引导组员讨论： （1）如何尊重父母、亲人：出门和回家都要打招呼；跟父母说话也要有礼貌，不要性子；看电视时不和父母争抢；不要嫌长辈唠叨；做重要决定时认真考虑父母意见 （2）如何尊重老师和同学：见到老师、同学主动问好；要尊重老师的劳动成果，上课认真听讲；不要给别人起侮辱性绰号；不打听他人的秘密、窥探他人的隐私；对同学要有包容心，要学会换位思考 （3）如何尊重陌生人：礼貌用语应挂在嘴边，遇到陌生人问路，要有耐心；看到有缺陷的人，不能指指点点（30分钟） 6. 社工提醒组员在今后的小组活动中相互监督，若有不尊重他人的行为，将会接受组员的惩罚（唱歌、跳舞、表演节目等）	无	刘琨莹
11：25—11：30	小组总结	1. 回顾本节活动的内容 2. 社工为表现较好的组员颁发金色、红色和蓝色四叶草 3. 通知下一节活动的时间（5分钟）	金色、红色和蓝色四叶草各1枚	

第三节

日期/时间：2016 年 11 月 26 日 9：30—11：30

主题：学会理解与倾听

活动时间	活动目的	活动内容/活动细节/注意事项 （尽量具体）	所需物资及数量 （尽量具体）	负责人
9：30— 9：35	签到	1. 组员签到 2. 介绍今天的活动内容：学会理解与倾听（5 分钟）	签到表 1 张 签字笔 1 支	
9：35— 10：20	学会理解	1. 社工给每位组员分发一张草稿纸，然后让组员根据社工的口令完成任务： （1）把这张纸上下对折 （2）再左右对折 （3）在折好的纸的左上角撕掉一个边长为 2 厘米的等腰直角三角形 （4）然后把这张纸左右对折 （5）再上下对折 （6）在右上角撕掉一个半径为 2 厘米的扇形 2. 社工让组员展示自己完成的图形，结果会发现大家撕出来的形状是各种各样的。社工进行解释，从而引出主题——理解他人。（大家是否觉得奇怪，为什么指导语一样，但是大家撕出来的图案却不一样呢？原因很简单，因为每个人对指导语的理解不同，如：很多组员将上下对折理解成为对折之后是长方形，或者是三角形，游戏一开始大家就出现了差异。在游戏中，因为大家不能问我，我们之间便缺少了沟通，所以大家只能根据自己的猜测与理解来做，结果便是千姿百态。一个小游戏因为理解不同和无法沟通而出现了多种结果，要是我们在人际交往中也是如此，那后果将会如何呢？） 3. 社工引导组员思考：我们在人际交往中，如果缺乏理解或者理解出现偏差可能会造成什么后果？（产生误解、妨碍人际沟通、人际关系紧张等）（20 分钟） 4. 游戏：你说我画 （1）社工邀请一名组员为大家描述图片上面的内容，其他组员根据组员的描述来画出图片上的事物；（组员在描述时可	废弃草稿纸 15 张	刘琨莹

活动时间	活动目的	活动内容/活动细节/注意事项 （尽量具体）	所需物资及数量 （尽量具体）	负责人
9：35—10：20	学会理解	自由随便描述，其他组员尽量按照该组员的描述画出图画，组员之间的交流只能是单向的，即只能是该组员进行描述，而其他组员不能询问 （2）当组员画完之后，分别展示自己的图画，并让大家评价所画出来的画与原来的图画的差别有多大 （3）社工通过此游戏让组员明白：当只能一个人讲话而另一个人不能做出反应时，两个人之间便不能做到很好地理解，所以理解必须是双向的（25分钟）	废弃草稿纸15张	
10：20—10：30	休息		无	
10：30—11：00	学会倾听	1. 话剧表演： 情景一：甲一副愁眉苦脸的神情，沮丧地走着，碰到乙，上前诉苦求助："我最近好烦，我的数学考试又不及格，被老师训了一顿，又被老爸打了一顿，而且……"乙一边打着哈欠，一边东张西望的，一副毫不感兴趣的样子 情景二：于是，甲更加烦恼。这时候他碰到了正在做作业的丙，甲上前去，诉苦求助："我最近很烦恼，我的数学考试又不及格，被老师训了一顿，又被老爸打了一顿，而且……"丙一副不耐烦的神情："别烦我，没有看到我在忙吗？别打扰我啦，走开走开！" 情景三：甲更加烦恼痛苦，这时他又碰到了丁，甲上前去，诉苦求助："我最近很烦恼，我的……"丁一听，急忙插嘴："怎么啦？你烦恼什么？"甲说："我的数学……"丁又插嘴说："数学作业又没有交吗？不会做吗？是你没有听课吧？"甲解释道："不是，是我的……"丁继续插嘴自说自话："是不是考试偷看作弊被老师抓到了，还是你老爸不让你玩游戏又把你的手机给没收了？……"甲看着丁一股脑地说了一大串话，自己就是插不上嘴，更加苦恼了，唉声叹气地走了	话剧剧本4份	刘琨莹

活动时间	活动目的	活动内容/活动细节/注意事项（尽量具体）	所需物资及数量（尽量具体）	负责人
10：30— 11：00	学会倾听	2. 社工邀请组员甲谈谈自己在找乙、丙、丁三个组员倾诉之后的感受，让三个组员也分享自己的感受，并让其他组员讨论这三种倾听方式错在哪里？社工由此指出在人际交往中，要做到理解别人，首先要学会倾听（20分钟） 3. 名言分享：上帝分配给人两只耳朵，而只给我们一张嘴巴。大家有谁知道：上帝为什么在我们脸上装一个嘴巴，在脸的两侧装两只耳朵呢？那是因为人在世界上要与人交往、理解他人，就要通过嘴巴说和用耳朵倾听来达到交流、沟通和理解的目的。做一个合格的听众在人际沟通中显得尤为重要，学会倾听，是理解他人的第一步 4. 社工请组员思考：做一个合格的听众需要具备哪些要素：诚心、专心、用心、耐心、应心等（10分钟）	话剧剧本4份	
11：00— 11：20	换位思考	1. 社工准备一本课外书，书的背面朝向组员，正面朝向自己，以开火车的形式让组员猜猜书的正面（封面）是什么，最后邀请一名组员上前，站在社工的位置，把自己看到的正面描述给大家 2. 社工对此进行总结：大家站在我的对立面，是很难猜出书的正面是什么，但是只要大家站在我的角度来看，就很容易得到答案。所以，在人际交往中，要做到真正地理解别人，最重要的是要做到换位思考。在考虑问题之前我们首先要问自己：如果我是他，我需要的是……/如果我是他，我不希望……/如果我是对方，我的做法是…… 3. 请组员讨论：当自己走在路边，碰到一个乞讨的人拉扯着自己的衣服时，大家觉得他此时需要的是什么？他不希望什么？大家这时会怎么做？从而引导组员学会换位思考，理解他人（20分钟）	课外书1本	刘琨莹
11：20— 11：30	总结本次小组	1. 引导组员回顾本节活动的内容 2. 社工为表现较好的组员颁发金色、红色、蓝色四叶草 3. 通知组员下次活动的上课时间（10分钟）	金色、红色、蓝色四叶草各1枚	

第四节

日期/时间：2016 年 12 月 3 日 9：30-11：30

主题：宽容待人

活动时间	活动目的	活动内容/活动细节/注意事项 （尽量具体）	所需物资及数量 （尽量具体）	负责人
9：30- 9：35	签到	1. 组员签到 2. 请组员就座，并介绍本节活动的内容：宽容待人（5 分钟）	小组考勤表 1 张，签字笔 1 支	刘琨莹
9：35- 10：20	学会宽容	1. 小组活动开始时，社工邀请组员进行一个测试小游戏，即每个参与者可以拿到一张白纸和笔，然后根据实际情况，按照提问者的问题把答案写在白纸上。只需要选择"经常""有时"和"没有"这三个答案中的一个，并根据得分进行分析，以此来判断组员是否具有宽容心，并根据组员测试的结果引出本节小组活动的学习主题：学会宽容（20 分钟） 2. 社工引导组员预设情景剧：有一天，小明在课间休息时，不小心将小刚的文具盒碰掉了……请问这时候会发生什么 3. 社工根据组员的情节预设，邀请组员分不同情况进行情景模拟；并引导组员思考模拟的场景中，哪一种解决方式是最好的？从而让组员学会宽容待人（25 分钟）	白纸若干 笔若干	刘琨莹
10：20- 10：30	休息		无	
10：30- 11：00		1. 社工引导组员思考：当你走路时，你发现路中间有一个东西很碍脚，你会怎么做 2. 故事分享：《仇恨袋》 传说在很久以前，希腊有一位力大无穷的英雄叫海格力斯。有一天，海格力斯在山路上行走时，发现路中间有个像袋子一样的东西很碍脚，便踢了它一脚。谁知那东西不但没有被踢开反而膨胀起来。海格力斯有点生气，便狠狠踩了它一脚，想把它踩破，谁知道那东西不但没被踩破反而又膨胀了许多。海格力斯恼羞成怒，抓起一根碗口那么粗的木棒，向那东西狠狠地砸去。那东西竟然加倍地膨胀，最后大到把路都堵死了	无	刘琨莹

活动时间	活动目的	活动内容/活动细节/注意事项 （尽量具体）	所需物资及数量 （尽量具体）	负责人
10：30— 11：00		一位圣人路过，连忙对海格力斯说："朋友，快别动它，忽略它，离开它远去吧！这个东西叫仇恨袋。如果你不去触碰它，它就像人当初看见它的时候那么小。如果你的心里老记着它、折磨它，它就会膨胀起来，挡住你前进的道路，与你敌对到底" 3. 社工引导组员思考：这个故事告诉我们什么道理 4 社工邀请组员回忆自己曾经与同学、朋友或者家人之间发生的冲突，并在组员之间分享自己当时的感受以及自己当时是如何处理的。同时引导组员思考：如果换做是自己，当时会怎么做？以此来引导组员学会宽容（30分钟）	无	刘琨莹
11：00— 11：20	制作关于宽容的书签	社工引导组员制作一支关于宽容的书签，并将其赠送给曾经与自己产生过冲突的同学、朋友或者家人，以表达自己的歉意（20分钟）	卡片15张 彩色笔3盒 铅笔1盒	刘琨莹
11：20— 11：30	总结本次小组	1. 社工引导组员回顾本节活动的学习内容 2. 社工为表现较好的组员颁发金色、红色、蓝色四叶草 3. 通知组员下次小组活动的时间（10分钟）	金色、红色、蓝色四叶草各1枚	刘琨莹

第五节

日期/时间：2016 年 12 月 16 日 9：30－11：30

主题：学会拒绝

活动时间	活动目的	活动内容/活动细节/注意事项 （尽量具体）	所需物资及数量 （尽量具体）	负责人
9：30－ 9：35	签到	1. 组员签到 2. 社工请组员就座，并介绍本节小组活动内容：学会拒绝（5 分钟）	小组活动考勤表 1 张，签字笔 1 支，提前准备投影仪、音箱	
9：35－ 10：20	学会拒绝他人的不合理请求	1. 社工引导组员回忆在平时的生活和学习中，是否有人对自己提过不合理的请求或者让自己做力所不能及的事情？当时是如何处理的？从而引出本节小组活动主题：学会拒绝 2. 社工列出一些情节，请组员分组模拟下列情景。（30 分钟） 情景一： 甲正在看书，乙走出来拍着甲的肩膀说："走，我们看电影去"。甲粗暴、大声地对乙说："看什么，没兴趣。你没看见我正在看书吗？"乙语气愤地说："嚷什么嘛，不去就不去嘛!"说完之后便转身离去（粗暴地拒绝） 情景二： 甲同学正在看小说。乙同学走来，说："坐了这么久了，我们出去走走吧。"甲：不去！（以一种心平气和的口气，然后接着看书）乙很委屈，很不情愿地走了（没有解释的拒绝） 情景三： 甲同学做出很忙的样子，一手拿着记事本，一边说："今天的事情真多，明天要默写课文，我还有一段没有看呢！数学 153 页还有三道题，昨天的错题还有一道没弄明白，中午再看看。英语还是老样子，要记单词，要背课文，最惨的是今天我妈出差，我今儿得自个儿做饭，就别期望今天晚上有多少时间做作业了。今天中午我得多做点作业。"说完便做出做作业的样子	无	刘琨莹

活动时间	活动目的	活动内容/活动细节/注意事项 （尽量具体）	所需物资及数量 （尽量具体）	负责人
9：35— 10：20	学会拒绝他人的不合理请求	乙同学兴高采烈地走到甲同学面前大声说："嗨！走，陪我一起去买本书吧！" 甲同学做出很为难的样子，看看正在做的作业，又看看乙，再犹豫几分钟，最后还是去了 社工邀请组员分析，每一种情境下甲乙两名同学的心理感受 3. 社工总结：在人际交往中，我们要善于帮助他人，但是我们不可能事事都顺从他人。当别人对自己提出不合理的请求或者让自己做力所不能及的事情时，我们要学会拒绝。由此引导组员思考：我们如何拒绝才能够得到对方的谅解和认可 4. 根据组员的回答，进行总结 在人际交往中，我们对不好的要求要坚定拒绝，但要讲究方式方法，要说出充分的理由，力求使对方心服口服的接受，如果有错误，尽量帮对方改正（15分钟）	无	刘琨莹
10：20— 10：30	休息		无	
10：30— 11：00	创设情景，感知技巧	1. 根据拒绝他人的方法，邀请组员分组运用合理的拒绝方式将前面三种情景模拟出来。（注意拒绝时，要说清楚理由，语言要委婉，态度要诚恳，争取使对方心服口服） 2. 社工根据组员的角色扮演进行总结，同时邀请其他小组的组员提出自己小组的拒绝方式，从而引导组员学会运用合理的方式去拒绝他人的不合理请求（30分钟）	无	
11：00— 11：20	学会面对被拒绝	1. 社工邀请组员分享：自己在生活中是否有被他人拒绝的经历？如果有，当时自己的感受如何 2. 引导组员思考：在生活中，当我们被别人拒绝时，我们应该如何来平复自己的心情？（学会换位思考、尊重对方的决定、谅解对方）（20分钟）	无	
11：20— 11：30	本期小组总结	1. 引导组员回顾前几次小组活动所学习的内容 2. 社工为表现较好的组员颁发金色、红色、蓝色四叶草（10分钟）	金色、红色、蓝色四叶草各1枚	

附录二：活动签到表

CW 少儿合唱团人际关系成长小组签到表									
小组时间：每周六上午 9：30－11：30				小组日期					
序号	姓名	班级	联系电话	11月12日	11月19日	11月26日	12月3日	12月17日	备注
1	郑思×	四五班	13590358199	√	√	√	√	请假	
2	林诗×	五一班	13530073112	√	√	√	√	√	
3	李闻×	四三班	13316958723	请假		√	√	√	
4	李奕×	四五班	15899889209	请假	√	√	√	请假	
5	陈思×	四三班	13670251326	√		√	√	√	
6	齐×	五一班	13922839889			√	√	√	
7	魏嘉×	四二班	15976894091	√	√	请假	√	√	
8	邹梦×	四二班	15013588823	√	√	√	√	√	
9	余×	四三班	18923439685		√	√			
10	李俊×	四二班	15013413109		√	√			
11	张慧×	五一班	13691654701	√	√	请假	√	√	
12	李思×	四五班	13267043550	√	√	√		√	
13	曹×	五二班	13530264106		√	√		√	
14	陈俞×	四二班	13249860435	√	请假	√	√	√	
15	周耀×	四五班	13430994161	√	√	√	√	√	
16	邓宇×	五四班	18138223206	√	请假	√	√	√	

附录三：小组过程记录

系列活动/小组过程记录表

C 机构少儿公益合唱团 （服务点）

编码： CWHCT_G-20161112

名称： **人际关系成长小组** 　　起始日期： **2016 年 11 月 12 日**

总节数： **5 节** 　　负责社工姓名： **刘琨莹**

日期	节次	社工反思与介入（服务对象互动情况，突发状况及处理，社工介入等）				
2016.11.12	1	14 人参与 1. 本次小组活动是本期人际关系成长小组的第一节课，主要引导组员充分认识自己以及身边的小伙伴，做到知己知彼，从而为后面的小组做准备。本节小组共有 14 人参与，组员出席状况较好 2. 在第一节小组活动中，社工主要引导组员通过"画手"以及"我的自画像"两个游戏来进行自我定位。在"画手"环节，社工邀请组				
		姓名	爱好	性格	梦想	最大的缺点	最大的优点
		魏嘉×	打篮球、踢足球、弹钢琴、拉小提琴	胆小	歌手	英语好	语文、数学差
		陈思×	跳绳	暴躁	歌唱家	英语好	数学差
		周耀×	打篮球、玩游戏	内向	宇航员	英语好	无耐心
		余×	美术、打篮球、羽毛球、音乐、研究玩具、看书	搞笑、易怒	陀螺大师	沉迷于打篮球	做题不认真
		邓宇×	滑冰	爱生气	飞行员	有耐心	爱生气
		陈俞×	跑步、打羽毛球、打篮球、画画	搞笑	老师	做事负责	有点内向
		张慧×	画画、溜冰、唱歌	外向、开朗、活泼	蛋糕师	有创意感	脾气不好
		邹梦×	唱歌、跳舞、跑步	暴躁	老师	孝顺	爱发脾气
		李俊×	溜冰、跳绳、画画、唱歌	暴躁	歌唱家	英语好	语文、科学差
		齐×	画画	暴躁	老师	数学好	语文差
		郑思×	溜冰、打篮球、画画	外向、活泼	画家	擅长画画	做事急躁
		林诗×	滑冰	暴躁	宇航员		

日期	节次	社工反思与介入（服务对象互动情况，突发状况及处理，社工介入等）
2016.11.12	1	组员在左手或者右手的五个手指头空白处分别写上自己的爱好、性格、梦想、最大的优点、缺点，从而让组员充分认识自己；在画"我的自画像"环节，大部分组员都能够画出代表自己的一些图画，如：兔子、个人头像、陀螺、闪电、眼镜、蛋糕等，但也有一些组员不知道该画什么，其中林诗×、齐×、林诗×三位小朋友表现最为明显。尤其是在后面的分享环节，三位小朋友不愿意与其他小伙伴进行分享，从而导致小组气氛较为尴尬。后来在社工的引导下，其中的林诗×小朋友表示愿意分享，在分享时也能够真实地表达自己的想法，值得表扬。在以后的小组活动中，对于参与度较差的组员，社工应该加强引导，鼓励组员积极参与，勇敢表达自己的观点和想法（以下是部分组员对自我的认识） 3. 在后面"我眼中的她/他"环节，因为小组设计的问题，组员对此部分内容缺乏兴趣，组员参与度极低，小组气氛显得有些尴尬，本环节的小组目标尚未达到。因此，在之后的小组中，尤其是在活动前的准备环节，社工应该提前将小组活动内容在脑海中过一遍，并将在小组活动中可能出现的问题罗列出来，同时将小组活动策划进行适当地调整和修改，以增强组员在小组活动中的互动性，从而避免类似的情况发生 4. 本节小组活动由社工引导组员对自我进行了认识，对其他组员也有了初步的了解，但是通过反思，小组还可以以更好地方式呈现出来，在之后的小组中还需要进一步改进。本次小组活动，因为组员人数较多，小组纪律较差，基本上是在混乱的状态中进行，这与社工的引导方式有极大的关系。因此，在以后的工作中，社工应该调整自己的引导方式，严格对待组员，从而维持良好的小组纪律，以更好地达到小组目标
2016.11.19	2	14 人参与 1. 此次小组活动主要通过互动游戏、故事分享、小组讨论等形式引导组员学会欣赏和尊重他人。小组共有 14 人参与，组员出席状况良好。在小组活动开展过程中，组员有序参与小组游戏，积极参与小组讨论，组员之间的互动较好 2. 本次小组活动主要分为"欣赏"与"尊重"两个模块，前者主要通过"游戏：优点大轰炸"来引导组员学会发现他人的优点，从而懂得欣赏他人。在优点大轰炸环节，社工引导组员通过抽签的方式抽取带有组员姓名的卡片，并对卡片上的组员进行优点大轰炸。在整个过

日期	节次	社工反思与介入（服务对象互动情况，突发状况及处理，社工介入等）
2016.11.19	2	程中，大部分组员都能够列出组员的优点，并通过具体的事例来说明，其中周耀×小朋友因为善于观察，能够很准确地说出组员的某些优点。通过优点大轰炸，很多组员都表示自己因为被组员所了解而感到开心，而其中曹×、李闻×两位小朋友则表示大家对自己的了解不够深刻，很多优点并没有列举出来。社工对此进行了引导，并鼓励大家在今后的小组活动中多进行互动，以增进对彼此的了解，从而发现更多的优点 3. 在引导组员学习尊重他人模块，社工通过一则"商人变富翁"的故事引入"尊重"这一话题，从而让组员明白尊重他人的重要性。在后面的照镜子游戏环节，因为小组时间有限，社工在每一组只邀请了两名组员参与游戏。在游戏过程中，不管是扮演镜子的人，还是扮演照镜子的人，组员基本上都能按照游戏规则完成简单的五个动作，但因为动作较为简单、单调或者是组与组之间的相似性较大，游戏缺乏趣味性。因此，在下一期小组活动中，社工可将此游戏进行相应的修改，指定三至五个较为有趣的动作，一方面，能够促进组员之间的互动；另一方面，也能够增强游戏的趣味性，提高组员的参与热情，并引导组员通过参与游戏明白：在学习和生活中，自己对待他人的态度往往决定了他人对自己的态度，就像照镜子一样，以此引导组员学会尊重他人，友好地对待他人 4. 小组活动最后，社工引导组员讨论如何尊重父母、亲人、老师、同学以及陌生人，让组员在讨论、思考的同时，体会尊重的重要性。在讨论的过程中，A、C两组的组员通过分工讨论的方式，展开小组讨论，并认真完成小组任务。因此，A、C两组最后列举的内容相对较多。而B组采用集体讨论的方式，虽然列举的内容相对于A、C两组要少很多，但列举的内容较为有条理，而且通过这种讨论方式更能促进组员之间的互动，增进组员之间的了解。因此，在之后的小组活动中，尤其是在小组讨论环节，社工需要引导组员注意组内分工以及小组讨论的形式，从而促进小组更快更好地完成小组任务 5. 本次小组活动中，社工通过抽签分组的方式，将组员分为A、B、C三个小组，同时对组员的座位进行了调整，并以各组组员举手表决的方式推选组长，引导组长与各组员之间相互监督，从而避免了之前小组活动中出现的组员纪律差、小组混乱无序的状况。此次小组组员表现较好，小组纪律良好，小组目标达到

日期	节次	社工反思与介入（服务对象互动情况，突发状况及处理，社工介入等）
2016.11.26	3	14人参与 1. 此次小组主要是以游戏、话剧表演等形式引导组员学会理解与倾听，组员出席状况较好。而且通过前一次小组的分组以及座位的调整，组员在小组中的纪律相对较好，组员之间的互动也较为频繁 2. 在小组活动开始之前，社工引导组员回顾上节小组活动中学习的内容，即如何尊重他人（父母、亲人、老师、同学以及陌生人），大部分组员都能够列举出很多的内容，但是很多组员在行动上并不能做到，这还需要社工加强引导，鼓励组员将自己学到的内容体现在具体的行动上 3. 在小组活动中，社工通过"雪花片片"和"你说我画"两个游戏，引导组员明白理解的重要性。在游戏"雪花片片"环节，组员根据社工的指导语，并按自己的理解来撕手中的纸张，结果最后大家撕出来的形状各不相同。社工由此引导组员明白：一个游戏因为理解不同，结果也会出现很多种，而我们在人际关系中更是如此，所以我们在人际交往中要尽量减少因为理解出现偏差而造成的误解。由于在游戏过程中本着环保的原则，社工将A4纸裁成了两张，但是因为纸张太小，组员经过折叠之后，纸张逐渐变得很厚，最后大部分组员在撕扇形时出现了困难。因此，在后期的小组活动中，为了不影响游戏效果，社工需要特别注意此问题 4. 在"你说我画"环节，其他组员根据台上组员的描述来画出该图形，但是因为下面的组员在画的过程中只能根据组员的描述来画，而不能问组员，所以最后大家画的图形也各不相同。通过此游戏组员明白了我们在人际交往中理解是双向的，相互理解十分重要。然而在游戏过程中，因为组员迫切地想知道自己画的图形与真实的图形是否一致，部分组员擅自离开自己的座位，从而扰乱了小组纪律。因此，在之后的小组中，社工需要提醒组员以相互监督的形式监督其他组员是否遵守游戏规则，从而维持良好的小组纪律，以促进游戏的顺利进行 5. 后来，为了引导组员明白倾听的重要性，社工邀请组员进行了话剧表演。在话剧表演环节，组员积极参与，分组完成了话剧表演。在话剧表演的过程中，组员结合前面在表演小组中学到的动作、表情进行表演，表演较为生动、真实。表演结束之后，组员积极举手分享自己的感受，其中邹梦×、余×两位小朋友根据自己的理解向大家分享了自己的感受，同时也分享了自己从话剧表演中受到的启发。通过此

日期	节次	社工反思与介入（服务对象互动情况，突发状况及处理，社工介入等）
2016.11.26	3	环节可以看出大部分组员对于表演话剧较为感兴趣，表演性环节对于组员更有吸引力，同时组员也更易于从中受到启发，因此在之后的小组设计中，社工可多设计一些类似的环节，从而将小组活动内容与趣味游戏相结合，进而引导组员从中得到成长 6. 在小组活动的最后，社工通过让组员猜硬币的反面是什么，从而引导组员学会换位思考。但是在这一环节，因为大部分组员都知道硬币的反面是什么，所以在一开始便失去了趣味性，于是社工便只能将硬币换成是一本书的封面。在之后的小组中，为了避免类似的情况发生，社工需要提前准备一件具有意义的物品，引导组员进行猜测 7. 总的来说，本次活动组员表现较好，小组目标达到。但是从活动中出现的问题来看，社工还有很多需要改进的地方，尤其是在活动设计以及小组引导两个方面。一方面社工需要通过设计一些有意义的游戏对组员进行引导；另一方面，在进行引导时社工也需要注意自己的引导方式以及引导词，以更好地促进组员理解
2016.12.03	4	16 人参与 1. 此次小组活动主要是通过情景预设、制作书签等形式引导组员学会宽容待人。组员出席状况较好，小组互动较多 2. 小组活动开始时社工通过测试游戏来了解组员在日常生活和学习中是否具有宽容心，并由此引出本次小组的主要内容：学会宽容。根据测试的结果来看，大部分组员的得分在 10~20 分之间，属于既不宽容，也不记仇的一类人；而小组中的邹梦×、陈思×两位小朋友得分则达到了 20 分以上，属于相对来说比较容易记仇的一类人；其中的邓宇×小朋友得分在 10 分以内，属于较为宽容的一类人。虽然此测试只能作为参考，并不能很准确地说明问题，但社工仍需要对小组中得分较高的组员引起重视 3. 随后，社工引导组员预设情景剧：有一天，小明在课间休息时，不小心将小刚的文具盒碰掉了……请问这时候会发生什么？并邀请组员分不同情况进行情景模拟。在模拟的过程中，三个小组预设的情景各不相同。其中 B 组的小朋友表现最好，一方面，能够根据小组讨论的情节临时发挥；另一方面，也能够灵活地将主题进行升华；而 A、C 两个小组的组员则因为在讨论时协商不到位，组员在模拟时因为记不住台词，而出现了冷场的现象，从而影响了模拟的效果。因此，在之后的小组中，社工需要针对组员可能出现的一些问题及时给予提醒和引

日期	节次	社工反思与介入（服务对象互动情况，突发状况及处理，社工介入等）
2016.12.03	4	导，以避免类似的问题发生，而不仅仅只是在问题出现时才进行引导 4. 小组活动最后，社工通过一则《仇恨袋》的故事引导组员远离仇恨，学会宽容。同时社工通过邀请组员制作书签，让组员忽略曾经与亲人、朋友之间发生的矛盾，从而感受"退一步海阔天空"带给自身的快乐。在书签制作的过程中，组员结合"宽容"这一主题，并根据自己的创意进行设计，制作完成了较为精美的书签。在以后的小组活动中，社工可多设计类似的环节，从而给予组员更多自我思考的空间，激发组员的创造力和想象力 5. 在此次小组活动中，各组员团结协作，认真讨论，小组任务完成情况较好。但是因为组员的时间观念较弱，很多组员都不能按时完成任务。因此，在之后的小组活动中，社工可运用适当的方法和技巧引导组员学会时间管理，以此增强组员的时间观念，提高小组效率
2016.12.16	5	14人参与 1. 此次小组活动主要是通过情景模拟的形式引导组员感受拒绝的艺术。组员出席状况较好，小组组员之间互动较多 2. 在小组活动开始之前，社工通过引导组员回顾前面几次小组活动中学习的内容，从而提醒组员此次小组活动是本期人际关系成长小组的最后一次小组活动，从而引起组员的重视，并邀请组员做好小组结束的心理准备。小组活动开始时，社工通过提问题引出本节小组活动的学习主题：学会拒绝。在小组活动中，社工引导组员分组模拟拒绝他人的情景，从而引导组员感受：粗暴地拒绝、毫无理由地拒绝、不计后果地接受这三种不同的应对方式，并让组员指出每种应对方式的不足，从而进一步引导组员寻求正确的应对方式，即如何合理地拒绝他人的不合理请求。在模拟的过程中，组员根据情节的大致内容加入了更多的角色，从而带动组内的其他组员加入情景模拟环节中来。其中A、B、C三个小组根据自己抽取的情景，模拟相对较好。但是在模拟的过程中，组员只注重了表演的内容和方式，却没有注意表演前要进行介绍、表演时要以舞台为中心、声音洪亮、面对观众等细节问题，从而影响了模拟的效果 3. 在后面寻求正确的拒绝方式的环节中，A、C两个小组的组员通过相互合作完成了情景的模拟，但是B组的小朋友由于组员意见不一致，

日期	节次	社工反思与介入（服务对象互动情况，突发状况及处理，社工介入等）
2016.12.16	5	协商不到位，最后没有呈现出小组的讨论结果，从而拒绝了模拟。在这一环节中，因为组员的拒绝，小组气氛稍显尴尬，而社工也只能尊重组员的决定，并提醒组员注意在以后的其他小组中要友好合作，积极参与 4. 小组活动最后，社工邀请组员分享自己在生活和学习中被他人拒绝的经历，从而引导组员坦然面对他人的拒绝，做到理解、尊重对方的决定。在整个环节中，邹梦×、余×、邓宇×三名小朋友积极举手，向大家分享了自己被拒绝的经历，同时也分享了自己的感受。社工针对组员的分享也给予了相应的反馈，并引导组员向对方询问原因，并尝试去理解对方，尊重对方 5. 最后，社工对本期小组活动进行了总结，同时也通过邀请组员反思自己是否做到了理解、倾听、尊重、宽容他人，其中邹梦×、陈思×两位小朋友通过举例分享了自己在生活和学习中遇到的一些情景，从而表示自己将小组活动中学到的内容运用到了实际行动中。但是通过观察，小组中也有部分组员并没有做到尊重、理解他人，其中李思×、曹×两位小朋友在小组中看课外书或者是东张西望、心不在焉，表现相对较差。其中曹×小朋友表现最为明显，社工利用课间休息的时间与曹×小朋友进行了沟通，在以后的小组活动中，社工需要给予他更多的关注

附录四：小组总结

小组/活动总结报告

CW少儿公益合唱团（服务点）

Ⅰ.活动基本资料

小组/活动名称：人际关系成长小组　　　（编号：CWHCT_G—20161112）

日期：2016年11月12日—12月16日　时间：上午9：30—11：30

地点：排练室

对象：流动儿童合唱团成员（外来务工人员子女）

参加人数：16　　活动节数：5节　出席总人次：71人次

小组/活动目标：引导儿童懂得尊重、欣赏、理解、宽容、拒绝他人，学习人与人之间的相处之道，掌握人际交往的基本技巧，从而提升综合素质，建立良好的人际关系，具体目标为：

1.通过前后测的比较，参与小组的80％的儿童能够懂得尊重、欣赏、理解、宽容、拒绝他人

2.通过前后测的比较，参与小组的70％的儿童能够学会处理自己在人际关系中面临的一些小问题

Ⅱ.总结

1.目标达成

目标	达成情况（简单描述）
通过前后测的比较，参与小组的80％的儿童能够懂得尊重、欣赏、理解、宽容、拒绝他人	本期人际关系成长小组，社工在小组开始和结束时通过行为观察分别对组员在小组中的行为进行了前测和后测。社工主要通过设计一些环节，在组员不知情的情况下，现场观察组员在整个环节中的行为，从而对组员违反纪律、不尊重他人等不良行为出现的次数进行记录，并对其进行评分。通过统计前测评分，大部分组员的分数均处于70～80分之间，只有两名组员的分数在60分以下。但通过五节小组活动的开展，组员在后测过程中的评分均有所提升，其中11名组员的分数在90分以上，其余均在80～90分之间。因此，此目标达成
通过前后测的比较，参与小组的70％的儿童能够学会处理自己在人际关系中面临的一些小问题	本期小组活动设计了较多的情景模拟环节，主要通过预设一些与人际关系处理有关的情节，引导组员模拟解决情节中出现的人际交往方面的问题。根据组员参与情况来看，大部分组员通过相互之间的讨论与合作，基本上能够解决人际关系中出现的一些小问题。目标达成

2. 总体评估（包括：内容/形式，参加者表现，出席状况，参与者互动等）

本期小组主要是引导儿童懂得尊重、欣赏、理解、宽容、拒绝他人，学习人与人之间的相处之道，掌握人际交往的基本技巧，从而提升自身综合素质，建立良好的人际关系。活动主要通过小组讨论、情景模拟、情景预设、故事分享、趣味游戏等方式来引导组员正确处理人际交往中出现的一些问题。本期小组活动，总体上来说组员出席情况较好，平均每次出席14人。其中陈俞×、魏嘉×两位小朋友迟到现象较多，其余小朋友均能按时参加小组。在活动开展的过程中，社工引导组员分为A、B、C三个小组，以相互竞争的形式参与小组。在活动中，三个小组的组员积极参与小组，认真完成小组任务，各组员之间的互动较多。通过观察发现，邹梦×、陈思×、周耀×、李闻×、余×五名小朋友积极回答问题，主动带动组内的其他组员进行讨论，在活动中表现较好。其中余×小朋友与之前相比进步较大。在之前的活动中，余×小朋友因为自身性格原因，很容易与小组中的其他小朋友发生矛盾，而且极易产生情绪问题，从而影响自身在小组中的参与状态，但是通过人际关系成长小组的参与以及社工的后续引导，余×小朋友虽然还是会与其他小朋友产生矛盾，但现已基本能够很快处理自己的情绪，从而恢复到之前的状态，进步较大。另外社工也发现，曹×小朋友在其他小组中表现较为主动积极，但是在此次人际关系成长小组中，曹×小朋友在活动中很少表现自己，而且经常心不在焉甚至违反小组纪律，与之前相比，退步较多，通过与其沟通发现主要原因在于组员自身的身体原因（头疼），因此需要社工引起重视。总体而言，本期小组，组员表现良好，大部分组员都表示自己懂得了尊重、宽容、理解他人，小组达成并超出预期目标

3. 社工角色的发挥（包括：合作、筹备、分工）

社工在服务中扮演组织者的角色。由1名社工负责策划、主持、总结及宣传，1名辅助人员协助拍照。人员分工明确，节省了人力资源

4. 工作反思

在本期小组活动中，社工采用分组、调整组员座位的方式，一方面，能够引导组员相互监督，以维持良好的小组纪律；另一方面，也便于社工对组员进行观察，从而及时给予组员正确的引导。这种分组方式以及座位调整方式是社工在合唱小组中第一次尝试，从组员的表现来看，效果较好，在后续的活动中可以沿用。但是通过反思，在活动开展过程中，社工也存在一些不足的地方

在小组活动开展过程中，部分环节因为设计不合理，从而导致小组效果较差。因此，在之后的活动设计中，社工需要根据组员们的兴趣合理设计活动，同时在小组活动开始之前，社工应该在头脑中走一遍，并对活动中可能会出现的问题引起重视，从而对活动内容进行适当地调整，提前做好准备，从而保证小组活动效果。除此之外，社工在组员情景模拟环节引导不到位或者是在进行引导时，表达含糊，导致组员理解困难。在之后的活动中，社工应尽量简化自己的引导词，学会用小朋友能够理解的方式进行引导，并通过其他更为有趣的形式向组员展示活动内容，以加深组员对活动内容的理解，同时增强组员对小组的学习及参与兴趣。同时，针对活动中组员违反纪律的现象，社工要注意自己的批评方式，一般不能直接当着所有组员的面进行批评，社工可通过私下与组员进行沟通，从而引导其及时改正。同时社工在与组员进行沟通时，要讲究方式方法，不能损害组员个人的自尊心，这一问题需要社工引起重视

5. 跟进及建议

在后续的合唱活动中，社工应该对组员曹×进行跟进，通过和曹×小朋友进行沟通，关心其身体状况，并在活动中对其进行适当地引导和监督；同时与其父母加强沟通，鼓励家长给予小朋友更多的关注

Ⅲ. 活动资料（包括：图片、活动程序、参加者意见、社工反思、其他资料）

附录五：小组评估表

素质拓展小组考核评分表（前测）							
前测时间（11月12日）：小组第一节"我眼中的她/他"环节							
组员姓名：_____		评分细则					得分
		是（根据出现该行为的频次评分）			否	不清楚	基础分
类别	行为观察	1次（-1分）	2次（-2分）	3次及以上（-5分）	2分	0分	60分
尊重与欣赏	随意打断他人说话						
	在他人面前讲话时指手画脚						
	对他人进行人身攻击						
	违反小组纪律						
理解与倾听	他人讲话时东张西望、心不在焉						
	直接反驳他人的意见						
	不接受老师的安排						
	以自我为中心						
宽容	在小组中与同伴发生矛盾						
	指责同伴						
	因小事与同伴斤斤计较						
	与老师、同伴赌气						
拒绝	向他人提不合理请求						
	接受他人的不合理请求						
	包庇同伴						
	难以接受同伴的拒绝						
总　分							

				评分细则			得分
			是（根据出现该行为的频次评分）		否	不清楚	基础分
组员姓名：_____							
类别	行为观察	1次（−1分）	2次（−2分）	3次及以上（−5分）	2分	0分	60分
尊重与欣赏	随意打断他人说话						
	在他人面前讲话时指手画脚						
	对他人进行人身攻击						
	违反小组纪律						
理解与倾听	他人讲话时东张西望、心不在焉						
	直接反驳他人的意见						
	不接受老师的安排						
	以自我为中心						
宽容	在小组中与同伴发生矛盾						
	指责同伴						
	因小事与同伴斤斤计较						
	与老师、同伴赌气						
拒绝	向他人提不合理请求						
	接受他人的不合理请求						
	包庇同伴						
	难以接受同伴的拒绝						
总 分							

素质拓展小组考核评分表（后测）

后测时间（12月16日）：小组第五节"创设情景，感知技巧"环节

预防青少年网络成瘾小组实务探索

——以"上网自律，不再迷网"小组为例

彭晓琴

修订人：潘静

指导教师：陈世海

摘　要　网络成瘾已经是一个热门话题，青少年网络成瘾更是受到社会的关注，预防青少年网络成瘾成为现在亟待解决的问题。本文所要探索的是从社会工作角度出发，将小组工作介入到预防青少年网络成瘾的实务中，在前人的研究基础上整合多种社会资源，完善小组工作技巧，注重青少年团队的运用，最后确定了一组具体的预防青少年网络成瘾的小组计划。该小组以社会学习理论为指导，并发挥团体动力学的作用，通过青少年同伴互助体系，促进家庭的支持系统的完善，促进青少年有效预防网络成瘾，从而远离网络成瘾，养成健康上网的行为方式。

关键词　青少年；网络成瘾；预防；小组工作

一、绪论

（一）研究背景

信息时代的今天，互联网似一把"双刃剑"，在为他人提供方便服务的同时，也使一部分人沉迷于网络的世界，无法自拔。作为网民主体的青少年是一个相对缺乏社会生活的现实经验、人际交往的实际能力、自我保护能力、自我控制能力以及自我鉴别能力的特殊群体，他们易被互联网上丰富的信息内容、虚拟的交往方式、刺激的网络游戏等吸引，沉迷于网络而形成网瘾。[1]

本文中研究的青少年指的是 9—12 岁的小学生，他们在共同的学校学习，同在一个社区生活，该社区比较特殊，是处于厦门市岛内的一个社区，大多数

是由外来务工人员组成的,当地人比较少。由于在这个阶段的青少年的父母亲人都有自己的工作要忙,很多青少年在放学后要么是进入托管机构继续学习,要么就回家自己做作业。其表现为父母约束较少,这些青少年对网络的依赖性比较大,尤其是现在的青少年不仅是有家庭网络,更有手机上网。

作为这个时期的青少年,他们对于网络比较敏感,同时也缺乏较合理的上网方式,所以为引导青少年正确使用网络,预防网络成瘾,厦门市培善社会服务中心依托江村社区和乌石浦小学为平台,开展了为期两个月的连续性的预防青少年上网成瘾教育小组工作——上网自律,不再迷网。

(二) 相关文献回顾

网络成瘾,这不是个陌生的名词,在学术界和医学界有很多有关其成因、影响、治疗以及预防方法的研究。本文所探讨的主题是预防青少年网络成瘾,即主要从预防出发,通过社会工作方法来预防,[2]主要有以下几点:第一,充分发挥预防的力量。社会工作者要充分运用社会工作理论和方法,特别是系统的评估工具。[3]第二,正确判断青少年网络成瘾的"真性"与"假性",以激发青少年治疗网瘾的动机,增强其自主性。第三,有效衔接和沟通是治疗青少年网络成瘾的关键环节,综合运用和恰当选择社会工作方法。第四,还要继续跟进一段时间,并保留一些必要的"行为作业",以彻底根除青少年网络成瘾问题。

当前社会工作介入青少年网络成瘾的工作有个案研究和小组工作研究,结合了多种理论模式来开展有关青少年网络成瘾的社会工作,小组工作对于预防青少年网络成瘾不同于个案预防,个案倾向于治疗为主,而小组工作更加倾向于预防为主,也就是就预防青少年网络成瘾来说,小组工作更有优越性,在有效的时间内,能帮助整个小组的成员认识网络成瘾,从而远离网络成瘾,达到预防的效果。

(三) 研究目的及意义

1. 研究目的

青少年沉迷网络的问题对于家长来说无疑是一项难题,对网瘾少年不可放纵,亦不可严加束缚。对于青少年网络成瘾的预防,其目的在于运用青少年能够接受的方式,让青少年树立正确的上网观念,树立绿色上网理念,杜绝不良的上网方式;同时能够引导青少年树立健康向上的生活理念,积极面对学习与生活。

2. 研究意义

(1) 促进青少年身心健康。

当今社会都认识到网络成瘾带给人们的是很大的身心伤害,预防青少年网络成瘾小组工作的成功开展能预防青少年网络成瘾行为，进而促进青少年的身心健康。

（2）提供预防青少年网络成瘾的实务经验。

预防青少年网络成瘾小组取得的成果可用于多个小组工作中，从小组工作中提取可操作的经验，以提供更好的技巧服务于预防青少年网络成瘾工作。预防青少年网络成瘾现成的方法有很多，而且小组工作运用到预防青少年网络成瘾的工作中并不多见，且不太成熟，小组工作的开展是运用不同的工作技巧，改善惯用的手法来做好预防青少年网络成瘾工作。

（四）理论支撑

1. 团体动力学

"团体动力学"又称群体动力学、集团力学、小组动力学，是研究诸如群体气氛、群体成员间的关系、领导作风对群体性质的影响等群体生活的动力方面的社会心理学分支。[4]团体动力学家们有着两个基本信念：社会的健全有赖于团体的作用；科学方法可用以改善团体的生活。本研究选择团体动力学作为理论支撑，旨在发挥小组动力的作用，在相同情况下的小组，相同情况的小组成员组成的小组中，更容易形成相对稳定的小组关系，更能达到小组工作的开展目标。

2. 社会学习理论

班杜拉的社会学习理论包括观察学习论、交互决定论、自我调节论和自我效能论，强调个体认知、行为和环境因素之间的相互作用，以及榜样示范、个体认知和社会环境对行为的重要作用。[5]它通过研究青少年的社会学习问题，观察学习是个体更有效、更普遍的学习方式。该小组在运用班杜拉的社会学习理论的基础上，发挥同伴辅导员的榜样和示范作用，以专业的小组工作技巧介入探索社会学习理论在预防青少年网络成瘾工作中的应用。

（五）研究思路及研究方法

1. 研究思路

采用小组工作方法来进行青少年网络成瘾的预防，这种工作方法适合用来预防青少年网络成瘾吗？如果适用，那该如何将小组方法运用到青少年网络成瘾的预防中来呢？采用小组工作方法，能够取得一个什么样的效果呢？这一系列的问题则构成了本次小组实务的研究思路。

2. 文献收集方法

笔者主要利用中国知网、全国图书馆数字联盟等官网收集整理关于预防青少年网络成瘾的相关书籍、期刊论文等资料。首先，对现在的研究状况做一个大致的了解；其次，是了解社会工作介入预防青少年网络成瘾的工作方法有哪些，尤其注意小组工作在这方面做得如何，前人又是如何应用小组工作来开展预防青少年网络成瘾工作的。以此来发掘笔者所探究的小组工作的优势，其创新点在哪里。

3. 小组工作技巧

本研究主要是采用小组工作的社会工作方法来开展预防青少年网络成瘾的。其小组性质是成长教育性，小组成员来自相同的社区，小组成员各有各的特点，但是有一点是相同的，那就是他们都有着相同的爱好，即上网。开展该小组工作，有助于小组成员在小组活动过程中产生共鸣，获得朋辈群体的支持。小组工作内容的设计由浅入深，保证了小组计划的持续性、科学性和完整性。

采用小组工作的社会工作方法，通过团队的力量来获得成长。在开展小组工作的过程中，运用了小组工作的相关技巧，包括小组情景讨论、游戏带领、分组激励、角色扮演、行为训练和其他一些方法。在带领小组时，运用到平等和保密原则。一是平等对待每一个小组成员，二是社工及小组成员都是平等的；保密原则在很多地方都有体现，但是有一定的保密前提，这一点社工在小组活动开展前就向小组成员介绍了相关处理方法。

二、小组工作介入预防青少年网络成瘾

（一）基本情况分析

参加"上网自律，不再迷网"小组的青少年都有着相同的特点。其一，都是4—6年级的小学生，即9—12岁的青少年。其二，这些青少年一天有2~3小时的上网时间，喜欢玩电脑游戏或者上网交友聊天。其三，这些青少年的父母家人的工作比较忙，多为外来务工人员，因而对于这些青少年的监管比较缺乏。当然，这些青少年性格各异，有的活泼好动，有的比较沉静；有的偏内向，有的偏外向。在学习方面也有着不同的情况，有成绩好的，也有学习成绩稍微差一点。但是总的来说这一群青少年是很普通的青少年，心理、生理状况尚且正常，并未有明显的行为偏差问题。

（二）介入准备

1. 小组的策划准备

"上网自律，不再迷网"小组的设想与撰写策划。由于笔者是7月份开始实习，这个小组策划在6月已经策划好。在人员安排上，都已基本确立，笔者是临时加入进去，前两节为主带社工的助理，之后几节活动为小组记录员，观

察小组发展情况和小组成员们的表现。

2. 小组的宣传与小组成员的招募

利用江村社区和乌石浦小学这两个平台进行宣传。利用社区宣传栏和社区的微信公众号以及 QQ 公众号进行该小组的宣传。在乌石浦小学这一平台的宣传方式，一是充分利用家长委员会这一学校的机制，二是通过学校的德育处向校内的各个班级进行宣传。小组成员的招募采取自愿原则，报名表可以从网上下载填好再发送至小组负责人的邮箱，或者是青少年通过学校拿到报名表来填写，最后再上交至班主任处，再由该小组的负责人统一收回。

3. 小组成员的筛选

从学校和社区回收的报名表共 47 份，我们从中筛选出 20 个比较适合参加该小组的青少年。参与标准有三个：一是青少年必须是自愿参加，不得由家长代报名，但是青少年要来参与该小组，必须征得家长同意，并且签订安全协议书。二是青少年有上网成瘾的倾向，这点是从他们填写的报名表上呈现出来，报名表能反映出青少年上网的大致情况。三是青少年有意向改变现在的上网状况，期待从参与小组的过程中收获相关的知识，以抵制不良上网的行为。从 20 个小组成员中再分成两个组，每个小组 10 个人，一个组先进行，另一个随后跟进开展，其目的是将两个小组进行对比，同时也可以总结前一个小组的技巧与经验，将改进后的技巧运用于第二个小组中。

4. 小组的资源整合

首先，场地的选择。社区居委会第四层是一个青少年活动中心，由绿色网吧、阅览室、运动空间、科普乐园组成，设施完备，但是却未充分利用起来，自培善社会服务中心和江村社区合作以后，江村社区提供活动场地，培善社会服务中心则提供青少年服务，充分将江村社区居委会的青少年活动中心利用起来。

有江村社区居委会的大力支持，我们获得了一个很好的活动场地，那就是江村社区居委会大楼里专门应用于青少年成长教育的工作室，即科普教室，其场地开阔，是个很适合开展小组活动的室内空间。

其次，志愿者招募。志愿者分为两类，一类为家长志愿者，另一类为学生志愿者。家长志愿者负责参与"上网自律，不再迷网"小组的青少年在参与小组活动的过程中的安全与时间协调，安全包括往返途中的安全、在参与活动中的安全。时间协调主要是协调青少年参与该小组的时间，尽量协调好参与小组的青少年的共同时间，尽可能多地让全部小组成员一节不落地参与小组活动。家长志愿者来源于参加该小组的青少年的家长，每一节由一位家长自愿担任志愿者角色。学生志愿者主要负责青少年的学业辅导，即普遍应用的"四点半课堂"，这类课程是穿插在小组开展的周期内，即设定的小组活动在周末开展，那么"四点半课堂"就设在周三开展。考虑到该小组是在暑假进行，那么辅导内容就为暑假作业的辅导和监督，采取的方式是高年级帮助低年级，同伴互助的方式，而学生志愿者就负责检查青少年的作业，在必要的时候可以开展适合各个年龄段的兴趣课程。本次小组链接的学生志愿者是来自集美大学社会工作专业的学生以及华侨大学心理学专业的学生，共5名。

最后，物资准备。除了每节课小组开展活动所需的支持物资，考虑夏季天气炎热，还需备好防暑药品和饮用水。

（三）小组目标

该小组的性质为成长教育性小组，因小组成员们并非真正网络成瘾，也就不能称之为治疗性小组，况且社工的专业性不在于治疗，只是起到一个引导教育的作用，以帮助青少年们养成健康上网的行为。

1. 任务目标

（1）提升组员对网络成瘾的警觉性；

（2）培养青少年上网的自控能力；

（3）95％的小组成员积极参加小组活动，完成小组任务；

（4）减少青少年沉迷上网而导致上网成瘾的可能性。

2. 过程目标

（1）处理小组成员的非理性上网信念；

（2）促进其团队的协作力形成。

整个服务流程是按照小组工作的方法进行，该小组共六节，小组主题是由浅入深，以让小组成员更好地认识网络，远离网络成瘾，进而达到预防青少年网络成瘾的目的。该小组活动分为两个小组，真正参与到小组中的小组成员在第一个组有9个人，第二个小组中有8个人，他们都分别完整地参与了小组活动的全过程。

（四）小组工作的开展

1. 第一节：迷网人生

"迷网人生"主题是该小组主题的引入，认识"迷网人生"。因小组初步启动，小组成员来自不同的班级年级，组员难免会感觉不自在，所以第一个环节便是破冰，消除小组成员间的陌生感。"名字串烧"让小组成员记住每一各成员的名字，通过5分钟的游戏时间，小组成员记住了相互的名字。紧接着的活动是"国王与天使"，其目的是让小组成员进一步加深了解，并形成互助体系，为最后一节活动埋下伏笔。通过观察第一个活动环节，可以发现两个小组组员的表现都差不多。但是破冰环节小组成员的表现很好，因为大家都比较陌生，都想互相留下一个好印象，所以这一环节比较愉快。

第二个环节是树立小组契约，约束小组行为。在社工的引导下，两个小组在规定的时间内完成了相应的小组规则的制定。唯一不同的是，社工经过第一个小组，发现有过半的小组成员不参与制定规则，只靠几个较活跃的小组成员完成了小组规则的制定，所以在带领第二组的时候，社工更加关注不活跃的小组成员，积极鼓励他们尽量参与到整个团队中来，进一步加深了小组成员之间的联系。

第三个环节便是本节的重点——上网成瘾的案例分享。一是让小组成员说出对网络的看法，以及自己在网上花费时间最多的部分，两个小组中的成员都说出了自己对网络的理解，即网络方便了他们的生活，同时也承认网络给他们带来了一定的负面影响，即容易上瘾，离开网络就觉得失去了一部分乐趣。在说起上网都做什么时，多数小组成员说是打游戏，不是多大型的网游，而是一些小游戏；还有一部分小组成员则是聊天、看视频，主要是觉得家里边太无聊，父母经常不在家，从我们的判断来讲是缺乏陪伴。社工分享的例子是一个青少年因打游戏上瘾，曾两天未睡觉的故事。在故事分享完之后，社工让小组成员说出自己的感受，从两个小组成员的表现来看，大家都不认同那位青少年的行为，并表示自己肯定不会像案例中的主人公一样疯狂。还有一个案例是一位爱上网聊天的主人公，因情感处理不当，而离家出走上当受骗，小组成员们众说纷纭，有的同情主人公的遭遇，有人责怪主人公的不理智，但殊途同归，大家一致认为是上网带来的不良后果。在这一环节中，两个小组的成员们都很活跃，各抒己见，大家对于"上网成瘾"的话题都有很多要说，看到了"上网成瘾"的危害，初步引入，两个小组都比较投入，这是一个好的开头。

2. 第二节：上网成瘾如何辨

在这一节中采用分组讨论的方法，因8、9个人同时讨论的效率比较低，且每个人发表意见的时间不够充分。因而让小组成员分成3个小组，每组2~3个小组成员。

第一个环节是运用小游戏，考验小组成员们的反应，以活跃小组气氛。从小组成员玩游戏的表现来看，两个小组表现都比较活跃，后来经过社工的了解，这些小组成员表示以前很少有这样一起玩游戏的机会，现在参与这种活动感觉高兴、新奇。

第二个环节则是本节重点——上网成瘾如何辨。首先是小组成员对"上网成瘾"下一个定义，大多数小组成员都说到了"沉迷网络，不能自拔"这一点，这是很重要的一点。那么上网成瘾的症状从一些专家学者的研究成果来看共有 7 个，这个由社工引入，让小组成员根据这 7 点，分组讨论，并对照自己的上网行为。这 7 点分别是：

(1) 上网及离线的时候，都经常想着上网；

(2) 通过上网舒缓负面情绪或得到兴奋的感觉；

(3) 需要逐渐增加上网时间才感到满足；

(4) 当减少或不上网是，感到烦恼不安；

(5) 因上网而影响正常作息时间及日常生活；

(6) 尝试控制、减少或停止上网，但失败；

(7) 向家人、朋友或者他人说谎以隐瞒上网时间。

分析这 7 项症状时，两个小组成员的表现都没太大差别，通过分组讨论，大家也对照了自己的行为，得出了一致的结论，那就是"以上行为是成瘾症状，还好我们不是，以后也不会这样"。通过分组的方式，可以看出每个小组都有一个"领导者"，每个小组的讨论都是由"领导者"带头，然后进行讨论。有个别的小组存在观念分歧的情况，通过社工的调节，同时鼓励组员多多交流想法，以化解不和谐因素。

第三个环节便是对本节活动的总结以及布置预留作业。布置预留作业这一环节的目的是告诉小组成员下一节活动的任务，让小组成员做好准备，作业为看图写话，共四幅图，以供小组成员自由想象，根据图片发展情节，续写结果。

3. 第三、四节：向迷网说不

第三、四节具有同样的主题，呈现出递进关系。第三节主要是让青少年认识非理性的上网信念，第四节是让青少年讨论出合理地控制上网的方法。为提升小组成员之间的团结、协助力，社工在活动开展时加入了两个小游戏，分别是第三节的"脚抵脚"和第四节的"解手链"。这两个小游戏对于这些青少年来说是比较新奇的，也很吸引他们。每个小组再分为两个游戏小组，也就有了竞争对象，在游戏中体现出了小组成员之间的合作精神，进而圆满地完成了游戏任务。

第三节的主要内容是分享看图说话《俊杰的故事》，四幅简单的漫画，一千个读者，就有一千个林黛玉，因而在这次的讨论中，每一个小组成员书写的故事都不一样，其中有结局好的，也有结局坏的，在每一个小组成员说完故事后，社工邀请所有组员探讨该故事情节，分析其中非理性的上网信念。经过两个小组的讨论，对于非理性的上网信念，小组成员们有着很多见解：一是对网络的认识绝对化，要么认为网络上的一切都是好的，都要尝试，要么就是认为网络上的一切都是不好的，绝对不可以触碰。二是认为网络给自己的生活带来许多刺激与快乐，为了丰富生活，整天"泡"网上也没有关系。三是认为在网络上可以获得更多的支持，相对于现实生活中。社工就小组成员的见解给出了不同的回应，旨在让小组成员认识更多的上网非理性信念，消除非理性上网信念，进而理性上网。在这一环节中，两个小组都有忘记带"家庭作业"的情况，不过在社工和小组成员的鼓励下，忘记带的小组成员也是根据图画现场写作完善了故事情节。

第四节的主要内容旨在让青少年学会控制，实现上网自律，也就是让组员出谋划策，讨论出合理控制上网的方式，进而预防网络成瘾。其中的重要环节便是让大家分享控制上网的方法。首先，社工先分享自己平时是怎么控制上网的。其次，由各小组成员分享平时是怎么控制的，或者不上网时是在做什么。小组成员都很兴奋，大多说是父母将电脑上锁，或者是将家里边的 WiFi 断线，让他们无法上网，又或者是手机上缴，想用手机蹭网也不行。当社工问到这种禁网方式是否有用时，小组成员都一致否定，因为越是禁止，他们越不会遵守，反而会想方设法上网。最后，社工引导小组成员讨论合理地控制上网的方法，小组成员们想到了几点，社工进行概括：培养兴趣爱好，多与家人朋友互动，设定减少上网时间的目标。关于控制上网，社工有话说，即邀请家长监督，不是禁止青少年上网，而是合理控制上网，社工分发一个时间积分表，当青少年完成家长所给的任务时，会奖励一定的上网时间，如认真完成学习任务，帮助做家务，等等，以此来换取上网时间，以及设置奖励机制，奖励机制由家长自行设定。这一套表格得到了家长的认可，表示愿意配合社工完成该项任务，以控制青少年上网。

4. 第五节——迷网大家帮

第五节主要体现团队力，在大家的帮助下，消除网络成瘾，达到预防网络成瘾的效果。本节主要内容为带领小组成员进行角色扮演，采用的是迪士尼创意策略。迪士尼创意策略是 Robert Dilts 研究和路·迪士尼（Walt·Disney）工作过程的策略而发展出来的。迪士尼在工作过程中运用了非常特别使用头脑的"心略"。他的公司在他去世后多年仍然非常成功，就因为他会从不同的角色，分别以"梦想家"（Dreamer）、"实干者"（Realist）和"批评者"（Critic）来处理问题，这种策略称之为"迪士尼策略"。首先由社工根据迪士尼策略的角色扮演来改变 3 个角色，分别改为"上网沉迷的学生""批评的家长""善意的朋友"。每个小组成员都要扮演这三个角色，在角色扮演时，由社工设计好了三组不同的对话，由小组成员表演，要求小组成员发挥出角色的特点，参加角色扮演的小组在中间围坐起来，充当观众的小组成员则围坐在三个扮演者的周围，一同观察参与角色扮演的小组成员的表现。当一个小组成员扮演完后，由社工引导其他小组成员参与讨论"哪一种对话方式能帮助沉迷网络的学生脱网""哪一种对话方式只能让迷网的学生越陷越深""家长应该怎么做？""朋友应该站在什么角度来帮助迷惘的学生？"等话题。经过半小时的角色扮演与讨论，小组成员能够分清关于小组成员的表演情绪，能体会到来自不同角色的立场，同时也了解到不同的角色对于网络成瘾会做出怎样的回应，进而有效挽救上网成瘾行为，为预防上网成瘾做准备。

5. 第六节——健康上网

第六节也就是整个小组活动的最后一节，本节主题为健康上网，旨在对整个小组的主题进行巩固，加深青少年预防上网成瘾的印象，同时处理好离别情绪。该节邀请参与小组活动的青少年的父母参与其中，共同树立健康上网的信念。首先，由各位家长对自家孩子近期的上网情况进行陈述，社工将第一节小组活动成员反映的上网情况做一个对比。其次，让参与小组活动的青少年分享近期的"积分换上网时长"的情况，以及家里设置的奖励机制的情况，再根据家长反映的情况进行对比。最后，由小组成员和家长一起商量行之有效的健康上网方式，正确预防青少年网络成瘾。还有一个环节是反馈环节，一个是对该小组的目标完成的满意度的反馈，一个是对活动形式和社工的工作态度的反馈。最后一个环节是离别情绪的处理，呼应第一节的第一环节，国王与天使的答案揭晓。影片回顾小组成员参与小组的情况，颁发证书以资鼓励，至此"上网自律，不再迷网"预防青少年网络成瘾小组活动圆满结束。

（五）小组活动效果

小组活动效果的评估指的是社工在小组活动的结束阶段，结合小组的实际情况，通过访谈、量表、问卷等形式，让组员根据自己的改变情况对小组的活动效果进行评估。该小组的评估主要依据小组成员对本次小组活动满意度调查表、社工的小组活动过程记录以及主带社工的带领技巧总结等工具。

通过六节小组活动，让不同年龄段的青少年聚在一起，形成一个有效的团队，完成共同的任务。考虑到小组活动效果，原本打算一周一节小组活动，但是一个星期的间隔对于小组成员来说是不利于团队凝聚力的形成的，所以社工在时间安排上将小组活动时间间隔压缩一半，每周开展两节活动，让小组成员在短时间内有更多相互了解的时间，也就促进了小组成员之间团队凝聚力的形成。通过两个小组活动的开展，社工看见了在这一期间，小组成员间相互合作的力量在不断地增强，小组成员也成了好朋友，这是值得社工欣慰的，虽然在小组活动过程中会有一些小摩擦，但是经过慢慢磨合，小组成员之间已经融合成一个整体。

小组成员的参与度达到100％，积极完成小组所给的任务。在小组活动开展过程中，对于网络成瘾的话题积极讨论，在有小组成员不太愿意参与时，社工积极引导，关注其成员的内心想法，鼓励小组成员加入集体中去。两个小组的带领效果差不多，在带领了第一个小组后，社工改进了带领方式，增加了与小组成员的互动，以小游戏聚焦小组，使得小组不那么沉闷。在讨论主题的时候，严肃与轻松相结合，时间掌握张弛有度。在带领第一个小组的时候可能有点欠缺，在严肃与轻松上掌握不好度，经过第一个小组的带领，社工也就能知道在活动进行中会出现什么需要避免的情况，所以在带领第二个小组时小组效果要比第一个小组好一些。通过角色扮演、分组激励、行为训练等方式对小组目标强化，小组成员对于这些方式比较接受，积极参与到小组活动中来。在经过六节小组活动后，小组成员在参与小组活动之前和参与小组活动之后的情况有很大变化，就上网时间来说，这些青少年从原来每天2~3小时的上网时间到现在控制在1小时以内。他们表现出来的兴趣越来越广泛，不再是单一的爱好，再加上有父母的参与和监督，父母在这一方面也投入了多于之前的关爱与监管，参与到了小组活动中，和青少年一起"预防网络成瘾"。父母从以前的多次斥责或者禁止青少年的态度转变为允许青少年适度上网；而青少年亦是转变了自己的态度，通过三周的小组活动的开展，小组成员认识到了网络成瘾的危害，也表示不愿意沉迷网络而忽视身边美好的事物。

就小组个人来说，每一个小组成员都是一个独特的个体，在团队的相互帮助和合作下，小组成员不再感觉孤独，每一次讨论和分享都是以团队的形式开始，小组气氛由小组成员之间相互影响而形成，经过社工的促进，小组成员们由陌生到熟悉，小组成员们相互磨合然后再融为一体。

四点半课堂与小组活动相结合，志愿者加入其中，丰富了小组成员的学习生活，每周一次两个小时的四点半课堂辅导，加强了小组成员们的交流，也增强了小组成员相互熟悉的程度。

以理论指导实践，使小组活动的目的更有说服力。社工在带领小组的时候扮演主持人的角色，采用了积极引导、澄清，积极回应、鼓励等技巧，注重语言的运用，更多地考虑小组成员的内心感想，及时沟通。通过两个小组组前和组后的对比，可以发现小组成员的变化是很大的。小组成员对于开展的小组活动表示很满意，形式丰富；对于社工的带领方式也是认可的，小组成员都跟社工成了好朋友，因主带社工有着亲和力，能够和青少年打成一片。

（六）总结

1. 社工方面

社工在带领小组之前便了解了小组成员的各方面情况，根据小组成员的特点来引导小组成员参与整个小组活动，对于组员是积极关注，能够及时发觉小组成员的不自在情绪，并及时处理组员的负面情绪。主带社工在这方面拥有一颗敏感的心，实务经验丰富，运用了很多专业的带领小组的技巧，这是笔者应该学习的地方。但是因为太理想化，又因为是两个小组交叉开展，虽然说这样开展小组活动的成效比较好，社工会显得疲惫，虽说会有改善，但是久而久之会形成僵化的工作手法，这一点在今后会克服，先带领完一个小组，最后再总结经验带另一个小组，这样的效果远比交叉开展进行要好。

2. 小组的组员方面

小组组员都是经过筛选才参与到小组的整个过程中的，他们具有同质性，但是不能说这些青少年就是网络成瘾才参与小组的。小组活动开展初期，小组成员大多是比较抵触的，也比较担心，认为社工是"老师、医生"，害怕遭到社工的批评，因而在小组过程中做什么都小心翼翼，不时地向社工投去"我可以吗？"的目光。经过社工的角色调整，邀请助理社工加入小组中，和小组成员一起完成小组任务，小组成员和社工的关系才逐渐融洽。

在小组开展活动的过程中会遇到很多小摩擦，这一点是开展任何小组活动都会遇到的问题。对小组再进行分组激励的时候是随机分组的，但是这也容易形成小组内的小团体，对于小组成员来说是好的，有利于相互了解，对于整个小组团队凝聚力来说，是分散了的。所以有分组的时候，社工积极引导，在自由分组的情况下，尽量每次分组不是同样的小组成员组成一组，更好地让小组成员形成核心的团队凝聚力。

3. 形式方面

主要通过热身游戏进入每次的小组主题，使用角色扮演、看图说话、分组激励等内容充实小组活动。小组内容看起来很充实，可是在具体的活动中，其实存在着重复的内容，只是变换了形式而已，会导致组员没有激情来参与小组活动，组员出现的消极情绪会影响其他的小组成员，小组的氛围很难实现和谐。这就需要社工及时介入，以更丰富的活动形式吸引小组成员参与到小组活动中来，消除小组成员的消极情绪，促进小组和谐氛围的形成。

三、小组工作介入青少年网络成瘾经验讨论

（一）小组取得成效的原因

1. 组员问题的同质性或相似性

小组工作是针对具有共同的或相似的社会问题的成员组织在一起而开展互动性活动的团体。正是由于问题的共同性或相似性，组员一般会对小组产生认同感，组员之间具有较高的相互依存和相互影响度，进而形成特定的小组文化和社会关系氛围。

2. 强调小组组员的民主参与

注重发挥每一位成员的现实价值和潜在价值，强调对小组组员即服务对象的平等意识和民主参与精神，注重所有成员在参与过程中实现自我的改变和成长。同时，为了提升组员自身的能力去解决问题，增强自我的乐观感、自我认同感和效能感。

3. 注重团体的动力

小组组员之间的互助力是大可利用的，通过小组成员的相互协助，形成互助体系。在遇到共同问题的时候，发挥团体的力量来共同解决问题，形成有效地解决问题的方案。在小组过程中，由浅入深，层层递进培养小组成员的团队动力，到最后形成了较为浓厚的团队凝聚力。

（二）小组的实务技巧

1. 小组初期运用的技巧

（1）示范。

在小组成员初次见面时，组员无疑希望得到友善的相待、安全的环境和消除紧张，所以社工协助组员感受满足、接纳、欢迎和包容，协助组员把焦点放在个人与小组的需要上。社工在小组活动过程中以示范作为引导，尝试表现一些行为让组员去模仿，刚开始提问以封闭式提问方式为主。

（2）真诚。

真诚包括诚实与开放的心胸。小组成员会感到与这样的社工互动是简单、率真的，而且是合乎事宜的；小组成员会感到小组工作者不在扮演任何专家或者权威的角色；小组成员会感到这个小组工作者是看得见的，而且在传达坚忍和保证的感觉。"真诚"技巧的运用是在工作过程中，社工要把生气表达出来，也要将温暖说出来，同时社工还要适度地披露自我。此外，社工在小组活动过程中始终要意识到以下几点：即自己如何面对敌意的反应，特别是针对自己的敌意和挑衅。当小组成员表达对小组或社工的关心时，不可以表现出防卫的态

度。如果在带领小组的过程中犯了一个错误，要面对小组成员承认自己的错误。

（3）同理心。

同理是一种设身处地的态度，是一种能够站在别人的立场上理解他人的行为与感受的能力。[6]

①初层次同理：当使用初层次同理时，社工让小组成员知道他了解其感受，以及在这些感受之下的经验和行为，而并不是深深地挖掘探讨的方法。对于小组成员而言，初层次的同理可以协助其以自己的参考框架表达和澄清问题。对于社工来说，在小组的初期阶段，同理心是建立关系和收集资料的技巧。同理心使社工能够建立与小组成员间的共鸣，协助组员发展开放和信任的关系，也协助组员分享个人的经验和对网瘾问题的看法。

②高层次同理：高层次同理不仅是了解小组成员的陈述，同时也是一种了解小组成员所隐含的或是没有完全表达出来的意思的能力。这种同理在于处理小组成员的经验与行为中被忽视的正面以及被忽视的隐蔽面。在小组工作的过程中，社工在倾听小组成员的交流和讨论的同时，多倾向于问小组成员们自身的问题，从而使得社工进入更高层次的同理，从网络成瘾到其他事情，小组成员说得不清楚的事情是什么？社工在这个明确的信息背后听到了什么？

（4）温暖。

温暖是一种"非占有的温馨"，它包括尊重与积极重视。尊重是表示社工尊重组员的努力，即使努力失败了，一方面，社工要表示遗憾；另一方面，承认组员曾经努力去克服困难的事实，尤其是在要求完成团队任务的时候。积极重视是表现社工对成员表示感兴趣并且关心他们，因而具有接纳的意味。

2. 小组中、后期运用的技巧

（1）互动技巧。

①连接：连接是将个别组员沟通中的相同要素连接在一起的技巧，用以帮助组员彼此有更紧密的认同，降低组员之间分离的感觉，以增强团队的凝聚力。在整个小组过程中，社工运用这个技巧着重的是组员之间的相似性而非差异性。通过将组员连接在一起，以增加小组成员之间的互动而不是社工和组员的互动。

②阻止：阻止就是社工通过干预的方式来保持小组的正常互动，以避免小组或个别组员做出不适当的行为的一种技巧。[7]这种不适当的行为包括侵犯他人的生活、喋喋不休地讲话、攻击别人等等。

③设限：设限就是社工在关键时刻设定好界限，使得小组在互动中有框架，并避免组员的互动偏离小组的目标。

（2）小组冲突时期的技巧。

①稳定系统：即社工以高度和谐的态度，表达对组员的温暖、诚恳、接纳、同理和尊重，尽可能地去调和组员的关系。

②把话题抛回小组：即社工不担任最后的决策者，而是以提醒者与创造思考的媒介，运用启发性与示范性的表达以鼓励组员表达不同的看法，让引起争议的话题能通过共同的参与来达到共识。

③善于利用冲突：即社工澄清冲突的本质，作为一个支持者去协助组员解决冲突带来的紧张感。

（三）小组的可借鉴经验

1. 可操作性强

该小组计划已经成功开展了两次小组活动，得到了参与活动的小组成员及家长的支持和认可。该小组为预防青少年网络成瘾小组，旨在预防教育，并不涉及治疗，因而操作起来比治疗小组的难度要小；再者该小组的活动程序设置完备，小组过程设置清晰，任何有过小组活动经验的社工都能带领该小组。

2. 迪士尼策略的角色扮演

该小组根据迪士尼策略的三种角色进行改编，变为"迷网的学生""批评的家长""善意的朋友"。其扮演方式并未发生变化，还是轮流交换角色扮演，角色扮演过程中社工积极引导，并且注意表现出所扮演角色的姿态，不同的小组成员在扮演这三个角色时都有不同的见解，这对于同类小组来说是可借鉴的方法，可以清晰地了解小组成员对于网络成瘾的真实想法，进而有针对性地开展有效预防青少年网络成瘾的相关工作。

3. 设置奖励机制

该小组设置奖励机制，一是鼓励小组成员自觉控制上网的行为，培养积极兴趣爱好，最终达到该小组预防青少年网络成瘾的目的。二是联合家庭系统，邀请家庭成员最大化地参与到该小组活动的开展过程中，对于小组成员的上网行为起到监督作用，加强青少年与家庭成员的交流。

4. 分组激励方式

每节小组活动内容基本设置了分组激励的方式，一方面，加强各小组成员之间的联系；另一方面，有利于培养小组成员之间的竞争感。但这并不代表要论证真正的输赢，当小组出现"输赢"的纷争时，社工应及时讲清楚分组激励的根本目的，以消除小组成员之间的矛盾。

5. 多系统整合

整合家庭系统、学校系统、青少年的朋辈系统以及社区系统，多方位链接资源，在小组开展前期做好这四个方面的资源汇总，找到可操作的点，根据上网青少年的个性特点来开展小组活动，以更好地做好预防青少年网络成瘾的实务工作。

四、结束语

随着社会工作的迅速发展，小组工作介入预防青少年网络成瘾的工作，这种工作方法已经不鲜见。小组工作该怎样应用才能更有效地介入预防青少年网络成瘾？除了工作方法的创新，还要有更多的形式来充实小组活动内容，小组活动内容的设置也是一大难点，设计的内容是否契合小组成员们的需求。通过该小组活动，我们看到了小组成员的成长，在小组成员的相互帮助和鼓励下，每一个小组成员都完成了相应的小组任务，他们积极参与小组活动，团结协作，认真遵守小组契约。两个小组依次开展活动，在一定的程度上有助于第二个小组活动的开展，包括时间上的掌握，语言组织引导，在哪里应该更加积极关注小组成员，在这些问题上能够得到改善。

"上网自律，不再迷网"小组活动的开展，得到了社区和学校的认同，在一定程度上宣传了小组工作对于预防青少年网络成瘾工作是有效的方式，并希望通过小组工作方法发掘出更多更好地针对预防青少年网络成瘾的方式、模式，也希望该小组能够做成品牌，大力促进预防青少年网络成瘾工作的开展。同时也促进了"家、校、社"三方之间的合作，"家"代表家委会和学生家庭，"校"即学校，"社"即社工机构和社区，通过多方联动，共同促进青少年健康成长，关注青少年的美好未来，为建设和谐社区、和谐家庭、和谐校园添砖加瓦。

预防青少年网络成瘾，这是一个比较长远的话题，参与预防青少年网络成瘾工作，需要整合多方资源，需要各个系统之间相互配合，我们衷心祝愿所有青少年健康快乐，积极向上，远离网络成瘾，养成上网自律，健康上网的良好行为。

参考文献

[1] 苏斌原，李江雪，叶婷婷，等. 青少年网络成瘾治疗研究的新进展 [J]. 广州大学学报（社会科学版），2014（12）：23-29.

[2] 胡谏萍，严正，喻承甫，等. 中美青少年网络成瘾的比较研究 [J]. 华南师范大学学报（社会科学版），2012（05）：54-60+163.

[3] [7] 许萍，姚兰. 社会工作对青少年网络成瘾问题的干预 [J]. 山西青年职业学院学报，2014（02）：17-20.

［4］王思斌. 社会工作综合能力（中级）［M］. 北京：中国社会出版社，2015.

［5］王佳，权佩佩. 班杜拉社会学习理论在青少年社会工作中的应用——以"网瘾"青少年治疗为例［J］. 延安职业技术学院学报，2013（06）：13－15.

［6］刘梦. 小组工作［M］. 北京：高等教育出版社，2003.

附录一："上网自律，不再迷网"小组计划书

一、小组综述

1	小组编号： 小组名称：上网自律，不再迷网
2	小组性质：成长教育性小组
3	小组理念/理论架构： 理论： 团体动力学（Group dynamics）。团体动力学旨在研究团体的动力关系，勒温认为一个团体便是一个单位，须把它作为一个整体来分析，它并不是由个体简单形成的集合。所谓团体，不在于其成员相似或不相似，而着重于其成员之间的动力依存关系，意指每一成员的状况和行动都与其他成员的状况和行动密切相关。团体的本质在于其所属成员的相互依存，而不在于他们的相似或差异。也就是说，团体的结构特性是由成员之间的相互关系决定的，而不是由单个成员本身的性质决定的。本研究选择团体动力学作为理论支撑，旨在发挥小组动力的作用，在相同情况下的小组，相同情况的小组成员组成的小组中，更容易形成相对稳定的小组关系，更能达到小组的开展目标 班杜拉的社会学习理论包括观察学习论、交互决定论、自我调节论和自我效能论，强调个体认知、行为和环境因素之间的相互作用，以及榜样示范、个体认知和社会环境对行为的重要作用。它通过研究青少年的社会学习问题，观察学习是个体更有效、更普遍的学习方式。该小组在运用班杜拉的社会学习理论的基础上，发挥同伴辅导员的榜样和示范作用，以专业的小组工作技巧介入探索社会学习理论在预防青少年网络成瘾工作中的应用
4	小组目标： 1. 提升组员对网络成瘾的警觉性 2. 培养青少年上网的自控能力 3. 95％的小组成员积极参加小组活动，完成小组任务 4. 减少青少年沉迷上网而导致上网成瘾的可能性
5	小组详情： （1）小组活动日期：2014 年 7 月 19 日—2014 年 8 月 3 日 （2）小组活动时间：每节 1 小时 （3）小组地点：江村社区居委会 （4）小组对象：江村社区青少年 （5）小组人数：8～12 人 （6）是否收费：否

续表

		小组活动日期	每节小组活动名称	目标
5	第一节	7月19日	迷网人生	初步认识、定制规则，形成小组规范。以案例引出网络成瘾
	第二节	7月20日	上网成瘾如何辨	建立信任关系，小组间形成信赖机制。认识网络成瘾的症状，以及迷网带来的不良影响
	第三节	7月26日	向迷网说不1	了解分工的意义，同时完成分工合作的事务。挑战上网成瘾的非理性思维
	第四节	7月27日	向迷网说不2	加强团队间的合作，树立协作意识，共同讨论控制上网的有效方式
	第五节	8月2日	迷网大家帮	小组成员彻底融入团队中，通过角色扮演进一步认识迷网的危害
	第六节	8月3日	健康上网	小组离别，体会团队的作用。形成健康上网契约，并且继续跟进预防上网的行为
6	招募小组对象的方法： 通过江村社区居委会发布小组招募信息，社区居委会协助报名 与乌石浦小学合作，社工将小组报名表送到学校，通过各班班主任协调，分配名额			
7	协办者或协办单位： 江村社区居委会、乌石浦小学			
8	小组的评估方法： 需求评估：服务对象的需求及可行性评估 过程评估：总结性评估 结果评估：终结性评估			
9	可预见的困难及对策：			
	困难		对策	
	安全问题		强调安全出行，活动在相对开放的室内进行	
	小组规范不强		通过小组成员的商量，订立小组契约，形成规范	
	小组成员矛盾冲突		通过社工劝导，团队领袖的引导，化解小组矛盾	

二、小组的详细计划

（一）详细计划

第一节

日期/时间：2014 年 7 月 19 日，上午 9：00－10：00

主题：迷网人生

小组时间	小组目的	小组内容/小组细节/注意事项	所需物资及数量	工作员角色
9：00－9：05	使小组成员了解本次小组活动开展的意义	社工主持开场，了解小组成员参与小组活动的动机。阐述小组活动的意义	无	主持人
9：05－9：15	打破沉闷氛围，小组成员互相认识	破冰游戏，名字串烧，国王与天使	签字笔和纸条	引导者
9：15－9：30	规范小组行为	定制规则，树立小组规范	绘画纸、马克笔	协助者
9：30－9：50	探讨主题	网络成瘾案例分析	笔、纸	协助者
9：50－10：00	使小组成员都能有自己的想法，参与分享	分享之前的活动，社工总结，宣布下一节活动内容和时间	无	协助者主持人

第二节

日期/时间：2014 年 7 月 20 日，上午 9：00－10：00

主题：上网成瘾如何辨

小组时间	小组目的	小组内容/小组细节/注意事项	所需物资及数量	工作员角色
9：00－9：05	加深小组印象	回顾上一节活动内容，了解各小组成员的想法	无	主持人
9：05－9：15	考验组员的反应，提高组员兴趣	热身游戏：究竟是不是 社工准备若干个双重否定的词语或句子，让小组成员判断是与不是。是就亮出扑克牌的正面，不是就亮出扑克牌的背面	扑克牌	协助者

小组时间	小组目的	小组内容/小组细节/注意事项	所需物资及数量	工作员角色
9：15—9：30	认识上网成瘾7项症状，认识上网成瘾带来的不良影响	由社工列出上网成瘾的7项症状，带领小组成员对照自身，以及自己上网的程度到了哪一点	无	引导者
9：30—9：50		小组讨论上网成瘾给我们的身心带来的不良影响	无	引导者
9：50—10：00	总结本节内容，加深小组印象	社工对活动进行总结，布置家庭作业，一幅漫画《俊杰的故事》，让小组成员自由发挥，续写故事。告知下一节活动内容与时间	《俊杰的故事》图画内容的打印纸	主持人

第三节

日期/时间：2014年7月26日，上午9：00—10：00

主题：向迷网说不1

小组时间	小组目的	小组内容/小组细节/注意事项	所需物资及数量	工作员角色
9：00—9：05	承上启下	成员签到，社工陈述本节活动内容	无	主持人
9：05—9：15	进一步加深组员之间的认识，也加深组员的自我认识	聚焦游戏：脚抵脚	笔和纸条	引导者
9：15—9：55	引导组员们分析上网成瘾的危害后果，引导其往好的故事情节发展	检查家庭作业，即分享《俊杰的故事》，检查小组成员的非理性信念	无	监督者
9：55—10：00	活跃气氛	以小游戏结束，社工对活动进行总结，介绍下一节活动的内容	无	引导者主持人

第四节

日期/时间：07.27，上午 9：00－10：00

主题：向迷网说不 2

小组时间	小组目的	小组内容/小组细节/注意事项	所需物资及数量	工作员角色
9：00－9：：05	承上启下	回顾上一节活动内容，告知本节活动内容	无	主持人
9：05－9：20	分享感受，使小组成员感受到团队领导的作用	游戏：解手链 所有成员围成一个圈，伸出双手抓住对方的手，不能抓相邻两位成员的手，通过协调，解成一个大圈或者多个小圈。注意：在解链的过程中，不能放开对方的手	无	监督者
		分享游戏的感受		
9：20－9：50	增强小组成员的自我控制能力	团队分享控制上网，减少上网时间的方法	无	监督者
		社工出谋划策，即时间管理，积分兑换上网时间		
9：50－10：00	总结活动内容，对小组成员的表现给予肯定	社工布置家庭作业，为下一节活动做好准备	无	主持人

第五节

日期/时间：2014 年 8 月 2 日，上午 9：00－10：00

主题：迷网大家帮

小组时间	小组目的	小组内容/小组细节/注意事项	所需物资及数量	工作员角色
9：00－9：05	承上启下	回顾上节主题，检查家庭作业	无	主持人

小组时间	小组目的	小组内容/小组细节/注意事项	所需物资及数量	工作员角色
9：05—9：20	促使小组成员同心协力完成任务	游戏：齐眉棍 所有成员围在棍子两边，棍子由低处往上升，成员只能用一只手指抬起棍子，而且在上升的过程中任何一位成员的手指都不能离开棍子，要同上同下，直至棍子达到眉毛的位置，如果有成员离开了棍子，则从原来的位置重新向上移动	2.5 米木棍一根	监督者
9：20—9：45	促使小组成员团队凝聚力的形成	角色扮演：将组员分组，每组 3 人，运用迪士尼策略进行角色扮演，分别轮流扮演"上网沉迷的学生""批评的家长""善意的朋友"进行情景模拟	椅子	监督者
9：45—9：55	认清非理性上网信念，并减少非理性信念的产生	讨论三种角色的各自立场，以及最好的做法是什么，最后再以人为最合理的方式进行角色扮演	无	引导者
9：55—10：00	增强小组信心	社工对本节活动进行总结，社工分享所看到的成员的表现	无	主持人

第六节

日期/时间：2014 年 8 月 3 日，上午 9：00—10：00

主题：健康上网

小组时间	小组目的	小组内容/小组细节/注意事项	所需物资及数量	工作员角色
9：00—9：05	承上启下	回顾上节活动内容，介绍最后一节活动的流程	无	主持人

续表

小组时间	小组目的	小组内容/小组细节/注意事项	所需物资及数量	工作员角色
9：05－9：25	活跃小组气氛，加强团队协作	邀请家长参与活动，反馈青少年在这几周的上网情况，以及积分换上网时间的方法是否有效，与家长商量改善方法，社工带领组员分享活动感受	无	监督者
9：25－9：35	评估组员对活动的满意度，以及组员是否愿意继续参与此类小组活动	反馈游戏： 1. 高不高由你定：非常满意手举过头，手放在胸口表示满意，不满意就以立正姿势站好 2. 向左向右转：愿意继续参加的向左转，不愿意的向右转，不确定的就不转，协助者做好记录 两个游戏均蒙上眼睛，主带社工回避	无	引导者
9：35－10：00	帮助小组成员回顾所学，感受成长	社工宣布小组活动结束，颁发证书	无	主持人

（二）工作日程安排

日期	任务	负责人
9月9日－9月11日	小组活动设想，预订小组时间	黄仕权
9月12日－9月18日	招募小组成员	黄仕权、陈婷婷
9月23日－9月31日	策划书的撰写与修改	彭晓琴、黄仕权
10月3日－10月6日	活动前期材料准备	彭晓琴
10月7日	通知小组成员参与小组活动	彭晓琴

附件：	活动参加者意见表	■有	□没有
	宣传海报及物品样本	■有	□没有
	活动材料（例如有奖问答题、主持稿、培训讲义等）	■有	□没有
	其他（请说明）		

注：如有附件，存档时需提供相关资料

附录二：活动意见反馈表

这份问卷的目的是收集你对社工所举办小组的意见，以改善小组的效果。请选择最能代表你的意见的答案，我们将会对你的意见保密。非常感谢你抽空填写问卷，完成后请交有关工作人员。

厦门市培善社会工作服务中心

小组名称：

请圈出以下最能代表你意见的答案

一、对此项小组的评价

非常不同意			非常同意			
1. 我认为小组的活动达到了以下目标						
1.1 提升组员对网络成瘾的警觉性	0	1	2	3	4	5
1.2 培养青少年上网的自控能力	0	1	2	3	4	5
1.3 95％的小组成员积极参加小组活动，完成小组任务	0	1	2	3	4	5
1.4 减少青少年沉迷上网而导致上网成瘾的可能性	0	1	2	3	4	5
2. 我满意小组的时间安排	0	1	2	3	4	5
3. 我满意小组的形式	0	1	2	3	4	5
4. 我满意小组的场地	0	1	2	3	4	5
5. 我满意以下的小组内容						
5.1 认识网络成瘾的内容	0	1	2	3	4	5
5.2 控制上网的内容	0	1	2	3	4	5
5.3 父母参与小组过程的内容	0	1	2	3	4	5
5.4 挑战非理性上网信念的内容	0	1	2	3	4	5
5.5 健康上网的内容	0	1	2	3	4	5
5.6 暖场聚焦游戏的内容	0	1	2	3	4	5

非常不同意				非常同意	
6. 工作员表现					
6.1 我满意工作人员的工作表现	0	1	2	3	4	5
6.2 我满意工作人员的工作态度	0	1	2	3	4	5
7. 我会再参与类似小组	0	1	2	3	4	5

二、对社工服务的评价

1. 整体来说，我满意社工开展的小组活动	0	1	2	3	4	5
2. 通过参加小组活动，我解决问题的能力提高了	0	1	2	3	4	5
3. 我觉得参加社工的小组活动后，我更容易找到别人给予我的支持	0	1	2	3	4	5

三、你喜欢的小组活动内容

四、你不喜欢的小组活动内容

五、你对小组的其他意见或建议是

参加者姓名（可选择不填写）：

填写问卷日期：

服刑人员未成年子女社会支持网络建构的服务研究

——以 B 市 D 区 50 户服刑家庭为例

李扬康

修订人：黄珞铭

指导教师：刘华强

摘　要　截至 2005 年年底，我国服刑人员未成年子女达到 60 余万人。虽然近年来政府、民间社会救助机构开始逐渐关注这类群体，也采取了一些措施，但并不能满足现实的需要。已知的救助措施中也出现了这样或那样的问题，这就使原本苍白的服务显得更加无力。以往学者提出的政策多为宏观方面，且系统性较差，服务效果有限。笔者认为社会工作作为一门助人的学科，若将其融入服刑人员未成年子女的帮扶中可以将其特有的理念、价值观等融入助人活动中，提高服务质量，促进其正确认识自己，从而实现自我的良性发展。社会工作可以从宏观、中观、微观方面介入服务对象，与服务对象一起建立一个良性的社会支持网络，克服服务对象的发展障碍，充分发掘潜能，从而达到自我实现。

关键词　服刑人员未成年子女；社会支持网络；社会工作介入

一、绪论

调查显示我国服刑人员未成年子女数量已逾 60 万，其中曾受过社会救助的服刑人员未成年子女仅占总数的 5.2%。[1]由于家庭教育的缺失，服刑人员未成年子女的失学率、犯罪率等都远远高于社会平均数。虽然有庞大的需求，但是我国政府却没有出台相应的救助政策。目前从事服刑人员未成年子女救助实践的主要是民间救助机构，如太阳村等。但是由于存在资源不足、专业性较差、内部治理结构有缺陷等问题，民间救助机构的发展现状严峻。以往学者的研究也相对较少且比较宏观，操作性较差，因此笔者致力于探索一种系统的新型应对策略。

本研究的目的是：帮助服刑人员未成年子女走出困境，重新发掘其潜能，实现自我价值。首先从现有文献出发，分析服刑人员未成年子女的现状和问题。但是笔者发现当前学术界对服刑人员未成年子女的救助问题虽比较关注，但较多是从宏观方面分析，很少从实践方面研究，从社会工作角度介入服务对象，构建社会支持网络的研究则还未发现。在文献研究的基础上，我们通过对B市D区50户服刑人员未成年子女家庭的问卷调查及深度访谈，发现他们的问题及需求，为政府和民办救助机构实施救助提供依据。研究发现，50户家庭情况参差不齐，主要存在经济、学习、心理、隔代教育等问题。针对这些问题，从社会工作角度出发，用社会支持理论研究和介入，综合运用个案、小组、社区等专业方法，为服务对象提供帮助，切实改变其生存状况，达到"标本兼治"的效果。

二、研究设计

（一）相关概念界定

1. 对服刑人员未成年子女的界定

谭晓慧（2014）对服刑人员未成年子女的界定，"服刑人员未成年子女是指父母一方或双方为监狱正在服刑人员，自己或跟随父或母或其他近亲属生活的未成年人（包括婚生和非婚生）"。[2]这个概念指出了很重要的一点：不论是婚生还是非婚生的未成年人，只要其父母一方或双方均正在监狱服刑，都属于服刑人员未成年子女。

2. 对社会支持网络、个案工作的界定

社会支持网络指的是一组个人之间的接触，通过这些接触，个人得以维持社会身份并且得到情绪支持、物质援助和服务、信息并与新的社会接触。[3]一个人的抗逆力与其社会支持网络的强度密切相关。一般认为一个人的社会支持网络越强大，就越能更好地应对来自环境中的各种挑战。

许莉娅（2004）认为个案工作是专业社会工作者遵循基本的价值观念、运用科学的专业知识和技巧、以个别化的方式为感受困难的个人或家庭提供物质和心理方面的支持与服务，以帮助个人或家庭减低压力、解决困难、挖掘声明的潜能，不断提高个人或社会的福利水平。[4]

（二）研究方法及研究内容

本次研究综合运用文献分析、问卷调查和深入访谈等研究方法，对B市D

区服刑人员未成年子女的生存状况、存在问题及社会支持网络建构进行分析。第一，通过 B 市 D 区民政局青少年权益部得到 D 区服刑人员未成年子女的基本信息表并走访所有服刑人员家庭。第二，根据信息表及实际走访情况设计调研问卷与心理量表，问卷分为青少年部分及家庭部分，分别由服刑人员未成年子女及其监护人填写，心理问卷由北京政法职业学院社会工作专业老师设计。第三，在第二轮走访过程中发放问卷、量表并回收，本次调查问卷与量表均发放 50 份，回收 50 份，其中有效问卷与量表均为 50 份。第四，收回问卷以后，笔者通过 SPSS 软件对问卷数据进行统计分析，得出相应的结论。第五，从中挑取了 10 户合适的服务对象进行深度访谈，并由社工填写了访谈记录表，在充分了解服务对象的基础上得出相关结论。

三、B 市 D 区服刑人员未成年子女生存现状分析

（一）基本概况

B 市 D 区有未成年子女的服刑人员家庭共 50 余户，其中有 2 个孩子以上的家庭不在少数。这些家庭位于 D 区众多街道，分布很不集中。根据司法局的名单，60% 以上的家庭都位于 D 区农村社区，这些社区社会财富分配不均匀。

（二）主要问题及原因分析

1. 生存方面：经济困难

马斯洛需求层次理论指出，人的需求主要包括生存需求、安全需求、爱和归属需求、尊重需求、自我实现需求，这是一个由低级到高级的过程。[5]服刑人员未成年子女的生存似乎存在更多的问题，这主要是指严重的经济困难。服务对象双亲一方或双方入狱都会使家庭经济来源减少，加上 B 市高昂的消费水平，服务对象家庭的经济困难已经成为常态，这也间接产生了其他方面的压力，如没钱读书等。

案例一：张某　女　9 岁　B 市 D 区礼贤镇沙坡头村村民

张某奶奶在生下其舅舅两年之后失踪，其爷爷独自养育一女一子，其母亲与舅舅均为初中文化，母亲在生下张某后与其丈夫离婚。由于家庭贫困，母亲外出打工，3 年前因组织卖淫罪被捕入狱。张某于是和舅舅爷爷生活。其舅舅 28 岁，在 B 市某物业公司工作，每月工资 3500 元左右，未婚，周末回家。爷爷身体弱，自理能力也较差。张某上过幼儿园，但是在其母亲入狱之后失学在家，父亲也不管。曾有 D 区共青团联系了通州区的一所小学，可以免费供张某上学，但是其爷爷以其年纪大，身体差，周围没有人照顾为由拒绝张某入

学，入学事件不了了之。案主现在成了村民眼中的"野孩子"，穿着破烂，失学在家，整天在村里闲逛。笔者入户时看到，其家庭经济状况十分窘困，平房中破烂不堪，还是20世纪60年代的样子。

案例一中，张某面对的危机有经济窘困、失学、家庭教育缺失、歧视等。其中经济窘困导致失学问题的产生，并且在一定程度上产生了歧视的问题。由此可见，经济窘困是其他问题产生的重要因素。

2. 教育方面：教育缺失

邢要乐（2014）指出，教育现状可以从家庭教育、学校教育和社会教育来看。[6]从家庭教育方面来看，家庭作为人类基础社会化的最重要的单位，在服刑人员未成年子女的教育中呈现缺失状态。因为其父母一方或双方入狱造成监护人缺失，且由于上一代人的受教育程度普遍不高，长辈与子女之间存在代沟。所以当前服刑人员未成年子女的家庭教育呈现一定缺失状态。

学校教育方面，通过调查得知：服刑人员未成年子女的辍学率在其父（母）亲入狱后显著增大，尤其是在偏远农村地区，表现得更加明显，甚至未成年子女在父（母）入狱后的辍学率是入狱前辍学率的4倍。[7]对于那些在读的孩子，其状况也不容乐观，学习成绩差、调皮捣蛋是同学对这部分学生的认识。

社会教育方面，受社会环境的影响，人们对于犯罪有着非常负面的认识，对于其子女也会持远离态度，很多家长甚至会要求自己的孩子不要和这部分孩子交往。这就会导致服刑人员未成年孩子极端想法的产生。再加上其家庭教育与学校教育的缺失，自己又是未成年人，辨别能力有限，很可能受到社会不良因素的影响。这也是犯罪率上升的一个重要原因。

同时，必须指出，隔代教育在当前服刑人员子女群体中的重要影响。因为祖父辈的教育程度明显不高，由他们来抚养这部分孩子会产生以下问题：①容易产生溺爱；②思想观念陈旧，误导孩子发展；③易与父母之间产生隔阂。

案例二　×某　女　8岁　B市D区黄村镇艺苑桐城居民

案主父亲入狱之后，与姥姥姥爷住在一起，周一到周五在学校住宿，周六周日回家。其父入狱之后，母亲忙着上班，与孩子之间的交流越来越少。由于是寄宿制学校，下课之后没有人为案主补习功课，姥姥姥爷文化程度也不高，无法辅导，所以其学习成绩不是很好。其不知道自己父亲入狱。在姥姥姥爷家住的时间里，大部分需求都会被满足，家里是租的房子，经济状况一般。案主与姥姥关系较好，有时睡觉都必须姥姥在身边才能睡着。

从上述案例可以分析出，案主在与姥姥、姥爷的长时间接触中，与母亲渐渐疏远，学习成绩也不是特别好，且大部分需求都会被满足，势必会对其未来造成负面影响。没有感受到歧视是好事，但是隔代教育也不利于其长远发展。

3. 心理方面：心理问题严重

由于教育缺失等多种原因的影响，服刑人员未成年子女大多不会调节自己的情绪，且具有一些相同的心理特点。范蕾蕾（2011）通过研究总结出了服刑人员未成年子女的心理特点，主要是：①自卑自闭；②爱"发脾气"，"易激惹"等社会防御性倾向；③被动、消极；④敏感、心有顾忌。[8]笔者通过走访发现，在孩子较小的时候如果没有形成善于倾诉的习惯，则会变得比较被动、消极。同时过于敏感几乎是所有孩子都会有的问题。以上这些问题若得不到有效解决，将会对孩子们的成长产生重大不利影响。

案例三：×某　女　9岁　B市D区礼贤镇礼三村村民

案主学习成绩优异，有很多奖状，有一个姐姐，在东北读大学，美术专业，读书期间花费巨大。案主目前和爷爷奶奶住在一起，家庭困难，是低保户。案主平时在家说话少，心事一般不与人吐露。笔者在与案主交流过程中发现案主比较内向。

除此之外，情绪处理、价值观纠正也是帮扶服刑人员未成年子女的重要课题。

四、服刑人员未成年子女的社会支持现状分析

（一）社会支持的变化

1. 非正式支持是服刑人员未成年子女的最重要的支持系统

社会支持可以分为正式支持与非正式支持。家庭、朋辈群体、社区等都属于非正式支持。服刑人员未成年子女主要的生活形式有五种：其一，单亲抚养。其二，寄养。其三，由年长的哥哥姐姐照料。其四，独自生活兼有邻居、居委会等照顾。其五，流浪社会。[9]由此可见，非正式支持是服刑人员未成年子女的重要支持来源。非正式支持具有经济支持功能、情感支持功能、生活照料功能等。家庭支持是非正式支持中的主体，家庭的功能表现为一种全方位的支持。

案例四　××　女　16岁　B市D区亦庄镇贵园南里居民

案主父母在其2岁时离婚，随后案主父亲入狱，案主跟随爷爷奶奶生活。生活水平一般，案主在家比较自由，平时的一些需求也基本能得到满足，虽然从小父母都不在身边，但是案主表现得非常懂事。案主还有一个叔叔，经济方面给予了巨大的支持。爷爷奶奶表示案主发展较好，也比较欢迎政府关怀，但是对居委会充满敌意，有较重的防备心理。

在此案例中，案主的支持主要来自家庭，其情感、经济物质、学习等方面的需求基本得到了满足，虽然外界的正式支持也有一定的帮助，但是相对于家庭来讲，这种帮助显得非常单薄且无力。

2. 正式支持逐渐加强了援助力度，并且发挥着越来越重要的作用

正式支持是指由正式的社会单位进行的支持。政府、"太阳村"等都属于正式支持。正式支持的作用主要体现在经济功能上，除此之外还有舆论引导、教育保障、心理援助等。随着社会对服刑人员未成年子女关注度的上升，政府也渐渐加强了对这部分人群的支持。笔者深度访谈所依托的项目即是由共青团中央、民政部支持的关爱服刑人员未成年子女项目。

（二）社会支持存在的问题

1. 非正式支持能力不足

非正式支持系统主要包括家庭、朋辈群体、邻居等，虽然在服刑人员未成年子女的支持中扮演者非常重要的作用，但是也面临着一些严重的问题，主要是：

（1）非正式系统资源少。

由上文我们知道，服刑人员未成年子女一般由单亲、爷爷奶奶、其他亲戚等养育，以上情况均面对一个问题，即经济状况较差。由于孩子的父/母入狱，家庭的劳动收入减少，爷爷奶奶的劳动能力弱，其他亲戚家庭的开销也大，所以很可能导致家庭因入狱致贫现象。这在一些农村地区显得尤为突出。上文中的案例三即是这种情况，姊妹俩读书，爷爷奶奶劳动能力弱，且没有其他收入来源，主要靠政府低保。这就使孩子获得支持要少很多。

（2）非正式支持系统的支持质量有待提高。

服刑人员未成年子女面临的需求主要有经济需求、学习需求、心理支持、社会角色学习等。由于祖父辈教育程度普遍不是很高，这使得在教育孩子方面有很多偏颇之处，学习、心理支持等众多需求都无法得到充分的满足，同时由于观念的影响，他们很可能走上极端。据统计，服刑人员未成年子女中1%左右有违法犯罪行为。[10]

2. 正式支持较难介入

由于受"家丑不可外扬"等观念的影响，这部分家庭很少向政府、民间机构求助，即使政府等主动上门表达救助意愿，也经常会遭到拒绝。政府、民间力量有意愿与资源帮助这部分人群，但是"有力无处使"。这就导致服刑人员未成年子女的经济状况、学习状况无法得到改善。由于社会工作是一门以利他

主义价值观为指导，帮助他人的一门学科，社工又受过专业训练，所以在介入方面可以发挥更加积极主动的作用，也将收到良好的效果。

五、社工视角下服刑人员未成年子女社会支持网络建构

（一）社会工作介入的重要性

1. 从建立社会工作专业关系看，社会工作者可以更好更快地建立专业关系

笔者在前期接触过程中发现，服刑家庭非常排斥外界介入，尤其是社区居委会。由于居委会工作人员没有受过专业培训，一些工作伦理可能没有得到应有的重视，如保密、案主自决等。社区居委会在工作的过程中可能会出现家长决策、泄密等一些违背专业伦理的情况，从而导致服刑家庭与社区的关系紧张。社会工作者有专业的伦理守则，B市日前也发布了中国第一份社工从业道德标准，列明了社会工作者在工作过程中必须为服务对象保密。除此之外，社工的"同理"等价值标准也使得社工与服刑家庭易于沟通，从而建立良好的专业关系，为后面的介入打下良好的基础。

2. 从工作理念看，社会工作者可以呼应案主的需求

不论是政府介入还是民间组织介入，都是大规模的有组织的行动。在这中间不会考虑服务对象的个别化，甚至可能出现"家长决策"等违背专业伦理的行为。这其实也不利于对服务对象的帮助，影响服务质量。而社工在服务过程中，会以所学的关于人类的知识综合分析服务对象的需求，满足合理需求，摒弃不合理需求，发掘潜在需求。辅之以社工"个别化""处境化"的工作理念，可以很好地呼应案主的需求。在提高服务质量的同时也降低资源消耗。

3. 从策略方法看，社工的专业方法更为科学有效

相较于一般的关爱活动，社工的专业性使社工介入的方法更加科学。主要表现为：一是社会工作的专业性体现为科学有效地提供服务，不受各种既定的思维惯式的约束和干扰；二是社会工作者在实证调查的基础上进行问题诊断，开展个案与小组工作，可以达到治疗、预防、教育和支持的目的；三是社会工作有科学严谨的工作程序。[11]专业性为服务质量提供了重要保障，可以避免介入伤害的情况。

4. 从服务效果看，社工可达到"标本兼治"的效果

一般介入活动是以"证据为本"，即十分重视服务提供次数、活动开展数量等，这其实不利于服务质量的提升。同时以往的服务形式多为慰问、发放慰问金等形式，这些可以在一定程度上解决服务对象经济问题，但是就长远来

说，这是一种不可持续的方式。社工秉持"助人自助"的理念，不仅仅要帮助服务对象解决当前面临的问题，也要进行观念矫正、技能提升的工作，即在帮助案主解决问题的同时，也要帮助其学会自己解决问题，提升自己解决问题的能力。这就使服务得到"标本兼治"的效果，更有利于服务对象的长远发展。

（二）社会工作介入的具体对策

1. 走访所有服刑人员未成年子女家庭，建立先期信息库

前期走访应该将所有未成年子女的服刑人员家庭纳入走访对象中，根据现有的信息表联络走访。走访过程中，社工要详细介绍机构服务的专业性、公益性，取得服务对象的信任，为之后的访谈，介入活动奠定基础。同时由于服刑的敏感性，社工切忌急躁及追求工作进度。在前期社工要给服务对象留下良好的印象，为建立专业关系做准备。

社会工作者在前期家庭走访过程中，要对服刑人员未成年子女的信息进行系统的收集，同时对官方给予的信息及时进行更正。在每一户走访之后要详细收集相关资料，并纳入服刑人员未成年子女的信息库。所需资料包括：基本资料、家庭情况、学习情况、经济状况、心理状况等。

2. 在初期接触的基础上设计调查问卷

社工经过前期的走访，对服务对象有了一个基本的了解。之后为了使收集到的资料更科学，应该设计调查问卷。考虑到未成年人的特殊性，调查问卷应该分为青少年和家庭两部分。青少年部分的调查主要包括学习、人际交往、家庭关系等方面；家庭方面主要由其事实监护人填写，主要内容包括：经济、教育、家庭关系等方面。除此之外，还应该由有心理学背景的专业人士设计心理量表，重点了解孩子的心理状况。

3. 印制、发放、回收、分析问卷

在问卷设计完成之后，社工就要开始发放问卷。发放对象包括前期走访的所有家庭，这实际上开始了第二次家庭访谈。此时社工与服务对象已经有了一些了解，彼此间的陌生感大大减弱，在这时开始问卷填答收集到的资料会更加真实可信。

在填写问卷之前，社工要向服务对象说明问卷调查的目的、要求及社工所需遵守的纪律。其中最重要的是保密原则，社工要消除服务对象的后顾之忧，这样才能收集到真实可信的资料。在问卷调查过程中，社工要给服务对象详细解释问卷题目设置，同时社工要抓住与服务对象面对面交流的机会收集一些问卷中没有涉及或者只能面对面交流的内容。

收集到问卷之后，社工应对问卷进行系统化处理，完成编号等工作。运用SPSS软件对问卷进行分析，得出每户服务对象的基本情况、面临困境等内容，并且结合社工的实地观察，从所有服务对象中，找出核心服务对象与一般服务对象。核心服务对象是指那些面对经济、心理、学习、人际等多方面困难，需要多方面介入的孩子或家庭；一般服务对象则是指面临其中某一方面困境或者困境可以自己解决的孩子或家庭。

4. 针对一般服务对象的服务方案

一般的服务对象只面临某一方面的问题，因此社工要根据服务对象所面临的问题对症下药，利用个案工作、小组工作来介入。

针对学习成绩差的孩子，社工可以在充分了解他们学习情况的基础上对其进行学习辅导，辅导场所可以是在家里、学校或社区。因为服刑人员未成年子女数量较少且分布分散，在家里或社区辅导都有较大的困难，在学校依托学校社会工作者对孩子们进行辅导是一个不错的方式。

对于面对经济困境的家庭，一方面，社工要积极联系民政部门争取将其列入低保，或链接民间救助机构对其进行援助；另一方面，社工要以"助人自助"的理念为指导，通过与相关方联系，争取解决这部分家庭的就业问题；除此之外社工还可以对服刑家庭进行就业培训，努力提升其就业技能。

针对人际困难的学生，可以开展人际关系改善小组。在小组中，孩子们的交往理念和技能都得到提升，同时经过模拟的环境会增加孩子们的应用能力。

针对心理方面的困境，社工应该开展个案介入工作，找到其心理困扰的深层次原因，并一层层进行分析，逐渐解决其困扰。此时个案介入可能会比心理咨询更合适。

5. 针对特殊服务对象的服务方案

以案例一为例，探讨针对特殊服务对象的服务方案。

案例一中案主张某的家庭生态图如下：

由图1可以看出，案主面临的困境主要有：

（1）受教育权利无法保障；

（2）经济困难；

（3）心理状况堪忧；

（4）人际交流困境。

由此可见，张某面临的问题较多，并非一般的个案工作可以解决。张某作为特殊的服务对象，需用到个案管理方法进行综合介入。在设计其服务方案时，要引入行动系统这一概念对其进行分析。行动系统是指那些与社会工作者一起努力，实现改变目标的人，是社会工作者的合作者。[12]设计服务方案要从行动系统出发。在案例一中，行动系统包括社工、张某、张某祖父、张某舅舅、政府、社区。

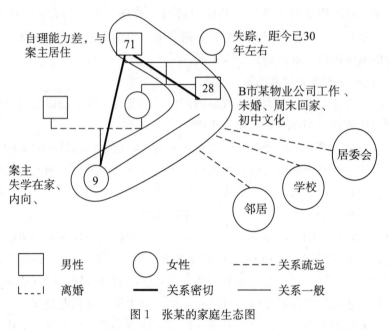

图 1　张某的家庭生态图

（1）针对张某的措施包括：

①联系学校，解决其受教育问题。

张某目前最紧迫且比较容易解决的问题为受教育问题，其处于学习的重要基础阶段，错过这一阶段以后的课程就会变得非常困难，会对其以后的发展产生重要的影响。并且之前共青团区委也联系过学校，但是在其祖父的干预下失败了。因此，社工在联系学校之前，需先与其祖父沟通，争取其祖父的同意。

②开展相关小组工作，逐步解决其心理与人际交流压力。

靠单纯的个案辅导很难改善心理与人际交流情况，此时可以考虑小组工作，小组工作有以下优点：A. 于组员讲，利于组员学习群体经验；B. 于整个小组讲，小组工作有利于建立合作的团队精神和和谐的人际关系，使组员在健康的氛围中获得美好的情感体验；C. 于社会环境讲，小组可以极大地丰富社会资本（社会支持网络）。[13]社工可以开展打开你的心门、提升沟通能力的小组活动，利用群体环境来练习相关技巧，提高其实际操作技巧。

（2）针对张某祖父、舅舅的措施主要有：

①对张某祖父开展康复训练。

其祖父的自理能力有限，身体健康很差，同时家庭照顾也是缺失的。社工可以联系相关护理机构，将其祖父纳入这一机构的服务对象系统中，这样张某祖父的身体状况就可以得到很大改善，在一定程度上也会降低张某舅舅、张某的后顾之忧，提升服务质量。

②对张某舅舅进行职业技能培训。

张某舅舅目前在物业公司工作，工作要求与工资都比较低。社工可以开展职业技能培训，改变其就业理念，提升其工作能力，从而缓解其经济压力。社工也可以为其介绍薪资水平更高的工作。

（3）社区方面应采取的措施：

①将其纳入低保系统，缓解其经济压力。

张某祖父当初不同意其去顺义区读书的原因除距离较远外，另一个重要原因则是其经济窘困。张某祖父自理能力差，家中的主要劳动力就是张某舅舅，但是其工资有限，养活三个人有很大的压力。因此社工要尽力联系民政部门，争取将其家庭纳入低保系统，同时也可以争取政府有关单位的帮助，例如共青团等。基金会等民间救助机构也是重要的资金来源。

②在其社区倡导社区关爱，消除社区歧视。

通过观察其家庭生态系统图我们可以发现，张某的社会支持仅仅来源于祖父、舅舅，社会力量、社区对其的支持很少。并且张某在社区受到了居民、同辈群体的歧视，这对于张某的心理成长是十分不利的。我们可以在社区进行舆论倡导，改善他们对于服刑人员未成年子女的偏见，吸引他们对这部分群体的注意。为张某的成长创造一个和谐温馨的社区环境。

（4）政府方面应采取的措施：

①出台更多有利于服刑人员未成年子女的政策。

针对服刑人员未成年子女教育缺失的问题，社会工作者要呼吁政府出台利于服刑人员未成年子女受教育的新的法律、政策，保障其享有平等的受教育权利；针对服刑人员家庭经济困难的问题，各部委要联合出台相关救助、补助政策，保障其家庭正常运转；针对服刑人员未成年子女的心理困扰、压力过大等问题，要呼吁政府在社区、学校设立心理援助中心或社会工作机构，由专业心理医师或社工对其进行辅导，解决其问题，从而促进其正常适应社会。

②尝试舆论倡导工作，消除社会大众对服刑人员未成年子女的歧视。

大众传媒从来没有像今天一样影响我们的生活。[14]以往媒体较多关注服刑人员的犯罪原因、矫正问题，但是忽视了其孩子的发展问题。舆论倡导工作首先应该唤起社会大众对这一群体的关注。然后大众传媒要进行正向的社会引导。社会上存在着对服刑人员的歧视现象，大众认为这是对其危害社会行径的补偿，拒绝与这部分人群接触，这在一定程度上连累其未成年子女。服刑人员未成年子女在学校、社区遇到了或多或少的歧视，这对其发展有很大的负面影响。媒体应该对这部分人群进行深入而深刻的报道，让社会大众了解他们，在学校、社区开展相关活动，消除社会大众的歧视。使他们及他们的孩子愿意与服刑人员未成年子女交往，破除孩子的人际、心理压力。

③建立社会关爱体系。

严浩仁，陈鹏忠，殷导忠认为，社会关爱体系主要包括媒体关爱、学校关爱、社区关爱。[15]媒体关爱即上文提到的利用媒体进行正向引导，对服刑人员未成年子女的状况进行中肯的宣传；学校关爱是指通过对学校教职工的培训，完善其教育观念。然后在学校学生中开展宣传教育工作，消除其对服刑人员子女的歧视；社区关爱是指通过社区社工站，在社区宣传促进歧视消除，社会关爱体系的建立有利于服刑人员未成年子女的心理健康。

六、总结与讨论

综上所述，当前服刑人员未成年子女面临着许多问题，主要是经济困难、教育缺失、心理问题严重等，除此之外，隔代教育也是其面临的重要问题。这些问题严重阻碍了服刑人员未成年子女的成长与发展。从社会支持角度来看，非正式支持是服刑人员未成年子女的最重要的支持系统，近年来正式支持也逐渐加强了对服刑人员未成年子女的援助力度，并且发挥着越来越重要的作用。但是社会支持也存在着诸如非正式支持能力不足、正式支持较难介入等问题。

针对当前服刑人员未成年子女社会支持存在的问题，从社会工作角度介入是一个新颖可行的途径，社工的优势有以下几点：①从建立专业关系看，社会工作者可以更好更快地建立专业关系；②从工作理念看，社会工作者可以呼应案主的需求；③从策略方法看，社工的专业方法更为科学有效；④从服务效果看，社工可达到"标本兼治"的效果。

针对不同的行动主体有不同的介入策略，服刑人员未成年子女介入的行动主体主要包括社工、案主、案主家人、社区、政府、学校等。这些共同构成案主的社会支持网络。

同时，本文也存在一些问题，主要是研究时间不足、研究样本较少等。但是笔者相信通过对服刑人员未成年子女问题的系统梳理与论证，对此问题感兴趣的学者会得到一些帮助，相关方也会在阅读中加深对服刑人员未成年子女的了解程度。

参考文献

[1] 谢启文. 服刑人员未成年子女的生存与救助 [J]. 青少年研究（山东省团校学报），2012（01）：44-46+63.

[2][9][10] 谭晓慧. 从社会工作的视角分析服刑人员未成年子女的救助问题 [J]. 法制与社会，2014（16）：291-292.

[3][5] 王思斌. 社会工作中级综合能力（中级）[M]. 北京：中国社会出版社，2014.

[4] 许莉娅. 个案工作. [M]. 北京：高等教育出版社，2004.

[6][7] 邢要乐. 论我国服刑人员未成年子女的教育现状及解决对策 [J]. 赤峰学院学报（自然科学版），2014（13）：272-273.

[8] 范蕾蕾. 服刑人员未成年子女的心理特点与教育 [J]. 法制与经济（中旬刊），2011（01）：123-124.

[11] 李晓凤，张强，马瑞民. 吸毒人员的现状及禁毒社会工作介入探究——以珠江三角洲地区为例 [J]. 社会工作，2014（06）：108-115+155.

[12] 史柏年. 社会工作实务（中级）[M]. 北京：中国社会出版社. 2014.

[13][14] 刘梦. 小组工作 [M]. 北京：高等教育出版社，2003.

[15] 严浩仁，陈鹏忠，殷导忠. 服刑人员未成年子女生存状况与社会救助研究——对浙江常山县、开化县和平湖市的调查 [J]. 法制研究，2009（03）：67-72.

企业社会工作对企业员工成长的介入研究

——以成都富士康企业为例

桂焱娥

修订人：牟徐澜

指导教师：张义烈

摘　要　近年来，社会工作视角下的员工成长发展逐渐引起社会各界的重视，但是我国企业社会工作起步晚、涉及面小，发展还很不完善。本文运用文献研究和调查研究相结合的研究方法，对相关文献资料进行整理和分析，并通过问卷调查收集资料，以此来探索成都富士康企业员工的成长现状以及存在的问题，对企业社会工作介入富士康员工成长的策略进行探讨。另外，笔者在成都富士康企业调研期间，针对员工需求开展了一系列社会工作实务活动，并对介入的满意度进行分析，基于社会工作角度提出相应的回应方案和改进措施。

关键词　企业社会工作；员工成长；社会工作介入

一、绪论

（一）研究背景

马斯洛将人类的需求从低到高分为五种，分别是：生理需求、安全需求、归属与爱的需求、尊重需求和自我实现需求，因此，当企业员工的温饱问题已经得到解决甚至得到很大满足后，员工就有实现更多的自身精神层次的需求，而精神层次需求的实现必须以员工成长为前提，包括职业的发展、心智的成长等。

员工生存和发展的高度危机感，在竞争激烈的当今社会已经威胁到员工和企业的和谐发展。例如 2010 年深圳富士康企业员工 13 连跳的事件，不仅反映了企业为实现利益最大化而对员工高压管理的结果，也反映了中国企业社工的缺位。这一现象也迫使我们面对这样一个严峻的问题：如何让员工有效工作的同时促成其成长。

（二）研究意义

改革开放以来，国家日益重视电子产品行业，促进了我国电子产品制造业的快速发展。电子产品制造业由于人工程度高，技术含量少，生产方式主要以自动流水线为主，因此人员流失严重，特别是基层员工。面对激烈的市场竞争，通过科学系统人力资源规划，大多数企业进一步得到客户认可，同时也使员工得到发展，为企业创造更大的利益。但是，也有部分企业在市场竞争中失利，其原因之一就是员工成长不被重视。由此可以看出，促进员工成长是电子产品制造行业中无法避免的问题。

本文对企业社会工作介入企业员工成长的研究对于企业员工自身发展以及现代企业的发展具有积极的借鉴和推广作用。

个案、小组和社区工作等方法是企业社会工作主要运用的专业助人方法。个案工作主要是为了满足员工个性化的需求，而向员工提供一对一的心理咨询服务以及物质和情感支持，化解其困境。小组工作主要是为了实现小组目标而开展的以沟通、互助、成长等为主题的小组活动，在小组内解决员工的问题，提升员工的各种能力。企业社工也可以开展社区工作，使员工参与社区自治，培养他们的社会责任感。企业社工的介入，一方面，有利于提高员工对其工作的积极性和满意度，员工满意度的提高有利于员工健康长寿，也能够改善他们工作之外的生活。另一方面，当今世界企业的竞争，就是人才的竞争，本文对企业员工成长的现状、存在的问题、介入对策、员工满意度的研究，有利于引导企业改善员工管理机制，使员工成长成才，为企业创造更大的效益。

企业社工对于企业员工与企业的和谐发展、对于企业效益的提升、对于和谐社会建设的基础性，已日益为政府和社会认识与重视。企业社会工作的春天已经到来，富有中国本土特色的企业社会工作理论也将在这一春天中绽放，而且必然将为整个社会工作专业的本土化做出自身所特有的贡献。[1]

（三）文献回顾

1. 员工成长存在的问题

本文参照了国外在企业员工成长方面的理论研究，结合中国的国情，总体来说，企业员工成长存在的问题主要有以下三点：

第一，企业科层化管理体系使员工情绪与人性化需求受到忽视。技术效率和最佳投资收入比是科层化管理的优点，但它同时彻底摒弃了个人化关怀和非理性考虑，从而员工与管理者的冲突等事件经常出现。[2]企业用制度和流程对员工实行管理，阻碍了员工的职业和心智发展。[3]因此，企业科层化的管理缺乏对人性的尊重，不仅不能激发员工的主观能动性和创新能力，还会造成员工与管理者冲突加剧。[4]

第二，员工缺少成熟稳定的成长环境。深入分析造成国有企业当前困境的原因后，学者周天勇（2005）系统提出一系列措施以促进员工职业发展、社会保障。员工管理、企业发展的核心是职业发展，因此，企业应该创造机会使内部员工得到职业发展[5]。虽然国内很多学者对于职业发展都有一些研究，但是我国各企业的职业成长参差不齐，每个员工面对的实际情况也不同，这就需要不断摸索出适合自己的成长发展道路。

2. 促进员工成长的措施

第一，员工自身的努力。员工通过学习和锻炼，来提高自身成为优秀员工所必备的能力：人际交往、独立思考、自觉学习、团结协作等能力。我国学者倪先平还提出了一个普通员工成长为一个优秀员工的方法有哪些。[6]

第二，企业对员工的成长平台的构建。在缺乏良好的绩效评估与激励机制的情况下，员工往往不会专心工作，更不会对企业一心一意。[7]因此，企业应该构建员工的成长平台。其一是员工福利制度，它具有保障员工福利和激励员工工作功能。它对企业改善和丰富员工的物质及精神生活、提高职工素质、增强单位凝聚力，有着巨大促进作用。其二是企业文化的建设，企业生产表面上是追求利润，但很多企业家赚钱后大做慈善事业，将大量的资产捐献给社会，如比尔·盖茨、巴菲特、索罗斯等。这些亿万富翁的善举，正是他们建筑在西方文化基础上的企业文化理念使然。在他们的心目中，企业的利润最终是为人类的自由发展和幸福服务的，而不是为企业家和董事会。为人类服务，救助社会弱势群体，实现社会公平是他们企业文化的核心，这正是社会工作以人为本，助人自助，实现社会和谐的价值观的具体体现。[8]

第三，专业人员的心理辅导服务。在日益竞争激烈的社会，员工承受着各种压力，以工作压力和人际关系压力为代表的员工心理问题是现今企业管理者必须面对的重要问题。因此，对员工进行心理辅导极其重要。学者张西超从我国企业员工的现状出发，提出的符合我国企业员工的心理辅导办法具有实际操作价值。[9]

3. 企业社会工作对员工成长介入研究

（1）介入方法的研究。

我国企业社会工作对企业员工成长介入方法主要有个案工作、小组工作、社区工作，此外还有社会工作研究、社会工作行政、社会工作督导、社会工作教育等介入方法。周沛、高钟认为（2010）认为企业社会工作依然可以使用传统的个案、小组以及社区工作的方法：

个案工作方法。它是针对员工个体开展的，由于个人面对的问题不尽相同，如心理问题，企业社会工作者开展个案工作，充分激发案主自身的潜能，链接员工外部资源，形成社会支持网络，以解决员工个人问题、提升员工能力，从而促进员工成长。

小组工作方法。开展小组工作的前提是企业员工在同一环境下工作，他们也面临共同问题。企业社工在开展小组工作的过程中，通过调动小组成员团结协作，解决成员问题，在小组中达到个人目标和小组目标。

社区工作方法。任何企业都存在于某一社区之内，企业的运行和员工的工作与生活都和社区有着密切的联系。开展社区工作，积极调动员工的力量，整合社区资源，才能达到解决问题的目的。[10]

（2）介入现状的研究。

企业社会工作和人力资源管理工作联系不够密切、不能有效的结合，使得企业社工不能发挥更大的作用。[11]为了解决此问题，提出了实施"员工帮助计划"，通过事前教育、宣传，来预防各种问题的出现，培养员工健康心理，从而有效提高企业生产效率。"员工帮助计划"刚好弥补了这方面的缺陷，它将企业社会工作和人力资源链接在一起，使其发挥更大的效用。但是，我国的"员工帮助计划"的研究和应用处于起步阶段，发展很不成熟，存在很多困难和问题。[12]

二、研究设计

（一）概念界定

1. 企业社会工作界定

企业社会工作有以下几个方面的理解：第一，企业社会工作是专业社会工作介入企业进行服务；第二，企业社会工作运用的是专业的知识与方法；第三，企业社会工作以促进员工福利发展、职业发展与心智发展来提高企业效益为目标。因此，企业社会工作是指企业社会工作者运用社会工作专业的知识与方法，帮助企业员工缓解压力、解决困难、挖掘潜能，促进员工福利、职业、心智的发展，不断提高企业效益。[13]

2. 企业员工成长界定

员工成长主要包括职业发展和心智成长。职业发展是指，员工根据自身从事的职业情况，制定短期和长期目标，并通过自身努力一步步地去实现这个目标。心智成长主要指人的心理与思维方面的发展，如世界观、价值观、人生观的树立与变化。为了创建出一种和谐有序的工作氛围，促进员工成长，应运用社会工作的理念与方法，在企业内外开展促进员工职业发展和心智成长工作。[14]

（二）研究方法

本文运用文献研究和调查研究相结合的研究方法。

文献研究法是通过对中国知网（CNKI）上收集的国内外关于企业社会工作对企业员工成长的介入研究的期刊文章进行阅读和分析，尤其是与社会工作角度有关的，发现外国研究的先进之处以及国内研究还未涉及的方面，为本文写作寻找参考与启发。

调查研究以问卷调查为主。调查对象是居住在高新区青年公寓的成都富士康企业员工。调研内容分为员工成长现状调研和服务满意度调研。在抽样方法上，两次调研问卷的设计都采用了系统抽样的方式，在需要调查的宿舍楼栋中，抽取每栋楼每层楼的双号房间来做调查。

员工成长现状调研从 2013 年 7 月 1 日起，至 2013 年 8 月 15 日止。共发动了 30 余名志愿者调查员，累计耗时约 200 余小时，共计走访 970 个宿舍，共收集问卷 970 份（青年公寓 1 号苑 450 份，6 号苑 520 份），其中回收有效问卷 969 份，有效问卷回收率 99.9%。

服务满意度调研在高新区青年公寓 1 号苑和 6 号苑同时开展，从 2014 年 10 月 15 日起，至 2014 年 11 月 15 日止。共回收问卷 361 份（青年公寓 1 号苑 116 份，6 号苑 245 份），其中回收有效问卷 339 份，有效问卷回收率 94%。

三、成都富士康企业员工的成长现状与存在问题

员工成长现状调研的主要目的是了解员工的成长现状，从富士康企业员工的基本状况、业余生活状况、接受企业社会工作服务情况三个方面着手调查。通过本次调研我们发现，工青妇服务中心（企业社工机构）开展的活动，在一定程度上可以满足员工业余生活，给员工提供了一个很好的交友和学习的平台，但在本次的调研中，我们也发现员工在心智成长和职业发展等方面存在问题。

（一）员工的成长现状

1. 员工的基本状况

年龄结构呈现年轻化的分布趋势。参与此次调研的人群中，20—25 岁的人数几乎超过半数，占总人数的 48.8%。

文化程度结构以低文化人群为主。参与此次调研的人群中，以中专或高中文化水平的人群居多，占总人数的 56.3％，初中文化水平的占 33.1％，小学及以下文化水平的占 1.8％，大专及本科文化水平的仅占 8.8％。

未婚单身青年占样本的绝大多数。通过对婚姻状况的了解，参与调研的对象中，未婚单身人数占 63.4％，未婚恋爱人数占 10.7％，已婚人群占 22.4％，离异人数占 3.1％，丧偶人数占 4％。

以短期居住为主。在对本社区居住的时间的统计中，2 个月以下的占总人数的 27.2％，3 至 6 个月的占 24.8％，6 个月至 1 年的占 10.8％，1 至 2 年的占 13.5％，2 年以上的占 23.6％。

从 1、6 号苑员工的基本情况调查中可以看出，样本呈现极强的同质性。综上所述，该群体大多数处于个体成长阶段的青年期，他们认知活动的自觉性较强，富有激情。一方面，由于其所处的生长发育阶段，在情绪的自我掌控方面较弱，容易有情绪不稳定的情况。另一方面，由于其文化水平较低，在个体自我发展层面容易受限，需要进行积极的引导。从入住本社区的情况来看，员工入住的时间普遍较短，在一定程度上证明流动性很大。

2. 员工的业余生活状况

参与此次调研的人群中，休息时间主要唱歌、玩手机、去网吧、看电视等，而参与社区活动的只占 4.7％，该项调查表明员工休息时间更愿意从事不和人交流的事情。

在对"需要帮助的时候会找谁"的调查中，18％的调查对象自己解决，23％的调查对象找家人，31％的调查对象找朋友，14％的调查对象找同事，6％的调查对象找公司领导，4％的调查对象找社区工作站，1％的调查对象找社工，1％的调查对象选择其他途径。

在对"休息时间愿意通过哪种方式提升自己"的调查中，13.53％的调查对象报考驾校，17.36％的调查对象参加讲座培训，53.93％的调查对象看书，6.82％的调查对象参加志愿活动，8.37％的调查对象选择其他途径。从此项调查结果可以看出，大部分的员工会采用看书的方式来提升自己，在以后的活动设计中，可以加入读书分享之类的活动形式。

在对"通过什么方式可以引起对生活的思考"的调查中，30.55％的调查对象参加相关主题活动可以引起对生活的思考，34.98％的调查对象参加交流分享会可以引起对生活的思考，23.22％的调查对象与相同经历或困扰的人开展小组活动可以引起对生活的思考。该项调查表明年轻的企业员工通过参加相关的主题活动和交流分享能引起对生活的思考，在以后的活动之中，可以多策划相关的活动。

3. 员工参与企业社工服务活动的情况

大多数员工参与企业社工服务活动的频率不高。在针对"到工青妇服务中心参加活动的频率"的统计中，有 22.85％的参与者是两个月一次，10.09％的参与者是一个月一次，32.94％的参与者是一周一次，仅 34.12％参与者是一周三次以上。

参与调查的人员中，周末到工青妇参加活动的人数最多，占总人数的78.11％，其次是法定节假日，占总人数的 19.52％，最少的是周一至周五白天，占总人数的 2.37％。企业社工开展服务的时间可以着重在周末和法定假日。

参与调查的人员中，认为活动时间在 2 小时最好的人数最多，占总人数的 39.53％。

以放松为由参加活动的人数最多，占总人数的 41.49％，其次是娱乐占37.31％，学习和交友的分别占总人数的 10.15％和 11.04％。

（二）员工成长存在的问题

员工成长现状调研也反映了成都富士康企业员工成长存在的一些问题。

1. 员工的心智成长存在问题

员工成长现状调研过程中，笔者了解到，成都富士康企业员工休息时间主要是做不用人际交流的事情，这就限制了个人人脉圈的扩大。在参加企业社工和工会开展的活动中，存在部分员工不遵守活动规则，缺乏自我控制力的问题。而在日常生活工作中员工还普遍存在情绪化等问题，这些足以说明富士康企业员工的心智成长方面缺乏指导，还有很大的提升空间。

2. 员工的职业发展存在问题

成都富士康企业员工的职业发展方面也存在很多问题。我国职业发展管理指标比较单一，一般根据员工业绩进行晋升，而员工发展的效果好坏无人关心。同时，培训是成都富士康企业促进员工职业发展的主要方法，但是培训注重形式，比如考核不严格，考核内容忽视能够体现员工综合素质和能力的指标等，因此达到的效果不高，员工职业发展意识也难以深入。

四、企业社工介入策略

（一）介入途径

结合中国香港等地的经验，以及周沛、高钟等学者（2010）的研究，笔者认为企业社会工作的介入途径有以下五种途径。

1. 介入范围上以企业为基础

社会工作的服务范围很广，但是企业社工只是社工介入企业，为其管理者、经营者、员工进行服务。一方面，企业社会工作者要培养职工中的"领袖人物"，并使其发挥重要作用；另一方面，得到企业管理层的支持和配合在中国尤为重要，这就需要企业社会工作者主动与企业管理者沟通，使其了解企业社工，给予我们帮助，才能促进实务活动的顺利开展，从而达到理想的服务效果。

2. 组织形式上以工会为依托

为了协调企业和员工的矛盾而设定的工会并没有社会工作机构的专业性，它们各司其职、各有所长，但企业社会工作与工会工作是紧密联系的，企业社会工作需主动取得工会的支持，而工会尤其需要注重借鉴社会工作理念、方法与技术在工会工作的运用，如企业社会工作根据职工的需要和兴趣爱好，在工厂开展各类兴趣小组活动。[16]

3. 资源上以 NGO、NPO 为辅助

目前我国企业社工行业面临专业工作者供不应求，行业认同度不高等困难，因此，企业社会工作的开展与推进存在不少阻力。除了宣传企业社会工作让管理者重视外，推动非政府组织（NGO）及非营利组织（NPO）介入企业，支持社会工作的开展，也是开展企业社会工作实务的方法之一。

4. 服务上以职工为本

"助人自助"和"以人为本"是社会工作专业的基本理念，企业社会工作当然也要遵循这样以职工为本的理念，以帮助职工解决各种困难为目的。

5. 人才上以社会工作教育为源泉

社会工作教育是企业社会工作发展的前提，它对个人施以专业的教育训练，使之在专业知识、技能、专业伦理以及实践经验等方面符合企业社会工作专业实践要求。[17]它为企业社会工作专业准备合格的专业人员，更新企业社会工作专业知识和社会工作实务模式。

（二）介入方法

企业社工介入对员工发展起着不可代替的作用，不仅能帮助企业员工解决有关社会、经济、家庭、职业、心理等问题，而且是劳资双方沟通的桥梁，是企业和谐发展的有力保障。笔者认为企业社工介入对策有以下四点。

1. 个案工作的应用

个案工作是企业社会工作者遵循基本的价值理念，运用科学的知识和技巧，以个别化的方式为感受困难的员工提供物质和心理方面的支持与服务，帮助员工减轻压力、解决问题、挖掘生命的潜能，不断提高个人和社会的福利水平。[18]

在个案工作中，企业社会工作者要与案主建立彼此信任合作的和谐关系，运用个案工作技巧观察案主的动态，充分发现案主本身的潜能，调动案主的积极性，共同探讨、研究案主的问题，案主的家庭系统及生态系统，运用各种资源，提升案主解决问题的能力，最终达到帮助案主成长的目的。

2. 小组工作的应用

企业社会工作者按照一定的目标组织开展小组活动，通过小组过程和动力去影响小组成员的态度和行为，使其获得行为的改变、社会功能的恢复和发展、问题的解决的实务过程就是小组工作。[19]

小组工作的开展，丰富了员工学习生活和业余文化生活，但我们在开展小组活动的过程中应考虑到，小组工作开展时间较短，不利于员工成长的长期发展。由于小组活动举办的频次少，且涉及人员较多，活动中容易出现突发情况，导致小组活动只是为了活动而活动，缺乏长期目标。企业社会工作者应创造条件开展丰富多彩的培训和学习活动，丰富员工的业余文化生活，增强企业的凝聚力。

3. 社区工作的应用

对于成都富士康企业来说，笔者有权利和义务去为企业提供服务，对其所在的社区即高新区来说，高新区社区工作人员有权利和义务为本区的人员服务，而成都富士康企业属于该区，笔者和社区工作人员位置虽然不在一个序列，但在价值上同属一个体系。一方面，企业社会工作者在一定程度上依靠社区寻找资源；另一方面，可以运用社区工作的方法和技巧，以社区为平台提供服务，通过社会工作宣传以及理念的传递，提升员工参与集体活动的积极性和意识，培养员工的认同感，营造和谐、团结互助的社区文化氛围，实现社会公正。[20]

（三）社工实务

1. 促进员工心智成长

彼得·圣吉在《第五修炼》中谈到，企业本身是一个学习部门，企业员工首先是学习者，学习是企业战略的核心，一个企业持久的竞争优势在于比竞争对手具有学得更快的能力。企业社会工作服务要促进员工的心智成长，就需要借助专业技巧，让员工不断学习，不断进步。

案例一："一站到底"知识竞赛

一、活动背景

伴着凉爽的秋风，我们迎来了"一站到底"知识竞赛。在增加趣味性的同时可以让员工们体会到读书的重要性，培养他们基本的人文素养，营造学习的氛围，激发他们学习的欲望，增强他们的自信心。

二、活动目的

（一）为了提高员工们对知识的了解，将和谐文化带进3、4号苑，以丰富员工们的业余生活，展现自身才华，提升文化素养。

（二）加强员工间交流的同时促进其社团或兴趣小组的成立。

（三）让员工们有机会认识到自己掌握的知识是有用的，让他们懂得在生活中学习知识，在活动中掌握知识。

三、活动安排

本次知识竞赛面向3、4号苑全体员工。

（一）时间安排

1. 周赛：

（1）时间：2013年10月13日、10月20日、10月27日、11月3日16：00—18：00点。

（2）地点：4号苑社区活动中心、综合文化活动中心。

2. 挑战赛（由周赛回答问题超过10题者进行）：

（1）时间：2013年11月10日16：00－18：00点。

（2）地点：4号苑社区活动中心。

（二）前期准备

宣传：于10月13日以前做好宣传版面、海报、宣传页，并于10月13日投放至指定位置（4号苑活动中心门前）。

（三）竞赛流程

1. 主持人开场致辞。

2. 主持人宣布比赛规则。

3. 根据竞赛者入场时抽取的编号，把竞赛者按编号排列，由第一位选手进行挑战，赢取每位选手对应的奖品。

4. 赛制规则：

（1）以挑战者与攻擂者PK的模式进行。

（2）参赛者N（10 ≤ N ≥ 20）人，在其中选出1位挑战者，其余为攻擂者。挑战者将通过30秒（不包括主持人念题时间）限时答题与攻擂者一一

PK，挑战者有一次免答权和一次现场求助权。

挑战者在 PK 掉 3 名选手或 6 名选手后可以选择拿着奖品离开或继续挑战，若挑战者选择离开，由在场的攻擂者抽签决定下一个挑战者。但挑战者失败后，他获得的奖品归攻擂者所有，攻擂者则继续挑战。

最后一名站在台上的选手有机会冲击大奖，连续答对主持人给的 5 题即可。

（四）活动安排

活动内容	物资	负责人	协助者
前期宣传 （10 月 8 日—12 日）	报名表 N 张、海报 3 张、展架 2 个	邓社工 赵社工 尹社工	桂社工 刘社工 杜社工
周赛第一次 （10 月 13 日）	投影仪、幕布、笔记本电脑、话筒、音响、相机各一样，题库两本	赵社工 邓社工	桂社工 罗社工
中期宣传 （10 月 14 日—19 日）	报名表 N 张、海报 3 张、展架 2 个	桂社工 罗社工 尹社工	杨社工 刘社工 杜社工
周赛第二次 （10 月 20 日）	题库两本、相机 1 台	罗社工	桂社工 刘社工
中期宣传 （10 月 21 日—26 日）	报名表 N 张、海报 3 张、展架 2 个	桂社工 罗社工 尹社工	杨社工 刘社工 杜社工
周赛第三次 （10 月 27 日）	投影仪、幕布、笔记本电脑、话筒、音响、相机各一样，题库两本	桂社工	杨社工 刘社工
中期宣传 （10 月 28 日—11 月 2 日）	报名表 N 张、海报 3 张、展架 2 个	桂社工 罗社工 尹社工	杨社工 刘社工 杜社工
周赛第四次 （11 月 3 日）	题库两本、PPT、相机 1 台	尹社工	桂社工 刘社工
后期宣传 （11 月 4 日—9 日）	海报 3 张、展架 3 个	桂社工 罗社工 尹社工	杨社工 刘社工 杜社工
挑战赛（11 月 10 日）	投影仪 1 个、笔记本电脑一台、题库两本、话筒 1 个、音响 1 个、PPT、相机 1 台	罗社工	桂社工 刘社工

备注：题库由主持人负责选定和打印，题库 PPT 和倒计时 PPT 由电脑操作者完成。

四、总结

据笔者了解富士康企业员工经常在社区影院观看江苏卫视热播的《一站到底》节目,笔者受启发策划了此次"一站到底"百科知识竞赛活动。在此次活动中,员工们不仅积累了很多百科常识,丰富了员工们的业余生活,展现其自身才华,提升了文化素养,同时有利于建设文化公寓,将多读书、多思考的观念更加深入地植入企业文化中,让他们懂得在生活中学习知识,在活动中掌握知识,提高了学习的积极性,也为活动中心以后开展活动提供了良好的借鉴。

2. 引导员工职业发展

今天在哪个位置不重要,下一步准备迈向哪里才更重要。职业不断发展的人生才是成功的人生。企业社会工作开展的一些实务活动,如"员工职业生涯规划"活动,帮助员工认识自我,发现自身的优势,发掘他们的潜能,引导他们树立职业目标,克服各种困难,从而促进职业发展。

案例二:员工职业生涯规划活动

一、活动背景

随着富士康企业的发展壮大,员工队伍也越来越壮大,为企业的可持续发展提供了重要保证,但由于不少员工存在缺乏工作动力,缺乏有规划性的明确的人生目标,缺乏自信心等现象,导致自己不能脱颖而出。

二、活动目的

开展此次"员工职业生涯规划"活动,引导员工制定促进职业目标实现的策略,使员工能够深入了解自我、了解从事的职业、了解社会,正视面临的压力,规划未来美好生活。

三、活动对象:成都富士康企业员工

四、活动时间:2013 年 7 月 13 日—7 月 27 日

五、活动地点:成都高新区西园街道综合文化活动中心二楼社区大礼堂

六、活动准备

利用宣传展板、横幅、视频等各种方式对本次活动进行宣传;组织员工报名活动,发放和收回报名表。

七、活动过程

活动主题	活动时间	活动内容	活动目的	备注
有缘千里来相会	7月13日	1. 破冰游戏：一块五毛 2. 寻找有缘人 3. 人际滚雪球 4. 你跌我们接 5. 同舟共济 6. 解开千千结 7. 活动分享，告知下次活动时间	1. "破冰"之旅使成员间相互了解，初步建立互动关系 2. 使成员了解活动的性质、目标及参与活动应该遵守的规范 3. 澄清成员参加动机 4. 营造良好的活动氛围	
我就是我	7月14日	1. 破冰游戏：糖葫芦 2. 以人为镜 3. 我的潜力有多大 4. 掰"玉米"的小熊 5. 洞口余生 6. 天生我才 7. 活动分享，告知下次活动时间	1. 使成员正确地认识自己的个性，并接纳自己 2. 协助成员发现自身优点，学会用优势视角看自己 3. 提高成员的自信心	
职业生存、价值探索	7月20日	1. 破冰游戏：大风吹 2. 胡思乱想 3. 职业大猜谜 4. 人生的最后时刻 5. 价值观拍卖场 6. 活动分享，告知下次活动时间	1. 协助成员探讨工作对个人的影响 2. 澄清成员的价值观 3. 探讨价值观与专业、兴趣的关系	主持人做好引导、支持和鼓励工作 协助人员做好礼品发放工作
精彩世界、生涯规划	7月21日	1. 破冰游戏：大树小松鼠 2. 巧过迷宫 3. 时间分割 4. 命运之牌 5. 生涯幻游 5. 活动分享，告知下次活动时间	1. 帮助成员合理管理和运用时间，从而在生涯规划上掌握主动权 2. 协助成员确定职业目标，规划工作和业余生活	
我的未来我做主	7月27日	1. 破冰游戏：捉害虫 2. 一唱一和 3. 突破重围 4. 坚强后盾 5. 成员分享，主持人总结并宣布活动结束	1. 引导成员正视就业压力 2. 学会利用现有资源为未来铺路 3. 协助成员调整活动结束的心情	

八、总结

笔者通过分析，发现富士康企业员工普遍存在工作目标不清晰，没有职业规划习惯的问题，因而开展了此次活动，在员工认识自我和职业规划方面取得了一定的效果。

3. 确保员工健康与安全

员工健康与安全是正常从事工作的前提。健康通常是指生理健康（没有足以妨碍身体正常活动之疾病与伤害）和心理健康（没有心理与情感的问题）；安全则仅仅指保障身体能够正常工作。若员工的安全或健康受到威胁，不仅关系到员工个人，更会对其家人和企业造成不利影响，也就是说这将带来一系列的连锁反应，因此企业社会工作重视员工的健康与安全，开展相应的实务活动有利于确保员工能力之发挥。

案例三："健康生活·快乐工作"夏季疾病预防知识普及活动

一、活动目的

夏季天气炎热，容易诱发各种疾病，为了提高员工的疾病预防意识，增加员工的夏季健康知识，特举办"健康生活·快乐工作"夏季疾病预防知识普及活动。

二、活动形式

本次活动以现场咨询、知识竞赛及互动游戏相结合的形式开展，活动项目详见活动内容。

三、活动时间：2013 年 8 月 9 日 17：00－18：30

四、活动地点：青年公寓 4 号苑社区活动广场

五、预期参与人数：100 人

六、活动内容

序号	活动项目	活动规则	物资	志愿者
1	医生现场答疑	员工可以现场咨询医生关于夏季疾病预防方面的知识，医生给予专业方面的建议；员工可以自由领取夏季疾病预防的宣传单等	夏季疾病预防宣传单	1 名
2	夏季健康知识竞赛	员工自行摘取问题字条，出示厂牌登记后方可答题。答对第一题后才能继续作答，连续答对 5 题封顶。根据答对数分获对应奖品（参与奖：综合文化活动中心体验券一张；答对一题：扇子一把；答对两题：牙刷一把；答对三题：牙膏一盒；答对四题：香皂一盒；答对 5 题：花露水一瓶）	夏季健康问题字条，绳子，活动登记表，体验券，扇子，牙刷，牙膏，香皂，花露水等	2 名

续表

序号	活动项目	活动规则	物资	志愿者
3	我是套圈高手	将加多宝、矿泉水、香皂、花露水等物品分类摆放在地上，距离由远而近，难度适中，参与者手持竹圈，套中物品便可以带走，每人限拿3个竹圈。参与者套走相关物品后，工作人员及时补上，补完备用物品为止	加多宝、矿泉水、香皂、花露水等	1名

七、活动流程

该活动主要分为：策划→宣传→筹备→活动开展→后期制作等五部分。

阶段	事项	物资	时间	负责人
策划	制定策划书	策划书	8月7日	袁欢、杨玲
宣传	多种方式进行活动宣传	口授、宣传单等	8月8日	赵焱
确定策划及人力安排	确定子活动策划	子活动策划书	8月8日	杨玲
	确定现场工作人员	确定现场人员及其工作职责	8月8日	袁欢
确定物资及场地安排	确定所需物资	物资清单及开支预算	8月7日	袁欢
	采购所需物资	物资清单	8月8日	袁欢
	确定场地布局样式	设计布局图	8月8日	袁欢
活动现场执行	场地布置	布置场地	8月9日	桂焱娥、赵焱
	活动流程管理	确保活动有序开展	8月9日	袁欢
	图像记录	照相机	8月9日	杨玲
	结束活动	场地整理	8月9日	赵焱
后期工作	制作宣传文件	新闻稿、照片整理	8月9日	赵焱

八、人力安排

岗位	岗位职责	责任人
活动总协调	全程协调活动筹备、执行、总结	袁欢
宣传统筹	对活动进行宣传	赵焱
活动统筹	确定各环节方案、跟踪子活动的准备	袁欢
物资统筹	协调物资采购及保存、使用	袁欢
志愿者统筹	协调志愿者支持活动	桂焱娥
现场图像记录	协调照相	杨玲
安全控制	维持现场秩序、确保安全	物管公司

九、总结

此次夏季疾病预防知识普及活动中"知识竞赛"共有 40 多名员工参与，志愿者发放 80 多份"夏季疾病预防"宣传单。企业社工机构会继续根据员工的现实需求，向富士康员工宣传更多的健康知识，使其健康进一步得到保障。

五、企业员工成长企业社工介入服务满意度分析

为了全面、深入地了解员工对企业社会工作介入的态度，笔者对 30 名志愿者调查员进行培训，然后对成都富士康企业员工做满意度调研，调查企业社工举办的活动是否有用，是否能够满足他们的各种需求。通过本次调研我们发现，企业社会工作提供的服务，大多数人满意，但是也发现了很多不足的地方。这次调研之后，在服务方面做了相应的调整，将结合青年公寓各方资源，通过其他方式去解决员工提出的需求，力求为员工营造一个温馨、和谐的青年公寓。

（一）满意度分析

1. 总体满意度

本次调研，主要从活动和场馆设置方面出发，借以了解员工的满意度。通过员工对中心活动是否能满足需求的反馈看出，大多数员工觉得中心活动能满足自己的需求，占总参与人群的 82.79%，仅有 17.21% 的人认为不能满足。在对员工中心场馆设置是否能满足需求中发现，78.93% 的人认为能满足，21.07% 的人认为不能满足。

2. 主要参与度和满意度

在此次调研中，我们希望通过了解参与人群主要参与哪些方面的社区活动、社区活动总体满意度、哪些方面满意和哪些方面不满意来判断员工的主要参与度和满意度。

从图 1 可以得出，参与调研的人群中，31.50% 的员工参加竞技娱乐比赛类型活动，参加培训、学习类型和大型节假日类型活动分别是 23.20%、23%，参加志愿者和社团方面活动的分别是 11.3%、11%，志愿者和社团是团体的形式，而不是只是单单地只参与某一次活动，这也符合参与调研人群的年龄特点和年龄阶段的特征，但志愿者和社团能更好地让员工感受到集体温暖、"家"的感觉，所以这方面需要加强。

调查结果显示，参与调研的人群中，8.85% 的人对活动非常满意，43.07% 的人较为满意，40.71% 的人认为一般，认为非常不满意和较为不满意的分别占总人数的 0.59% 和 6.78%。由此看出，活动总体满意度达到 92.63%，说明员工对中心给予了充分的认可，也对中心寄予了很高的期望。

百分比

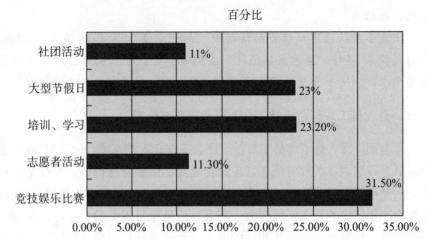

图 1   最主要参加的活动类型

参与调研人群中，51%的人对活动的趣味性感到满意，26%的人对活动组织方面感到满意，21%的人对活动礼品方面感到满意，在下一步，应该在活动组织方面加强，活动礼品方面进行改善。

3. 服务及环境满意度

此部分的调研希望通过员工对中心工作人员服务态度、场馆卫生情况、喜欢中心提供的什么功能、整个场馆的舒适度方面去了解员工对服务和环境满意度的情况。

参与调研的人群中，17.6%的人对中心工作人员的服务态度感到非常满意，26.2%的人较为满意，50%的人认为一般；16.5%对场馆卫生感到非常满意，45%的人感到较为满意，32.9%感到一般；最喜欢中心提供的阅览功能的占总人数的30.4%，喜欢影视的占总人数的27.2，喜欢社区活动的占总人数的22.2%，喜欢棋牌占总人数的14.5%，由此可以看出，员工喜欢个人的活动；整个场馆舒适度感到非常满意的占参与调研人群的11.18%，35%的人较为满意，40.88%的人感到一般，10.59%的人较为不满意，2.35%的人非常不满意。

参与调研人群提出的建议中，主要涉及活动开展、设施设备、健身器材方面。许多员工希望中心能有无线网络和开放免费 WiFi，多配备健身器材，最好有一个健身房间，希望活动注重娱乐性和组织性。

（二）回应方案及改进措施

1. 加强宣传

由于宣传方式单一，员工流动性大，导致工青妇服务中心的知晓率低，活动的参与率低。工作人员要走出中心，走到员工中去。通过进员工宿舍、在食堂宣传栏贴海报，在员工密集区摆摊宣传、经常举办户外活动等方式让更多入住员工了解并参与工青妇服务中心活动。

2. 活动有针对性、品牌化

从对"员工参与活动的动机、活动满意的方面、最喜欢参与的活动类型、喜欢场馆提供的功能"的了解来看，员工比较喜欢娱乐性强、趣味性高，竞技性高、单人可以直接参与的活动，在设计活动时，应该尽量符合这些方面的要求。

活动在符合员工需求的同时，还应发挥示范引领作用，加强思想教育引导。从项目开始以来，便提出"逸生活"项目品牌，并创建了"逸友学苑""逸友会""逸友赛"和"逸友之家"等子品牌，以"逸生活、一起来"为口号，开展了各类丰富的活动，倡导"快乐工作、健康生活"的价值观念，为高新区企业入住员工构建温馨的公寓生活。为了让项目的活动更具影响力，让员工对活动的内容更感兴趣，服务中心将继续坚持项目品牌化路线，把"逸生活"品牌做大做强。

3. 活动时间调配

从对"员工喜欢在哪个时间参与活动"的调查中发现，在周末参与活动的人数最多，其次是法定节假日和周一至周五的晚上。从这里发现，周末员工有时间参与活动，其次是节假日和周一至周五晚上，所以设计活动时，把活动时间尽量放在周末，其次是节假日和周一和周五晚上，周一至周五白天为活动做前期准备，这样可以有效地利用资源（财力资源、人力资源、物力资源）。

4. 加强组织建设

青年公寓入住员工数量庞大，爱好各异、兴趣不同，服务需求也不一样，工青妇服务中心要覆盖更广泛的群体、提供更具针对性的服务，必须充分发挥员工特长，积极培育和发展兴趣小组、协会、社团等组织，如音乐社、书画社、志愿者服务队等，让员工们组织起来自我服务、互相帮助，更有效地满足他们的多样性需求。

5. 抓好场地管理

工青妇服务中心作为服务员工的多功能公共平台，必须时刻保持场地清洁卫生、物品整齐有序、环境舒适安全、设施运行正常，要进一步完善各项规章制度、明确工作流程和作业标准，落实定人定岗定责制度，加强巡视检查，确保场地有序运转。

6. 提高工作人员的服务水平

从对"此服务中心的企业社会工作者服务度满意度、场馆卫生满意度、活动开展方面"的调查发现，社会工作者在服务水平方面需不断提高，走向专业化。

六、小结

综上所述，企业员工成长存在员工缺少成熟稳定的职业成长环境、企业科层化管理体系使员工情绪与人性化需求受到忽视等问题，这些问题需要企业社会工作的介入，进行改善，以促进员工成长。本文以社会工作视角和方法切入，从企业、工会、NGO 和 NPO、社会工作教育等介入途径出发，建立一套综合运用个案、小组和社区工作等方法，联合员工个人、企业、社会和政府、企业社工的力量共同参与，以促进企业员工的成长。

由于本文的研究方法和笔者的研究水平有限，本研究还存在很大的不足，这将是笔者以后努力的方向。对于企业社工的研究资料很少，笔者在以后的学习和工作中将从两方面进行研究：一是企业社工如何服务困难职工，以促进其成长；二是研究企业社会工作对企业长期发展带来的经济效益和社会效益。

参考文献

[1] 高钟. 中国本土企业社会工作面临的机遇与挑战 [J]. 社会工作，2012（02）：8—12.

[2] 默顿. 社会理论和社会结构 [M]. 唐少杰，等译. 南京：译林出版社，2006.

[3] 彭剑锋. 人力资源管理四大机制 [J]. 企业管理，2003（09）：90—93.

[4] 高钟. 企业社会工作与缓解蓝领员工流失——以苏州工业园区为例 [J]. 社会工作（学术版），2011（04）：9—14.

[5] 俞文钊. 现代激励理论与应用 [M]. 大连：东北财经大学出版社，2006.

[6] 倪先平. 员工成长的 14 种能力 [M]. 北京：中国华侨出版社，2008.

[7] 卢进强. 对中小企业核心员工管理的几点建议 [J]. 中国商贸，2012（07）：125—126.

[8] [10] 周沛. 企业社会工作 [M]. 上海：复旦大学出版社，2010.

[9] 张西超. 员工帮助计划——中国 EAP 理论与实践 [M]. 北京：中国社会科学出版社，2009.

[11] 张宏如. 企业社会工作的有效路径：本土化员工帮助计划 [J]. 江海学刊，2011（06）：123—127+239.

[12] 孙冬梅. 国内外员工帮助计划（EAP）的研究综述 [J]. 北京建筑工程学院学报，2009（03）：55—59.

[13] 高钟. 企业社会工作概论 [M]. 北京：社会科学文献出版社，2006.

[14] 耿春雷，方舒，郑广怀，等. 企业社会工作专家谈 [J]. 社会与公益，2013 (05)：60—61.

[15] 樊晨. 企业员工成长的社会工作介入研究 [D]. 武汉：华中农业大学，2013.

[16] 杨佳萍，雷建华. 工会内置东莞未来企业社工发展新模式 [J]. 社会与公益，2014 (10)：19—21.

[17] 王思斌. 社会工作导论 [M]. 北京：高等教育出版社，2004.

[18] 许莉娅. 个案工作 [M]. 北京：高等教育出版社，2011.

[19] 刘梦. 小组工作 [M]. 北京：高等教育出版社，2003.

[20] 徐永祥. 社区工作 [M]. 北京：高等教育出版社，2004.

农村留守儿童关爱保护政策成效及反思

——以叙永县农村留守儿童关爱保护政策为例

付文静

修订人：黄珞铭

指导教师：陈世海

摘　要　近年来，随着社会对农村留守儿童关注度的不断提高，国家与社会针对农村留守儿童的特殊情况制定了一系列的关爱保护政策。在此，笔者通过相关文献的查阅以及对四川省叙永县有关农村留守儿童的政策分析，得出农村留守儿童关爱保护政策目前尚有不足，其内容过于简单，工作执行过于痕迹管理，服务达不到预期效果。为更好地解决农村留守儿童面临的问题，推动农村留守儿童关爱保护政策持续落实的方法，推动与监督政府政策有效落实。笔者通过对四川省叙永县社工介入农村留守儿童关爱保护政策的服务探索，深刻认识到政府与社工在服务中各自的不足与优势，探索从政府加大对留守儿童关爱保护的资金投入，完善政府政策以及专业能力的提升，从社工机构落实项目执行以及多元化社会力量的参与服务与监督，探索可行的社工与政府合作模式，为社会工作介入农村留守儿童关爱保护政策服务提供借鉴和参考。

关键词　农村留守儿童；农村留守儿童关爱保护政策；社会工作

一、绪论

（一）研究背景

我国建立了农村留守儿童动态管理信息库，对农村留守儿童进行基础信息动态管理，民政部每隔几年就组织全国开展农村留守儿童和困境儿童信息统计排查工作。2018年排查得出当前农村不满十六周岁的留守儿童数量为697万人，与2016年全国摸底排查数据相比，当前我国农村留守儿童总体数量下降

22.7％。其由祖父母或外祖父母照顾占96％，由亲戚朋友代照顾占4％。从留守儿童分布范围看，四川省、安徽省、湖南省、河南省、江西省、湖北省、贵州省等7省的0—5岁、6—13岁、14—16岁年龄段农村留守儿童总数分别占全国农村留守儿童总数的71.5％、69.2％和76.3％。[1]

在社会快速转型期，面对如此庞大的农村留守儿童数据，我国面临如何解决农村留守儿童社会权益保障与发展等一系列问题，这进而关系到整个社会的和谐与稳定，我国的农村留守儿童关爱保护政策面临着巨大的压力与挑战。目前，我国关于农村留守儿童的关爱保护政策措施主要是包括三个部分："中央政策法规"、"地方政策文本"和"典型关爱模式"。[2]在留守儿童关爱与服务实践中，政府作为牵头主体，政府处于主导地位，引导各社会力量共同参与。参与主体有：政府部门、社区、学校、家庭、民间组织等。[3]笔者粗略整理近年来涉及留守儿童的相关政策，包括2006年发布的《国务院关于解决农民工问题的若干意见》，《教育部关于教育系统贯彻落实<国务院关于解决农民工问题的若干意见>的实施意见》，《全国妇联关于大力开展关爱农村留守儿童行动的意见》；2007年，全国妇联等13部委发布的《关于开展"共享蓝天"全国关爱农村留守流动儿童大行动的通知》；2010年颁布的《国家中长期教育改革和发展规划纲要（2010—2020年）》；2011年发布的《中国儿童发展纲要（2011—2020年）》，《关于开展全国农村留守流动儿童关爱服务体系试点工作的通知》；2013年发布的《关于加强义务教育阶段农村留守儿童关爱和教育工作的意见》；2014年发布的《国家贫困地区儿童发展规划（2014—2020年）》；在2016年发布的《国务院关于加强农村留守儿童关爱保护工作的意见》，《国务院关于加强困境儿童保障工作的意见》；以及2018年发布的《国务院办公厅关于同意建立农村留守儿童关爱和保护困境儿童保障工作部际联席会议制度的函》。

随着近年来社会对留守儿童关注度的不断提高，社会呼吁国家政府部门对留守儿童问题关注的呼声不断增强，留守儿童的问题也不断提上议程，我国对于留守儿童的关注力度越来越大，也在不断推进关爱保护政策的建设和完善。但是从中我们仍然可以看到，如果留守儿童的问题仅仅是在政府层面上、会议上以及政策上，那么留守儿童问题将会迟迟得不到解决，抑或是停留在表面上。2006年至今，十余年来国家政府不断加强对留守儿童问题的解决，但是成效见微，在各个地方仍然有留守儿童问题没有得到解决，且面临着生活中的困境。如贵州省毕节市发生的两起留守儿童安全事故：2012年5名留守儿童在垃圾箱内生火取暖导致的中毒死亡，2015年4名留守儿童在家中服毒自杀死亡。其中留守儿童生活中面临安全事故也时常发生，除此之外还涉及教育保障的问题，如偏远山区仍存在大量的辍学儿童，心理健康问题，如留守儿童长期缺乏与父母的交流沟通，社会支持不足等，此外便是仍然有一部分留守儿童家庭贫困造成留守儿童生活成长所需基本物资不足。通过留守儿童面临的种种困难，我们可以明确知道社会针对留守儿童的关爱保护存在很大不足：政策执行力度不足、国家缺乏专项财政支持、地方政府能力不足、基层部门间责任推诿等，在此学者周小燕提出家庭建设才是解决农村留守儿童问题根本所在。[4] 就此分析可得，尽管当前政府涉及留守儿童关爱保护政策的内容十分全面，但是执行力度尚欠缺，对留守儿童问题的解决也尚未触及本质，有关留守儿童关爱保护政策的执行任重而道远。

（二）相关文献分析

我国在有关农村留守儿童方面的研究可以追溯到 20 世纪 80 年代，学者苏维骧与卢国良从社会结构现状分析，提出由于经济的迅速增长、城镇化和现代化进程的迅猛推进，城乡二元体制的经济社会结构的存在导致农村"留守儿童"及其社会化问题日益凸显，要想从根本上解决农村留守儿童问题，必须从解决当前的城乡二元结构开始。[5][6] 随着农村留守儿童问题的逐渐社会化，经济学、社会学、心理学及人类学专家针对农村留守儿童问题提出了一系列发展规划，对社会问题进行更深层次的研究，引起了国家政府层面的重视，进而逐步对农村留守儿童的生存及发展等基本权益保障颁布了一系列的关爱保护政策。学者王玉香与吴立忠对有关农村留守儿童政策发展历程进行分析与描述，针对农村留守儿童表现出来的特殊性，面临着的问题呈现出来的地域性、特殊性、复杂性等，国家层面颁布的对留守儿童方面的政策文件也突出渐进性、深化性、全面性等特征。有关留守儿童的关爱保护政策也从社会层面的呼吁逐渐变为政府主导下的行政事务，国家政府部门到地方政府部门再到基层单位与联合地方组织提供服务，直接形成纵向联动保护的实践网络体系推动留守儿童权益保护机制的形成。[7] 学者杨舸把农村留守儿童关爱保护服务的群体按照地位和发挥作用来划分，分为"主导性"和"从属性"两个不同的群体，体现出农村留守儿童关爱工作的开展是不同方面不同群体参与的。学者杨舸与吴锦雯表示当前留守儿童社会福利的政策规定缺乏可操作性，政策倡导多于具体落实；留守儿童实际保障力度不到位，除了关爱保护政策责任主体没有明确规定；更缺少必要的配套政策，缺乏必要的监督、评估与问责机制；在行政管理上，缺乏统一的领导与组织机制。[8][9] 学者唐伟和康克佳表示当前中国的法律法规之中没有一部是针对留守儿童合法权益保护的，因此当前中国社会急需完善和增加留守儿童法律法规和社会保障制度。[10]针对这一现状学者黄铁苗，徐常建则提出建议我们应该向西方国家学习，建立符合我国国情的《留守儿童权益保护法》。[11]

同时，随着社会福利理论在我国的传播近年来得到大众的认同，儿童福利观的传播渐渐深入人心，越来越多的人认识到社会政策下的政府主导与社会力量的参与对农村留守儿童关爱保护政策的推进起着关键的作用，福利多元化不仅在理论上，且在实践中也对农村留守儿童的关爱保护政策起着启迪作用，福利五边形：政府当局、市场、家庭、会员组织及社会网络，同样解释留守儿童政策的组成，不仅包括政府提供的直接帮助，也包括政府对其他社会福利提供者和提供机构进行指导、制定规范及激励政策。[12]在《国务院关于加强困境儿童保障工作的意见》中明确提出，关爱农村留守儿童要发挥群团组织，动员社会力量，建立形成城乡一体、上下联动、协同配合的困境儿童与留守儿童的关爱保护体系。[13]在学者张义烈、陈世海与赵廷的西部地区寄宿留守儿童学校社工服务体系建设研究中，体现出家庭和学校在留守儿童保障工作体系建设中的重要作用，这一点与学者刘龙提到的学校参与农村留守儿童关爱保护体系建设意见一致。[14][15]学者董才生与马志强提出留守儿童关爱保护政策需要以家庭成员或类家庭成员为政策执行主体、以促进留守儿童家庭功能修复的"家庭整合"型政策是理性选择。学者杨洋提出，我们也可以得出建设农村留守儿童关爱保护工作体系要突出家庭主体责任。[16][17]学者王婴提出充分发挥社会工作在基层民政中的作用，体现出社会工作参与留守儿童关爱保护政策的行动，同时也倡导社团组织和慈善机构等要通过各种方式关爱留守儿童。[18]因此留守儿童的关爱保护政策不仅在参与主体上逐渐多元化，也在提供服务方面延伸开来，从最开始的涉及留守儿童自身的资金物质帮助逐步转变为围绕留守儿童社会生活的一系列关爱保护措施，其中就包括建立留守儿童之家，爱心妈妈，心理辅导室，圆梦助学金等。

因此，我们可以看到农村留守儿童关爱保护政策大体涉及以下几个方面：第一，留守儿童基本生活条件的保障，指的是针对农村留守儿童必要的生存权的保障，对农村留守儿童贫困及基本医疗卫生服务问题的解决，加大对农村留守儿童卫生医疗经费的投入，对经济困难的留守儿童家庭提供医疗减免，且对贫困家庭的留守儿童提供经济上的帮助，划入当地精准扶贫对象。第二，农村留守儿童生存环境的构建与完善，是对农村留守儿童发展权的保障，包括为农村留守儿童提供必要的娱乐与学习的环境，提供干净的饮用水与有营养的食品，对其生活环境中有危害有危险环境的隔离。第三，是受教育的权利，保障每一个农村留守儿童不受家庭或社会的影响都有公平受教育的机会，坚持当地政府管理和全日制办公，保障农村留守儿童就学权益。第四，农村留守儿童心理关爱，许多地方政府及基层组织逐渐认识到农村留守儿童所缺乏的不仅仅是经济上的援助，更多的是精神上的安慰，尽管很多留守儿童在生活上有父母寄来的生活费，但是精神生活却"一片荒芜"，因此，更多的当地政府开始注重留守儿童的精神丰富及心理健康问题，当地学校及基层组织也在为关爱农村留守儿童心理健康方面做出努力，其中有建立留守儿童保护之家，爱心妈妈，心理辅导室，栋梁工程助学金等。第五，完善基层部门建立农村留守儿童救助保护中心，及时发现和制止拐卖、家庭暴力和不法侵害等事故的发生，保护农村留守儿童人身安全，对农村留守儿童合法权益加强保护。

（三）研究意义

1. 理论意义

第一，推动社会工作理论的本土化。中国历来有慈善事业的发展，但是没有专业的社会工作的发展，社会工作作为一个"舶来品"想要在中国这片大地上生根发芽，需要适合中国国情，不断调整自己的发展模式。社会工作想要在中国发展不仅仅是面对中国这么一个不同的国度，中国正处于经济转型期，目前还存在比较严重的城乡分化情形，社会工作发展必需在中国这片土地上注重传统文化的挖掘，社会工作者要学会挖掘"传统资源"并进行我们自己的理论开发，对"西方"社会工作理论做出自己的理论借鉴，有自己的意识自觉和深度思考，进而对"中国经验"做出理论挖掘和提升。因此，社会工作参与到农村留守儿童关爱保护政策的服务中来，有利于社会工作进行学科自省，理论自觉以及能动构建。

第二，社会工作针对社会政策的分析与回应。政府行政人员以及专业的社会工作者，社会各力量群体共同参与农村留守儿童关爱保护的服务过程中，对自己的服务实践进行研究，深刻认识到政策的可行性及政策对实践工作开展的影响，通过对社会工作专业知识和理论的探索发展，为社会政策制定和执行提供可信的社会依据。因此，在实际工作的开展过程中，工作人员通过对政策的解读与宣传，对实际情况的反思等，以此不断影响政策的调整修改，具体执行等具体情况。同样行政工作人员多年的深入基层工作经验，以及有关留守儿童关爱保护服务行政工作经验的积累，让我们对农村留守儿童的特性有了新的认识，国家政府针对农村留守儿童关爱保护服务政策的制定、组织及执行才有更科学，更全面的依据和指导。科学的理论指导实践推行，符合实际的农村留守儿童关爱保护政策检验了理论，并且在此基础上推动新的理论的产生，推动农村留守儿童关爱保护政策经验的总结，推动农村留守儿童关爱保护模式的创立，为农村留守儿童关爱保护服务增添光彩。

2. 实践意义

第一，推动农村留守儿童关爱保护措施模式的建立，缓和社会矛盾，推动社会公平和谐发展。面对当前中国数据庞大的农村留守儿童群体，解决他们实际问题，维护其合法权益，帮助其健康成长成为一个迫切的问题。本文通过对相关留守儿童文献的查阅和分析，同时通过具体介入农村留守儿童关爱保护政策服务，呈现当前农村留守儿童的问题与需求，总结政府结合社工介入偏远农村留守儿童关爱保护服务的经验，与此同时，在社工介入农村留守儿童关爱保护层面探索出一条更能满足服务对象特殊性需求和适宜性服务的农村留守儿童关爱保护措施模式——政府与社会力量相结合的模式，社会工作专业队伍的介入，提高服务的成效，为政府结合社会工作在关爱保护农村留守儿童服务方面提供参考和经验；另外，探讨社会组织在关爱保护农村留守儿童服务中存在的不足和对策建议，为政府和社工机构进一步规范和完善农村留守儿童关爱保护政策提供理论基础。在政府和社会组织参与及推动农村留守儿童关爱保护政策及福利的同时，慢慢认识到关于农村留守儿童关爱保护政策的实质，其体现的不仅仅是一种国家政策，更体现的是推进社会公平，提升社会公民福利。农村留守儿童关爱保护政策，不仅改善了社会中的困难贫困群体的生活状况，而且缓和社会矛盾，推动社会公平和谐发展。

第二，建立与完善农村留守儿童关爱保护机制。经过从提出留守儿童问题到留守儿童关爱保护政策的执行以来的实践与发展，让我们对农村留守儿童从社会根源上有更深层次的思考，对农村留守儿童关爱保护机制也有了更系统的构思。2016 年国务院发布《关于加强农村留守儿童关爱保护工作的意见》（以下简称意见），提出两大工作任务：一是完善农村留守儿童关爱服务体系，二是建立健全农村留守儿童救助保护机制。《意见》提出从政府、家庭、学校三方与留守儿童关系密切联系的主体，要发挥作用，建立农村留守儿童关爱保护工作体系，政府部门及社会力量参与推动和监督农村留守儿童救助保护机制有效运行，保障农村留守儿童侵害事件有效遏制。在政府指导下，根据留守儿童关爱保护政策的主旨，引导不同群体，各社会组织在协同合作下推动农村留守儿童关爱保护机制的建立和完善。

（四）概念界定及理论基础

1. 概念界定

第一，农村留守儿童。本文采用国务院文件对农村留守儿童的定义：根据

2016 国办发〔2016〕36 号《国务院关于加强困境儿童保障工作的意见》，本文将农村留守儿童界定为：是指居住在农村乡镇地区，其父母双方外出务工或一方外出务工另一方无监护能力、不满十六周岁的未成年人。

第二，农村留守儿童关爱保护政策。农村留守儿童关爱保护政策指的是政府或其他社会组织制定的为儿童提供健康的生存环境，以保护农村留守儿童的身心健康，保障其合法权益，促进其全面发展和充分参与社会、文化、教育生活以及其个人成长与福利所必需的其他活动的政策。[19]

2. 理论基础

第一，社会支持网络。社会支持网络是指个人在社会交往中形成的社会关系网，通过社会关系网中的亲密伙伴、社区和相关他人提供个人生存和发展所需的物质支持、精神支持、信息、服务、认同及归属感以及拓宽自身关系网，从而使自身获得更大的社会支持和社会资本，更好地应对困难情境的发生。

社会支持网络的分类：徐勒从社会支持的来源对社会支持网络进行分类，社会支持分为正式支持和非正式支持系统两类，其中正式支持系统指的是政府部门、学校、工作单位及相关的专业团体，主要是通过法规政策等成文的规定来表述并发挥作用，由国家和政府部门进行直接干预；而非正式系统主要是指其家人、亲属、邻居、朋友、社区志愿者等，主要是通过血缘关系或道德规范来维系并发挥作用，而不是由正式的组织来进行干预和实施。[20]

肖水源从社会支持功能的角度把社会支持分为经济支持、生活支持和精神支持，也可以分为有形支持和情感支持，其中经济支持包括物质和金钱两大方面，物质包括食物、生活用品和住房等，金钱主要指生活费用和医疗费用；生活支持指的是日常照料和服务，包括娱乐、医疗和康复等；精神支持指的是与农村留守儿童交谈、倾听、提供心理咨询等一切关爱保护农村留守儿童的活动。[21]

第二，社会系统理论。巴纳德提出组织是一个复杂的社会系统，而农村留守儿童关爱保护机制的建立和完善需要我们从社会学的观点来分析和研究。我们借此理论来分析社会各组织在参与关爱留守儿童服务中起着什么作用以及各自承担着怎样的角色。社会系统理论在农村留守儿童关爱保护政策中体现在以下几点：①社会作为一个大组织，强调人与人之间的相互交流，留守儿童关爱保护政策的执行需要社会中人们的共同行动，在社会组织中需人们相互之间的协作才能发挥作用。②在社会的运行中，各种社会力量共同参与进来为解决留守儿童问题这一共同目标相互交流，协助合作，为实现农村留守儿童美好未来而共同努力。③政府在农村留守儿童关爱保护工作体系中处于相互联系的中心，致力协调工作，组织在一起工作的人为实现目标做出最大贡献。为使社会各群体成员能为农村留守儿童关爱保护机制做出贡献。根据巴纳德提出"诱因"和"威慑"方案,"诱因"是指采用报酬表扬的方式来鼓励社会群体为完善农村留守儿童关爱保护机制做出贡献,"威慑"是指采用监督、检验、教育和训练的方法促使社会群体做出贡献。这一协作系统体现出政府作为留守儿童关爱保护政策的主体,在实现建立农村留守儿童关爱保护工作体系这一目标时,政府在这一社会系统中起的"引导"和"监督"等作用。④经理人员中充当系统运转的中心,体现出政府在留守儿童关爱保护活动中的主导作用。

二、研究内容及方法

(一)研究内容

本文笔者以四川省叙永县的农村留守儿童为研究对象,利用具体的政府购买农村留守儿童服务项目为契机——叙永县 2018 年留守儿童"双管理＋三支持"社会工作服务项目,从中发现当前社工机构在农村留守儿童方面存在的不足并提出相应的解决方案,总结社工介入农村留守儿童关爱保护服务的经验,尝试探讨政府结合社工介入农村留守儿童关爱保护的模式,从而更好地帮助农村留守儿童生活,推动政府结合社工介入农村留守儿童服务的发展。

(二)研究方法

1. 文献法

第一,在开展研究以前,笔者对有关农村留守儿童关爱保护政策的文献进行收集和分析,了解目前国内关于农村留守儿童关爱保护政策这一领域的现状以及农村留守儿童关爱保护政策的成效反思方面的一些具体可行的介入策略,并撰写文献综述。第二,在政府与社工落实农村留守儿童关爱保护政策执行的过程中,针对遇到的问题进行资料的查阅,以及时解决问题,保障服务的顺利进行。第三,对四川省叙永县农村留守儿童的关爱保护政策进行了解,了解当地农村留守儿童具体情况,了解和分析当地政府购买社会服务情况,以及叙永县的社会工作服务中心开展农村留守儿童关爱保护服务项目情况。

2. 访谈法

访谈法主要用于资料收集和档案建立的过程、服务过程以及评估的过程三个过程。对不同服务对象的访谈有助于笔者收集了解农村留守儿童关爱保护政策实施的成效,利于促进笔者对农村留守儿童关爱保护政策进行反思。第一,对农村留守儿童关爱保护政策涉及的服务对象及家人进行访问:首先,建档过程中访谈内容主要包括服务对象的基本生活情况、身体状况、对社工的期望以及渴望得到的帮助。这些问题有利于帮助社工有效地了解服务对象的基本情况以及服务对象的问题与需求，帮助社工针对服务对象的具体问题进行个别化的介入。其次，在服务过程中，通过与服务对象的交流，对服务对象进行情绪疏导和心理慰藉，并及时了解留守儿童的问题和特殊需求，帮助社工针对性地提供更加优质的服务。最后，在评估过程中，询问服务对象对社工的服务水平、服务态度以及专业技巧、服务对象的目标达成情况和满意度等方面的情况，以此来收集服务对象对农村留守儿童关爱保护政策服务和社工的意见和态度，帮助社工总结工作经验，在农村留守儿童的介入领域能够拥有更多的进步。第二，对社会工作者进行访问：首先，了解社会工作者在介入农村留守儿童服务过程中的具体步骤与遇到的困难。其次，了解社会工作者在进行农村留守儿童服务过程中，当地政府有关农村留守儿童关爱保护政策是否"因地制宜"，是否符合当地农村留守儿童的生存与发展，是否利于推动社会力量共同参与农村留守儿童保护服务。最后，了解社会工作者对推动农村留守儿童关爱保护做出的贡献。

3. 观察法

在本次研究过程中，笔者将观察法应用于两个部分：第一，笔者对农村留守儿童及其家人进行参与观察。在服务过程中，笔者通过上门探访及场地开展活动的形式，在服务中能够较好地把握农村留守儿童及其家人的语言和非语言行为，能够帮助社工调整服务方式和进行服务的评估。第二，在农村留守儿童资料建档阶段，笔者通过对农村留守儿童进行上门探访，且通过实地考察的方式评估农村留守儿童的家居环境，对农村留守儿童生存环境做出评估，为生活环境的改善奠定基础，为服务对象创造一个安全的成长环境。

三、叙永县农村留守儿童关爱保护现状及需求分析

（一）叙永县农村留守儿童数据及关爱保护现状

1. 四川省叙永县农村留守儿童现状

根据叙永县农村留守儿童关爱保护联席会议办公室统计，2017 年通过全面摸排，全县农村留守儿童共计 10175 人。其中有户籍的 9956 人、无户籍的 219 人；在校生 9084 人、未入校的 1127 人、辍学 4 人，身体健康 10071 人、残疾 84 人、患病 20 人；在义务教育中在校寄宿留守儿童 1905 人、非寄宿留守儿童 8270 人；儿童家庭经济由政府救助 247 人、种养殖及其他救济的 877 人、亲友接济 32 人。

2. 当前叙永县有关农村留守儿童政策措施

第一，设置留守儿童救助服务点，完善基础设施。叙永县结合本县农村留

守儿童与困境儿童的实际情况，由民政局充分发挥牵头作用，主动与县级相关成员单位对接工作、出谋划策，积极为全县 25 个乡镇统一制作"留守儿童救助服务点"的标示牌，并挂设上墙，为急需关爱和保护的困境儿童提供安全保障的场所。因此在 25 个乡镇点设有老年留守儿童服务救助点，切实为当地留守儿童提供关爱保护服务，解决农村留守儿童救助与帮助服务的欠缺问题，另外在社区内设有丰富的儿童娱乐设施，满足农村留守儿童的精神文化需求，形成以政府服务为先导、社区保护服务为基础、社会组织补充的全方位的农村留守儿童关爱保护服务体系。

第二，农村留守儿童关爱保护服务引进社工力量。叙永县开展农村留守儿童和困境儿童的关爱保护工作，按照省政府、市政府和县政府《关于进一步加强农村留守儿童关爱保护工作的实施意见》文件要求，开展农村留守儿童和困境儿童的关爱保护工作。由叙永县民政牵头，各部门参与联合当地社会组织共同参与农村留守儿童关爱保护工作，针对叙永县农村留守儿童具体情况进行研究部署，落实各参与主体责任，政府联合专业社工介入，帮教结合等方式，有序推动叙永县农村留守儿童和困境儿童关爱保护工作。叙永县政府在 2018 年采取政府购买社会服务的方式，由政府部门或乡镇街道出资和监督，社会组织承办，社区配合的方式，在农村留守儿童关爱保护政策服务引入专业社工力量，形成"助人自助、协作互助、促进助人"的工作理念以及"社区为载体、社会组织为龙头、社工为主力"的农村留守儿童社区社工服务模式，共同致力于农村留守儿童关爱保护服务。根据其特殊地理位置及留守儿童特点设立双管理，即学校管理模式＋社会服务模式的留守儿童服务方式，学校管理模式主要针对在校、在读留守儿童，以校园为站点开展相应服务活动，社会服务模式主要针对学龄前儿童、辍学儿童以及其他原因未上学儿童开展以入户探访为主的社会服务模式，辅以"三支持"式社会服务内容，即学习支持、情感支持、生活支持。

第三，从源头治理逐步减少儿童留守。按照《泸州市人民政府办公室关于支持农民工和农民企业家返乡创业的意见》，叙永县积极完善并落实返乡创业政策保障，对农民工返乡创业开展专项培训和创业服务。加快发展叙永县特色产业发展，努力创造更多就业岗位，扶持农民工返乡创业就业，为农民工家庭提供更多帮扶支持。同时在教育、住房、医疗等重点领域的改革要符合农民工家庭具体情况，针对返乡创业农民工子女在义务教育、生活居住、医疗卫生等方面提供帮助。此举利于从源头上减少留守儿童的产生，推动社会群体对返乡创业群体的支持与帮助，帮助返乡农民工留在家乡后家庭有经济来源的保障，促进返乡农民工更好的发展。

（二）叙永县农村留守儿童需求分析

笔者综合在文献中被提及的农村留守儿童的主要需求以及根据对叙永县农村留守儿童的需求调查，总结出针对农村留守儿童在关爱保护政策中面临的主要需求。

1. 留守儿童基本生存的保障

农村留守儿童必要的生存权的保障其中最重要的是物质需求保障，是指满足人们基本生存的需求，人类只有在物质需求得到满足，才能够得以生存和发展，它包括人们的衣食住行等日常生活方面的需要。其次也包括健康需求，对农村留守儿童贫困及基本医疗卫生服务问题的解决，加大对农村留守儿童卫生医疗经费的投入，对患有大病、特殊病的儿童的医疗经费的减免，对经济困难的留守儿童家庭提供医疗减免，且对贫困家庭的留守儿童提供经济上的帮助，划入当地精准扶贫对象。

2. 农村留守儿童生存环境的构建与完善

生存环境的构建与完善是对农村留守儿童发展权的保障，农村留守儿童需要一个宜居的家庭氛围和社区环境，对于因生理障碍而导致的行动不便的农村留守儿童来说，居家环境的安全尤为重要。一个良好的社会环境，能够预防和减少因不合理甚至恶劣的社会环境所带来的意外伤害，保障儿童的健康安全。包括为农村留守儿童提供必要的娱乐与学习的环境，提供干净的饮用水与有营养的食品，对其生活环境中有危害有危险环境的隔离，等等。

3. 平等受教育的权利

教育公平是保障每个人平等的成长与发展的开始，保障每一个儿童都有公平受教育的机会，并且确保留守儿童不受家庭或社会的影响平等接受义务教育，通过对目前叙永县农村留守儿童呈现出来接受教育的特征、教育现状、教育问题等情况进行分析，提出相应的教学建议与措施，坚持当地政府管理和全日制办公中小学，确保农村留守儿童就学问题，确保每一位农村留守儿童受教育的权利。

4. 农村留守儿童的心理关爱

许多地方政府及基层组织逐渐认识到农村留守儿童所缺乏的不仅仅是经济上的援助，更多的是精神上的安慰。根据埃里克森曾提出"生命周期理论"，农村留守儿童年龄处于0—18岁之间，涉及人生发展阶段的前五个阶段，其中儿童早期的主动还是内疚、儿童中期的勤奋还是自卑及青少年期同一性还是角色混乱是我们关注的重点发展阶段，在每一个阶段儿童都会面临特殊的发展任务，都会经历不同的矛盾或者说冲突心理—社会"危机"。个体只有尝试面对并解决这一冲突之后，才能顺利进入下一阶段，同时发展出某种特定的品质或"美德"。

由于农村留守儿童长期与父母分离，大多与祖父母或亲戚居住，缺乏与父母的沟通交流，缺少感情上的连接，且缺乏情感上的支持，造成大部分农村留守儿童情感上的孤独以及个别儿童性格上的孤僻，因此需要加强农村留守儿童与父母之间的亲情连接，重视他们的亲情需求，且要特别注重对农村留守儿童的心理辅导。因此，更多的当地政府开始注重留守儿童的精神丰富及心理健康问题，当地学校及基层组织也在关爱农村留守儿童心理健康及亲情链接方面做出努力，如学校老师定期的家访负责的学生；基层组织的"爱心妈妈"；节假日的关怀慰问等。

5. 社会化需求

从人的属性上来讲人包括生物人和社会人，西方学者梅奥和马斯洛等人曾提出"社会人"理论，该理论认为人的社会性是人区别于动物的唯一标志，每一个人从出生到死亡并不是独立地存在于人世间，而是不可避免地要与整个社会、与他人接触和联系，总是存在于某一社会网络或群体中，作为社会网络中的一部分或群体中的一员而存在。正是因为人的属性里要求人进行社会化，因此儿童需要了解社会常识，掌握生存技能，同时保证儿童在成长过程中通过个人和社会的交互作用，获得符合社会发展的思维、语言、情感等能力和行为方式。农村留守儿童在成长的过程中缺乏父母对其社会化行为的规范和指导，可能导致留守儿童接受不良社会行为的影响，而没有习得良好的社会行为。

四、叙永县留守儿童关爱保护服务介入主体

叙永县 2018 年留守儿童"双管理＋三支持"社会工作服务项目以政府购买服务的形式，为叙永县留守儿童开展服务。在叙永县永宁社会工作服务中心派遣的社工的统筹下结合护工和义工以及社区工作人员的协作，开展社会工作综合服务，通过试点的方法建立流动学校社工站（以学校为载体，流动走访乡镇各学校，关注在校留守儿童）对留守儿童进行"学习支持""情感支持""生活支持"。

本项目在项目启动阶段主要进行：成立项目组并建立项目服务指引手册、与各村社区民政干部沟通项目、入户走访评估服务需求及建立服务档案。在介入阶段主要根据项目指定的每月服务指标开展工作，同时在服务过程中针对农村留守儿童的需要做出及时性调整，认真完成服务指标。在结束阶段主要是巩固其社区社会支持网络，同时对项目经验进行总结和推广。

（一）政府介入服务

叙永县民政局牵头各部门联合社会组织共同参与留守儿童关爱保护活动，根据叙永县留守儿童具体情况研究部署，落实各参与主体责任，采取结对帮扶，通过政府向当地社工机构购买社会服务，社工开展农村留守儿童关爱保护活动的方式，推动叙永县农村留守儿童和困境儿童关爱保护工作。针对叙永县的特殊地理情况，农村留守儿童分布区域的不同，农村留守儿童年龄分布的不同，面临成长过程中心理健康的阶段性不同，不同儿童之间的个别化问题，当地政府进一步对农村留守儿童的福利性政策和制度做了详细的规划，其中主要体现在以下几个方面：

1. 公安部门监督落实监护责任以及核实与解决无户籍儿童问题

按照部门的职能职责，2017 年 8 月，叙永县将辖区排查出来的无人监护和未登记户籍的农村留守儿童信息数据，通报给公安部门。在此过程中强化家庭作为监护主体责任，保护留守儿童及留守儿童家庭合法权益；对于各类侵害留守儿童的犯罪行为要严厉惩罚，同时在校园里要加强安全管理，做好法治宣传和安全教育；公安部门落实监护责任及解决无户籍儿童的问题，配合开展摸底排查，对叙永县农村留守儿童情况有一个动态了解，掌握其生存成长情况。

2. 教育部门督促指导中小学校做好农村留守儿童劝返复学等工作

公安部门将辍学的农村留守儿童信息数据，通报给县教育部门，县教育部指导和督促叙永县各中小学校做好对辍学的农村留守儿童劝返复学工作，确保叙永县农村留守儿童接受教育权益的实现，平等接受义务教育，还应确保农村留守儿童教育水平的提高。除此之外，学校与农村留守儿童有着密切的联系，学校不仅要将留守学生关爱工作纳入责任督学日常督导范围内，还应有相应的"结对帮扶"措施，即学校制定规章制度，保证每一位留守儿童有专门的对接老师，负责其相应学习与生活事宜，包括每月或每季度的下乡走访，同时了解和协助留守儿童学会与父母进行沟通交流。学校要帮助留守学生提高安全意识和自我保护能力，强化校园安全防范。

3. 救助部门时刻掌握农村留守儿童动态情况

将隔代监护情况较差、残疾、患重特大疾病等农村留守儿童数据信息返回各乡镇，通过乡镇核查、定期下乡走访等方式随时掌握情况，实施全方位救助。其中，救助孤儿 1357 人次，发放救助金额 797756 元；救助困境儿童 35 人，发放救助金额 38000 元，共计使用资金 835756 元。对农村留守儿童建立动态信息库，随时保持危机意识，及时接收救治遭受侵害或意外伤害的留守儿童，做好留守儿童伤情鉴定、身心健康状况评估等工作。

4. 民政局牵头完善关爱保护机制

按照民政部关于《全国农村留守儿童和困境儿童信息管理系统启用上线工作》相关要求，叙永县民政局发挥牵头组织和统筹协调作用，建立以县政府为主导，教育、司法、卫计、地税、统计、总工会、县团委、妇联等相关部门参与的未成年人关爱保护机制。同时对叙永县永宁社会工作服务中心等社会组织进行协调和指导，引导他们积极参与农村留守儿童关爱保护工作；政府部门对各乡镇工作人员进行新系统的操作和运用培训，建全动态更新的留守儿童信息台账，确保新系统的规范启用，完善信息报送机制，推动当前农村留守儿童和困境儿童信息数据的录入。截至目前，录入信息系统数据 10429 条，完成率达 100％。

5. 社区配备儿童福利主任和儿童福利督导员

叙永县为有效促进全县农村留守儿童和困境儿童关爱保护工作的规范性和统一性，先后发布《叙永县农村留守儿童"合力监护、相伴成长"关爱保护专项行动实施方案》《叙永县农村留守儿童摸底排查工作实施方案》《叙永县未成年人关爱保护工作联席会议制度》相关文件，也为补充基层力量，扎实开展农村留守儿童关爱保护工作，目前叙永县已有 25 个乡镇，231 个行政村，34 个社区配备了儿童福利主任和儿童福利督导员。在为农村留守儿童带来支持的同时减轻家庭抚养负担。叙永县在政策上多方面考虑农村留守儿童需求，在其关爱保护上提供政策支持，为叙永县农村留守儿童打下良好制度基础。

（二）社工介入服务

叙永县永宁社会工作服务中心是在宜宾市戎和社会工作服务中心在叙永县民政局的支持下孵化的一个叙永县本土组织机构，有着专业的背景和社工服务团队，了解叙永县及其各乡镇的实际情况，能够有效地在当地开展社会工作服务。项目组的设计规划结合叙永县实际情况，基于当地服务基础，源于服务对象的需求，根据其特殊地理位置及留守儿童特点设立双管理，即学校管理模式＋社会服务模式的留守儿童服务方式，学校管理模式主要针对在校、在读留守儿童，以校园为站点开展相应服务活动，社会服务模式，主要针对学龄前儿童、辍学儿童以及其他原因未上学儿童开展以入户探访为主的社会服务模式，辅以"三支持"式社会服务内容，即学习支持、情感支持、生活支持。服务过程中不断开展需求的动态和纪实管理，让服务更加有针对性及切合性。服务对象的需求是具有多样性和多变性的，因此呈现的问题也具有复杂性，在开展服务的过程中，社工需依据留守儿童的特点及当时的具体的情况进行个别化处理，注重服务的特色。

1. 介入目标

项目总体目标：以社区治理为视野、以社会工作方法为方法、以社会工作服务站为平台，发挥社区优势，协调各方力量共同为留守儿童开展社区综合社会工作服务；链接社会资源，挖掘社区潜力，建立叙永县留守儿童互助支持网络，提升和改善他们的生活质量；探索适合叙永县留守儿童的社会工作综合服务模式；推进叙永县的社会工作服务的发展，探索和打造叙永社会工作的本土化和特色，凝练"三支持"式留守人员社工服务模式。

项目具体目标：①进入当地，开展调查，分析结果，做好需求评估，了解当地留守儿童的需要，建立留守儿童信息数据库，并提出有针对性的社会工作服务计划。②在叙永县永宁社会工作服务中心派遣的社工的统筹下、结合护工和义工以及社区工作人员的协助，开展社会工作综合服务，通过试点的方法建立流动学校社工站（以学校为载体，流动走访乡镇各学校，关注在校留守儿童）对留守儿童进行"学习支持""情感支持""生活支持"。③定期开展相关主题的社区宣传，在农村建立留守儿童互助支持网络，促进社区形成良好的互助氛围。④通过广泛宣传，集合志愿者力量，建立优秀的志愿者团队，探索乡镇自我帮助、互相帮助的服务体系。

2. 介入过程

叙永县永宁社会工作服务中心开展留守儿童服务，提供"三支持"即"学习支持""情感支持""生活支持"。以留守儿童信息数据库为技术基础、通过个案工作、小组工作、社区工作等方式为在校留守儿童开展阵地服务、为未在校儿童提供定期入户探访服务以及统筹管理，从而实现对留守儿童的学习支持、生活支持、情感支持。

其中包括：学校管理；社会管理；服务支持。

具体内容包括：

第一，留守儿童信息数据库。保证各村留守儿童信息数据库的详细完整和动态更新，从而实现对留守儿童的四知三管理（即了解掌握家庭情况、学习成长情况、父母外出务工情况、监护情况，实现档案动态管理、成长纪实管理、关爱服务管理），细化和完善关爱保护措施，为参与农村留守儿童关爱保护服务的社会组织提供基础数据支持。

叙永县永宁社会工作服务中心服务介入过程

学校管理（在校、在读留守儿童）		社会管理（学龄前儿童、辍学儿童以及其他原因未上学儿童）	服务支持
常规服务	月度服务（每月一次）	入户探访（每月一次）	培训
学习支持：学习辅导（寒暑假） 情感支持：心理疏导，情绪管理 生活支持：爱心坊	学习支持（主题小组形式）： 1. 安全知识（1—3月） 2. 生命教育（4—6月） 3. 兴趣爱好（7—9月） 4. 法律知识（10—12月） 生活支持： 夏令营、公益劳动、联欢会（寒暑假、儿童节） 每月心灵交流（每月一次谈心、每月与父母通一次电话或视频、每月写一张心语心愿卡） 家访（每季度一次）	情感支持： 1. 心理疏导 2. 情绪管理 学习支持（入户宣传形式）： 1. 安全知识（1—3月） 2. 生命教育（4—6月） 3. 兴趣爱好（7—9月） 4. 法律知识（10—12月） 生活支持： 每月心灵交流（每月与父母通一次电话或视频、每月一次谈心、每月写一张心语心愿卡）	1. 留守儿童知识培训 2. 管理知识培训 3. 活动知识培训

第二，提供学习援助。学习辅导：由于留守儿童的父母外出打工维持生计，无法在孩子身边帮助他们学习，而学业辅导正是为了弥补孩子们的学习缺失而设，特别是寒暑假期间，针对无老师、无条件进行学业辅导的留守儿童，在社工站开设"四点半课堂"，招募：暑期高中生、退休老师或者更专业（语文、数学、英语、文艺等）的老师等来教育、辅导学生，同时引导留守儿童间互助，高年级辅导低年级等服务模式，形成儿童间互助氛围。

安全知识教育：由于儿童自身对安全保护的认知不足，防护能力弱、监管人防护不到位等原因，留守儿童经常会受到无法预料的伤害，例如校园暴力、性侵、水、火等灾害，加强儿童自身的安全知识教育有利于规避这些灾害的发生，为留守儿童的生命安全提供有力的保障。

生命教育：人的生命只有一次，生命是父母给予我们最好的礼物。在实际生活中，由于留守儿童对生命教育的缺失，易造成不可挽救的悔恨。留守儿童或许由于心理伤害而产生轻生的念头，这个是不容忽视和严重杜绝的。开展生命教育课堂，让孩子们重视生命，珍爱生命，远离各种生活中危害生命的威胁，让孩子们的笑脸更加灿烂，让孩子们的心灵更加纯净，让孩子们在未来的道路中充满热情与活力，发挥和实现生命的价值。

兴趣爱好培养：好的兴趣和爱好引导孩子们热爱生活。孩子的兴趣和爱好可以成为他们生活中的精神支柱。在这种兴趣的引导下，他们会感到生活与学习充实美好和乐趣，会产生积极的，美妙的情绪体验，继而促进他们更加热爱生活，珍惜家人。同样他们也会在兴趣和爱好的驱动下，去寻找爱好好友，结成知音，在此过程中相互帮助，进行社会常识的学习，接受正向的社会化，并对居住的环境感到满意和适应。好的兴趣与爱好引导孩子们对未知世界的探索，引导他们对生活的美好向往。同时在兴趣爱好的发展过程中拓展孩子的认知，增强孩子的动手实践能力。（每年7—9月，结合暑假开展相关活动）

法律知识教育：现阶段儿童所接受的教育中法律方面的知识较为缺失，而且未成年案犯逐渐增多且情节大多比较恶劣，这着实令人惋惜，加强儿童法律知识教育不仅能减少这类悲剧的发生，更能为其树立正确的法律知识观念，帮助儿童懂得在自己的权益受到侵害时拿起法律武器保护自己。

第三，提供情感支持。心理疏导：留守儿童可能会因为生活、学习以及情感上的困扰而产生心理问题，专业社工可以对留守儿童开展相关情绪疏导的心理咨询活动或者为这一类人群开展一个心理辅导小组活动，以舒缓他们苦闷的心情，让他们积极乐观面对生活一切，改善其精神生活（常规活动）。

情绪管理：针对留守儿童可能存在的在家庭教育上的缺失，社工有一项重要工作——了解孩子的情绪感受并对孩子的情绪发泄做正确引导。利用认知行为中的ABC理论帮助孩子们认识和了解自己情绪变化的原因，并学会对自己情绪的控制，学会同理，学会"情绪管理"，让孩子们在处理事情时更理智。同样"情绪管理"作为一种教育方式，让孩子在倾诉和表达各种情绪过程中学会情绪管理。教育孩子在与人交流过程中学会倾听、鼓励以及发展出对生活的思考等。情绪管理不仅利于孩子的身心发展，还有助于提高孩子的人际关系与解决问题的能力，帮助他们形成良好的心理品质。

个别化支持：针对留守儿童中特殊案例及个别化情况，提供个案帮扶，以社会工作方法和理念，针对性地解决问题。

第四，提供生活支持。心灵交流：在志愿者和社工、护工的督促和帮助下保证每个孩子每月与父母通一次电话或视频一次、每月写一张心语心愿卡（即对父母想说的话或心愿）、每月一次谈心。通过心灵交流，促进留守儿童与父母、爷爷奶奶以及老师的交流，为其营造良好的生活氛围。

爱心坊：社工整合各方的资源，为留守儿童建立爱心坊，引导社会力量的参与为留守儿童提供生活、物质上的帮助与支持。通过爱心坊进行资源调配避免造成资源浪费，同时促成一对一的帮扶活动，形成代理父母、爱心哥哥（姐姐），为孩子提供直接的帮助和关爱，针对留守儿童中的病残儿童着重各方资源的链接，以各类基金会和专项支持为依托，以专业的手段解决病残儿童及其家庭的困境。

定期举行夏令营、公益劳动、联欢会等娱乐项目，丰富孩子的日常生活。（重点针对寒暑假、儿童节开展活动）定期家访：针对在校留守儿童每个季度一次家访，针对未在校人员每月一次家访。

第五，整合资源、提供服务。改善留守儿童生活情况、改善学习条件、提升留守儿童心理适应能力、提升安全意识（包括预防性侵犯，提升应对火灾、落水、诱拐等能力），一定程度上弥补留守儿童情感、关爱、保护、教育、救助的缺失，提高与外出务工父母的沟通能力、同伴性质识别技巧（预防群体失范行为，如团体犯罪、网络成瘾等）、人际交往等能力。密切联系公安部门、教育局、学校、妇联、共青团、司法行政等机关单位，携手解决留守儿童相关问题，充分发挥行政力量。协助学校做好安全管理制度，落实学校工作者职责，将留守儿童受教育情况、失学辍学情况、劝返复学情况建档建册进行管理。通过项目的带动作用，吸引和链接各方资源，加强农村留守儿童的管理和帮扶。

第六，社会效益。有利于农村地区和谐、可持续发展；有利于落后地区人力资源积累、缩小地区差距；有利于营造良好的社会氛围、促进价值观念提升。

在留守儿童数据库（四知三管理）的基础上，（四知三管理，即四知：家庭情况、学习成长情况、父母外出务工情况、监护情况；三管理：档案动态管理、成长纪实管理、关爱服务管理）通过"双管理＋三支持"式服务模式提炼，服务资料与总结报告，形成固定服务团队，最终形成针对有条件的个别乡镇，开展更加丰富更有特色的社会工作服务，打造留守儿童服务亮点，农村留守儿童关爱保护示范点，更好地开展农村留守儿童关爱保护服务，探索适合叙永县留守儿童的社会工作综合服务模式。

3. 评估

第一，评估含义与目的。社会工作评估是指社会工作者作为专业研究人员运用科学研究方法与技术，全方位评价社会工作项目开展的过程，总结社工介入留守儿童关爱保护的结果，考查社会工作参与农村留守儿童关爱保护活动是否达到了预期目的与目标的过程。其目的在于考查社会工作介入农村留守儿童服务的效果、留守儿童改变情况及关爱保护政策的实现程度；总结社会工作经验、改善社工介入技巧、提升为留守儿童服务的水平；验证社会工作承接政府项目的有效性；进行社会工作研究。

第二，评估方法。在社会工作开展农村留守儿童关爱保护活动的服务过程中，社会工作机构及社会工作者要根据不同的活动类型，对服务对象的不同表现进行记录和评估，以此了解服务对象的改变及项目方案的调整等，不断提高社会工作者的实务能力。针对个案、小组及主题活动，抑或是社区活动，社会工作者也要根据不同的活动类型进行记录及根据活动的特殊性进行评估。

在社工承接政府留守儿童关爱保护项目的活动开展中，社工用基线测量法测量服务对象的改变，在有关留守儿童关爱保护服务活动介入开始时，社会工作者针对留守儿童的特殊情况，确定介入目标，如：服务对象思想、感觉、行为、社会支持网络或社会环境。首先，建立一个测量基线，作为标准基线，对目标行为进行测量并记录目标行为，然后再测量服务开展后各项目标行为和指标的变化，以评估服务介入前后的基线变化。在个案中社工不仅采用评估基线测量法还采用观察法，观察留守儿童在一个活动或是一个项目开展以来的变化。观察内容包括：留守儿童生长环境、关爱保护内容、关爱保护方法及社会工作在服务过程中专业性的体现和规范，社工与留守儿童的互动等；社会工作者也可以观察留守儿童的日常服务和活动，从侧面观察留守儿童在接受服务前后的变化。针对留守儿童态度变化，社工通常采用问卷法来收集留守儿童对活动开展的满意度，以此来评估项目服务成效等信息；同样社工与留守儿童就活动满意率、活动成效以及对项目服务的意见进行交流，了解留守儿童真实的感受与想法。

4. 结项

项目开展到了结束阶段，表明社会工作专业人员在遵循社会工作专业价值理念，以及根据留守儿童关爱保护政策的宗旨下，已经完成了一定期限内的为留守儿童提供专业性服务。运用社会工作机构自身资源以及政府和社会提供的资源，按照留守儿童关爱保护服务项目预定的服务目标和服务内容，社工机构完成服务任务。

五、留守儿童关爱保护方面存在的问题

（一）政府部门介入服务存在的不足

1. 缺乏专项留守儿童和困境儿童保障资金

社会政策的长期有效的执行，离不开财政的支持，专业队伍实务能力的提升以及机构自身能力的建设与提升，财政支持和队伍、机构建设的提高可促进政策可持续性。[22]近年来随着国家政府对农村留守儿童的关注度的提升，财政上对有关农村留守儿童的政策支持及项目的资金也在不断加大；随着多年来政府对留守儿童的工作能力大大提升，来自民政、教育、公安、妇联、社会机构等多重部门的合作，造就了一系列服务与农村留守儿童的专业人才队伍，许多专业的社会机构在自身拥有专业知识与技能的优势下，仍需要不断学习，不断加强自身能力的建设与提升。但是在农村地区，面对长期将存在的农村留守儿童，仍缺乏留守儿童和困境儿童的专项保障资金的长期运行，许多农村地区的留守儿童关爱保护政策得不到持续的服务，导致留守儿童与困境儿童长期处于断断续续的关爱保护服务中，切身权益没有得到保障，自身发展缺乏安全保障。

2. 留守儿童关爱保护政策的不完善

在农村留守儿童和困境儿童保障工作社会购买服务的相关工作存在滞后。首先，表现在法律层面没有对留守儿童权利进行有效保护，没有颁布专门针对留守儿童的法律条文；[23]其次，在立法、执法、司法三个方面没有有效保护农村留守儿童的权利。[24]留守儿童福利政策的执行分散在多个政府部门和工、青、妇等社会组织，部门职能间分割严重，缺乏整合和明确的管理架构。[25]对农村留守儿童关爱保护政策的执行主体没有进行明确的责任划分，执行成效缺乏明确的评价指标及评估框架，对农村留守儿童关爱保护政策缺乏一系列的监督机制。

3. 政府专业能力欠缺，危机应对能力不足

当前社会对农村留守儿童的关爱保护政策以政府主导下的各级部门共同参与，协同联动促进关爱保护政策的落实，却也存在着协同联动带来的问题。有关农村留守儿童关爱保护的政策工作执行呈现出片面性，对农村留守儿童缺乏深刻的认识，对农村留守儿童关爱保护政策没有充分考虑到农村特殊的地域性，没有因地制宜；对农村留守儿童的需求停留在物质需求、心理需求、学习教育等方面，忽略了对留守儿童生存环境的改造，缺少专业指导与专业手法的介入，对农村留守儿童没有相应的专业队伍扎根入驻村落的政策；面对农村留守儿童紧急事件的发生缺乏风险评估意识，当危险来临时缺乏危机干预等专业手法。

（二）社工介入服务存在的不足

1. 社工及机构层面

社工缺乏丰富的社工经验和专业能力，社会工作专业在内陆的发展才刚刚

起步，针对农村留守儿童关爱保护的服务才逐步进入系统的介入。在这种情况之下，大量的社工人员及机构层面缺乏针对农村留守儿童服务的社工经验和专业能力，初步尝试在农村留守儿童关爱保护服务方面做出努力，但是社工在农村留守儿童关爱保护服务方面仍然缺乏基本的理论基础，做的实践活动仍然缺乏专业的理论指导，同时也缺乏对理论与实践相结合的本土化认识。表现出来主要有以下三方面：①对个别化的关注和服务较少，农村存在着大量的留守儿童，社会工作机构在提供针对留守儿童关爱保护服务的时候，关注到了农村留守儿童这一群体的特殊性与不同，但是仍然会出现对留守儿童个别化的关注与服务欠缺的现象。可能会发生不能满足个别服务对象的特殊性需求，难免会发生对农村留守儿童个别化的关注和服务较少，同时也忽略了社会工作"个别化"服务的理念。②未能很好体现专业性，在社会工作介入农村留守儿童关爱保护政策服务的活动中，社工机构受政府部门一些硬性指标要求和政府行政办事方式的影响，忽视了对专业理念的强调，对专业能力的要求。在服务过程中大多进行一些见效快，表面化的服务，即不停地开展活动，赶上项目指标，却忽略社会工作机构工作过程中的"专业化"，但是在实际情况中，此类做法却损害了服务对象的利益，忽略了服务对象作为"人"的存在，与人本主义背道而驰。在服务的过程中直接忽略专业化，将服务指标放在服务中的第一位，忽略了社会工作的本质，忽略了社会工作存在的意义。③服务的介入层面过于单一，在介入服务的过程中往往着眼于服务对象呈现出来的问题，缺乏对社会环境的敏锐度，没能把服务对象各自的特殊情况考虑进来，没有把留守儿童的生理、心理与社会环境相结合起来思考。忽略了"人在情境中"，没能把服务对象及其周围的环境看作是一个整体来开展全范围、多视角层次的服务。

2. 服务对象层面

服务对象对社会工作者的不了解，对服务活动性质的不了解，且服务对象大多是儿童，缺乏对社会工作者的认识。因此，在很多时候人情化观念影响评估质量，他们对社会工作服务及社会工作者的认识存在两个方面的认识，一是对社工模糊的认识，将社工当作自己生活中的"天使"，经常帮助他们且关心他们的生活情况，因此对社工的接纳度十分高，在服务过程中对社工心存感恩；二是将社工与政府行政人员等同起来，由于不了解社工的实质，认为社工的工作和政府工作人员的"下乡"是一样的。首先，由于存在对社工不同的看法，导致在进行服务评估时不能正确反映服务对象的正确认知与真实感受，导致服务评估出现误差。其次，角色定位不明确，服务对象因为年龄因素，对自我权利的意识不够，且对自我权益保障意识的要求较低，因此，他们往往不能意识到自己在服务过程中的角色。由于服务对象是农村留守儿童，他们因为成长阶段的不同，面临着各个阶段的困惑，在各个年龄阶段都会面临各个年龄阶段的心理及生理，或是生活中的困难，他们有着各不相同的需求，在种种情况之下，导致他们对自己的角色定位不明确。

3. 项目本身

一是目前社会工作机构开展服务项目大多是政府购买社会服务，存在大量的政府购买社会服务仅限于较短周期内的项目，项目持续性得不到保证，缺乏资金的支撑以及对项目后续的推进，导致在很多地区存在开展服务周期为几个月、一年或两年的服务项目，在服务地区逐步建立好基础之后，却没有专业服务的跟进。因此导致了在农村地区开展留守儿童关爱保护服务没有起到实质性的帮助，留守儿童在成长，但是项目没有持续进行下去，关爱保护的服务也没有跟进留守儿童的成长，项目的持续性运行得不到保证，农村留守儿童的关爱保护服务没有发挥很好的成效。二是项目部分指标缺乏社会公认的测量标准，且量化程度低，项目计划书中对服务目标达成情况的叙述是否浮于表面，对服务数量的完成情况普遍使用量化指标，量化程度较低。同时在服务过程中对服务对象的改善情况如何进行测量，仅靠语言描述是否有所偏颇，对服务组织及其专业团队在项目实施过程中得到的成长变化缺乏测量标准。对服务对象的改善情况进行测量，什么样的测量指标表明服务对象有了明显的改变，有些改变现象仅仅依靠社工的口头描述，是否做到了公正、客观的评价。

六、留守儿童关爱保护的对策和建议

（一）政府部门介入服务不足的对策

1. 加大对农村留守儿童和困境儿童发展的资金投入

要想保证农村留守儿童数量的减少，一是要保证政府对农村留守儿童和困境儿童的专项资金投入，保证留守儿童关爱保护项目的长期执行。二是要注重家庭投资及建立留守儿童社会保障体系的完善。发展型社会政策强调社会投资、社会互动和发展，促使有劳动能力的人群进入劳动力市场，实现和增加家庭在关爱保护留守儿童方面的价值；对未成年人的发展和素质提升要给予高度的关注。[26]三是加大优惠政策引导劳动力返乡创业以及就地就业，鼓励农民工返乡创业，促进当地经济发展，从源头减少农村留守儿童数量。[27]

2. 农村留守儿童政策的完善

针对当前中国留守儿童的现状，首先，应从法律上明确颁布留守儿童关爱保护政策法规，在立法、执法、司法三个方面明确落实保护农村留守儿童合法权利；其次，划分各部门职责，建立明确的评价指标及评估框架，完善农村留守儿童关爱保护政策监督机制；最后，落实基层组织的职能，政府实现职能转变，加快农村社会治理体制的改革。不仅有利于社会的和谐与进步，而且使得政策更符合当地实际需求与发展。与此同时，我们要不断实现政府治理现代化。[28][29]基层政府在社会实践中要使各种力量参与进来，各施所长，协同联动，解决问题。只有社会治理重心进一步下沉，居民和社会力量有序参与的制度化建设才能真正落实。

3. 专业能力的提升

基层行政工作人员专业能力的提升除了来自自身经验的积累外，社会工作同样可以助力基层民政工作的开展。主要表现在，社会工作助人自助的专业价值观，实践中的道德理念，科学助人的方法，以及从宏观，中观和微观层面介入服务，可以促进基层民政工作者的工作理念转变，工作方式转变，通过因地制宜地选择适合的社会工作行政的专业方法与技术，提升民政工作的专业技术含量。同时通过转变政府职能，调整内部结构，优化职能分工，整合行政和社会资源，不断学习和提升自己的专业能力。

（二）社工介入服务不足的对策

1. 社工及机构层面

第一，提高农村留守儿童关爱保护服务队伍的素质。叙永县永宁社会工作服务中心社工积极引导社会工作专业力量参与叙永县留守儿童关爱保护工作，与当地政府共同致力于农村留守儿童关爱保护服务，需要向社会宣传社会工作的工作理念及特点、功能和作用，让更多的人了解社会工作、认识社会工作、支持社会工作，并且在项目开展过程中引导社会成员在开展农村留守儿童关爱保护工作中能够使用和依靠社会工作的力量，将追求社会公平、增进社会福祉的道德理念，践行专业使命，尊重服务对象的工作理念运用到实际基层民众工作当中，协助民政部门开展及落实农村留守儿童关爱保护政策服务。

第二，多层面介入模式。在关于解决农村留守儿童的问题上，学者杨君宇提到解决农村留守儿童的途径主要有两种：一是城乡二元户籍制度的改革，实行城乡一体化户籍制。二是建设社会主义新农村，发展农村经济，让农村父母在本地与孩子一起生活。[30]发展农村经济，吸引农民工返乡创业就业，从微观的家庭上来解决农村留守儿童问题，但忽略了宏观社会结构背景下经济运转和发展的不平衡。若是想从根源上解决留守儿童的问题，应在结合微观家庭结构与宏观社会结构的条件下，寻求解决之法。当留守儿童问题不再是问题，而是一个社会正常运行一个阶段的一个现象，留守儿童面临的问题也不是留守儿童与其家庭的问题，而是社会的不协调，在此基础上认识到留守儿童为何产生，才能从根源上彻底解决农村留守儿童问题。我们要考虑农村留守儿童在接受服务的多样化与参与推动政策制定与实施主体的多元化。在此笔者提到的社会福利多元化指的是有更多的主体参与到有关农村留守儿童关爱保护政策制定与执行中，为农村留守儿童提供多元化的福利，以满足其基本需要，保障其基本权益。社会福利多元化的主体包括政府、市场、家庭、社会网络及会员组织，在多元主体互动过程中，福利提供是相互影响的，是相互进行补充。[31]因而，可以说在制定及执行有关农村留守儿童关爱保护政策时有更多的主体参与进来，同样，福利通过多元组合可以使得社会各组织之间的互动关系变得更加紧密和丰富。

第三，根据具体情况开展本土化社会工作服务。在我国特殊的国情之下，社会工作有关农村留守儿童关爱保护服务就必须面临与本土国情相一致，避免在"本土化"过程中的冲突。社会工作在西方国家有良好的职业化经验，但是在中国，势必要经历不一样的理论与实践的过程，其中如何将理论与实际更好地融合，促进"本土化"是一个重要议题。社会工作理论与实践必须要符合中国国情，发掘"本土化"优势，立足当前社会发展情况，促进社会工作农村留守儿童关爱保护服务本土化的发展。

2. 项目层面

第一，建立多元主体监督机制。针对农村留守儿童关爱保护政策的执行部门繁杂，且缺乏有效的评价标准，缺乏有力的监督机制，导致社会对农村留守儿童关爱保护政策的执行结果缺乏评判标准。在此，笔者提议建立专门的儿童福利部门，在其下设立专门的农村留守儿童管理部门，避免农村留守儿童关爱保护政策的执行部门繁杂，管理职责不清。在各省、市、县设立专门的农村留守儿童管理部门，并在基层建立农村留守儿童"关爱与服务"体系相关人员、设施、设备、场所等的规范性建设，纳入政府工作评估范围。[32]还应设立由上至下的管理体系和执行程序，并构建监督机制与专业的评估团队，使政策执行指标明确化、可量化、可行化，邀请专业人员共同参与评估，由政府、农村居民、社会学家及社会工作者组成专业的评估监督队伍，建立完善的线上与线下监督反馈机制。

第二，加大农村留守儿童关爱保护服务项目的财政补贴力度与项目的持续性。农村留守儿童由于其数量的庞大，且面临问题的多样性，需要投入更多的服务，就需要投入更多的人力与资金。为了促进社会工作介入农村留守儿童服务项目更好的运行，农村留守儿童合法权益得到更好的保障，同时也增加社会和政府对农村留守儿童关爱保护服务的重视与关注度，更需要加大农村留守儿童关爱保护服务项目的财政补贴力度，以保障农村留守儿童服务质量。目前很多有关农村留守儿童关爱保护服务的项目持续周期都很短，很大原因在于项目的持续运行得不到资金的支撑，以及项目组在开展服务的活动过程中缺乏专业性。因此，增加一个项目的持续性，首先，当地政府要根据实际情况做好有关留守儿童方面的财政预算制度。另外，除政府可提供的财政补贴外，还应形成多渠道、多元化的筹资方式，充分挖掘和利用社会资本与社会资源，为农村留守儿童关爱保护提供服务。此外社会工作机构及工作人员要不断提高对自己的专业要求，保证服务质量。其次，是让更多的群体关注并参与到农村留守儿童关爱保护的服务中来。

3. 社区社会层面

第一，建立良好的社会支持网络。工作人员与社会支持方面：叙永县永宁社会工作服务中心的社会工作者与叙永县各乡镇各类群体直接接触的人员，也是各项服务的直接带领者，工作人员的服务能力要得到更加专业的指导。此外工作人员要加强与当地政府部门、当地社会组织以及机构中心内部督导的联系，在服务过程中积极参与与交流，从而提高工作人员的专业服务水平，为农村留守儿童建立良好的社会支持网络。

第二，帮助农村留守儿童正常融入社区。服务对象方面：随着初步的资料建档以及随后的项目服务进行期，社工与当地农村留守儿童群体都有了一定程度的接触。因此在进一步深入推进项目服务过程中，工作人员在开展服务时，除服务方案涉及的服务群体之外，还可以将各项资源进行整合，使每一项活动的受益群体多元化，从而促进农村留守儿童政策融入社区。

第三，发挥社区在农村留守儿童关爱保护服务中的主体作用。在开展服务时，工作人员在开展服务的过程中，要始终保持社会工作服务在社区开展服务的主体作用。在活动过程中要时刻注意服务目标的达成情况，及时对出现偏差的服务项目进行调整，促进项目服务更加专业化开展，在每一项服务结束后，认真整理相关资料，对社区开展服务的情况进行宣传、形成服务调研报告等，从而提高项目服务成效在社区的影响力，在服务推广中，积极整合各类资源，形成基层社区居委会、社会组织、社会工作人才"三社联动"机制，在各项服务中形成当地骨干群体，最后达到社区主导农村留守儿童关爱保护服务活动的目的。

第四，发动社会力量参与农村留守儿童关爱保护服务中来。资源链接方面，发动社会力量参与：资源链接是社会工作服务中不可或缺的重要工作，能够最大限度地提升社会工作服务能力和水平，因此工作人员在今后的工作开展中，要继续尽可能地与各大组织进行链接，从而促进项目整体服务水平的提高。

七、讨论：留守儿童关爱保护中的政府与社工合作模式

（一）经验讨论

1. 有效链接社会资源开展通力合作

社会工作介入农村留守儿童关爱保护政策，有力地证明了要多方面，全方位的社会组织共同参与到农村留守儿童关爱保护服务中去。因此，政府与社工要有效链接社会资源开展通力合作，充分利用市场机制以及社会资本，减轻政府与社会工作机构，社会工作者的负担，共同致力于农村留守儿童关爱保护服务。社工不是"全能"的人，在面对一些其他领域的专业问题时，社工可作资源的联结者，比如向心理健康有严重问题的服务对象链接专业的心理治疗师，如在社区有关医疗卫生主题活动开展时，向服务对象链接专业的医务人员到现场，链接志愿者参与活动等。

2. 构建社会支持系统

构建多层次，全方位的农村留守儿童社会支持系统。由于农村留守儿童生存环境的特殊性，面临的一大难题就是生活中社会支持系统的不完整与缺失，可从微观、中观与宏观三个层次对农村留守儿童的社会支持网络系统重新进行构建与完善。首先，在家庭方面，促进农村留守儿童在家中得到更多的关注与支持，比如每周与父母的电话联系，与抚养人的交流等。其次，是社区与学校方面，社区和学校作为留守儿童常常接触的单位，是为农村留守儿童建立与营造一个良好社会支持系统的绝佳选择，比如在 2017 年 2 月，在学校操场举行"叙永县人民检察院未成年人成长护航站"授牌，同时为《预防校园暴力》以"法治进校园"首场宣讲，并以"学法制小先锋、做护航小卫士""法治进校园""心手相伴成长，法制护航脱贫"关爱留守儿童等行动到各学校开展巡讲活动。最后，是基层组织与政府及社会，比如在叙永县 25 个乡镇统一制作"留守儿童救助服务点"的标示牌，开展的"童伴妈妈"计划、"留守儿童和未成年人成长护航团"，"妇女儿童之家"等专题活动，争取覆盖各乡镇、村社区。

3. 多样化的服务

针对农村留守儿童的特殊性与复杂性，可从社会、生理与心理三方面涉及且介入农村留守儿童关爱保护服务，为农村留守儿童提供多样化的服务，以最

大化地切合与满足农村留守儿童需要。社会工作者运用专业方法为有需要的服务对象提供困难救助、人文关怀、行为矫治、关系调和以及资源协调等方面的专业性服务。叙永县针对留守儿童开展服务，提供"三支持"即"学习支持""情感支持""生活支持"。以留守儿童信息数据库为技术基础、通过个案工作、小组工作、社区工作等方式为在校留守儿童开展阵地服务、为未在校儿童提供定期入户探访服务以及统筹管理，从而实现对留守儿童的学习支持、生活支持、情感支持。

4. 借鉴政府参与农村留守儿童关爱保护的经验

组织儿童福利督导员与儿童福利主任进行岗前培训，培养一支有关爱心，责任感的队伍，发挥基层组织力量，扎实推动留守儿童动态管理，做到底数清，情况明，确保精准关爱和实施保护。通过政府购买社会服务来补充对当前农村留守儿童关爱保护工作力量。对目前成员单位，开展的"童伴妈妈"计划、"留守儿童和未成年人成长护航团"、"妇女儿童之家"等专题活动，争取覆盖各乡镇、村社区。并有针对性地开展监护陪伴、心理疏导、亲子关系调适、学业辅导等一系列关爱活动，让孩子们不再孤独，健康成长。

农村留守儿童关爱保护服务经验总结推广——因地制宜。项目组的设计规划结合叙永县实际情况，基于当地服务基础，源于服务对象的需求，根据其特殊地理位置及留守儿童特点设立双管理，即学校管理模式＋社会服务模式的留守儿童服务方式，学校管理模式主要针对在校、在读留守儿童，以校园为站点开展相应服务活动，社会服务模式主要针对学龄前儿童、辍学儿童以及其他原因未上学儿童开展以入户探访为主的社会服务模式，辅以"三支持"式社会服务内容，即学习支持、情感支持、生活支持。服务过程中不断开展需求的动态和纪实管理，让服务更加有针对性及切合性。服务对象的需求是具有多样性和多变性的，因此在开展服务的过程中，社工需要依据留守儿童的特点及当时的具体的情况进行个别化处理，注重服务的特色。

（二）发展前景讨论

随着社会工作进入大众身边，社会工作在介入农村留守儿童关爱保护服务方面的专业性提高，政府也通过社会组织购买服务以共同完善农村留守儿童关爱保护政策服务。政府结合社工服务，介入农村留守儿童关爱保护政策服务，为农村留守儿童基本权利的保障及发展提供了有力保护措施，促进社会公平和公正的发展，对完善社会保障制度，促进人的全面发展起着重要作用。

1. 农村留守儿童保护政策服务平台

社会工作在开展服务中始终秉持利他主义的助人理念，以科学的方法介入农村留守儿童关爱保护服务项目中，秉持促进社会和谐发展，推进社会公平与正义的社会实践，为社会各群体提供一个参与到农村留守儿童关爱保护活动的服务平台。首先，政府在开展农村留守儿童关爱保护服务工作的过程中，为社会工作承担农村留守儿童关爱保护服务项目提供服务平台，保障社会工作高效有序地介入农村留守儿童关爱保护服务。其次，政府要结合社工为关爱保护农村留守儿童保护政策提供服务平台，政府要积极落实农村留守儿童关爱保护政策，积极落实到乡镇，落实到社区。在落实政策实施过程中，积极引导当地居民对社工的认识和了解，为社工顺利进入当地开展服务做铺垫。

2. 社会工作的专业性契合农村留守儿童需求

社工机构及社会工作者有专业的知识储备，进行过专业的技能训练，且社会工作者在机构专业理念下开展服务，对开展农村留守儿童服务有一定的专业技巧与方法，能够针对农村留守儿童本身及需求的特殊性开展服务。社会工作者在开展一系列的工作，例如个案工作、小组工作、社区工作时能够有针对性地根据儿童发展成长的特殊性设计进行专业的服务，在进行农村留守儿童服务时，有较强的敏锐度，能够对农村留守儿童的生长环境，成长经历，生理及心理特征的不同等，开展共性与个性共存的社会服务。

3. 社会工作与民政工作所体现的福利性

社会工作的本质体现其特有的福利性，对社会的责任感与道德感。在民政工作中，我们同样也可以看到民政工作体现出的其特有的福利性，民政工作的福利性体现在行政方式中。保障国民的基本权益及生存，维护居民的合法权益，促进居民的幸福提升等，都体现出民政工作的福利性。同时，在执行农村留守儿童关爱保护政策的过程中，我们可以看到政府与社工都体现出福利性。

4. 政府职能转变的需求

政府职能转变，是因为我国正处于社会转型期，根据国家和社会发展的需要，以及根据农村留守儿童关爱保护工作开展需要，国家政府将应担负的职责和部分职能转交给社会群体，社会组织，由社会来分担政府职能。其中政府购买社会服务，社会组织承接农村留守儿童关爱保护服务正体现出政府职能转变的过程。政府职能由注重政治统治向社会管理职能转变，适当调整社会服务部门，积极培养和发展社会中介组织。因此，在涉及社会事务，如有关农村留守儿童关爱保护工作方面，政府将部分职能转移到社会群体上，通过社会力量来解决当前农村留守儿童呈现出的问题。而政府职能的转变不仅体现出发挥社会力量进行社会治理，更体现出社会各群体在处理社会问题时的主人翁角色。

八、小结

笔者以农村留守儿童关爱保护政策成效及反思为研究题目，以叙永县留守儿童关爱保护政策为例，进一步探讨农村留守儿童关爱保护政策的成效及反思。在本文中，首先，笔者通过对当前我国有关农村留守儿童关爱保护政策进行简单梳理，直观地观察我国农村留守儿童关爱保护政策的变化。其次，对当前我国农村留守儿童关爱保护政策内容进行简要分析，大致了解到我国对农村留守儿童关爱保护仍不全面，大都局限于以下几个方面：留守儿童基本生活条件的保障；留守儿童必要的生存权的保障；留守儿童生存环境的构建与完善；受教育的权利和保障；留守儿童心理健康关爱；建立健全农村留守儿童救助保护机制。而针对政策成效，可以看到其理论与实践的收获，在理论上意识到要推动农村留守儿童关爱保护措施模式的建立，缓和社会矛盾，推动社会公平和谐发展；推动农村留守儿童关爱保护机制的建立与完善。在实践中意识到需要促进农村留守儿童生存情况的改变；提高关爱保护政策的社会影响力；链接社会资源，开展多元化服务；提高财政支持和队伍机构建设，促进政策可持续性；推广和完善政府主导下的社会力量共同介入农村留守儿童服务的经验。

笔者通过对叙永县留守儿童关爱保护政策的简要研究，针对叙永县政府部门结合当地社会工作服务机构共同参与农村留守儿童关爱保护工作，对农村留守儿童关爱保护的参与主体与执行方式有了新的认知。社会工作机构的介入，专业社会工作者与政府行政人员共同开展农村留守儿童关爱保护服务，使得农村留守儿童关爱保护政策更好地发挥其效果。且在政府与社会工作者共同致力于农村留守儿童关爱保护服务的过程中，积极推广政府结合社会工作专业，引导社会力量参与农村留守儿童关爱保护服务的工作模式，为政府主导力量下社会组织共同参与农村留守儿童关爱保护服务提供了典范。

参考文献

[1] 民政部. 2018 年农村留守儿童数据 [EB/OL]. http：// www. mca. gov. cn/article/gk/tjtb/201809/20180900010882. shtml，2018-9-1/2018-10-04.

[2] 刘云涵. 留守儿童的社会保障政策问题及对策 [J]. 黑龙江省社会主义学院学报，2015 (01)：46-48.

[3] [6] 卢国良. 努力构建留守儿童关爱与服务体系 [J]. 当代教育论坛（综合研究），2010 (08)：48-52.

[4] 周小燕. 立足儿童利益和需求，落实好关爱保护留守儿童政策 [J]. 中国社会工作，2017（25）：24－25.

[5] 苏维骥. 城镇化背景下农村留守儿童社会化的调查报告 [D]. 合肥：安徽大学，2013.

[7] 王玉香，吴立忠. 我国留守儿童政策的演进过程与特点研究 [J]. 青年探索，2016（05）：42－50

[8] 杨舸. 留守儿童政策和社会支持评估——基于江苏省的调查分析 [J]. 社会治理，2016（06）：74－83.

[9] 吴锦雯. 关爱留守儿童的政府行为研究 [D]. 泉州：华侨大学，2016.

[10] 康克佳. 精准关爱留守儿童 [N]. 中国城市报，2016－04－11（001）.

[11] 黄铁苗，徐常建. 关于健全农村留守儿童关爱服务体系的思考 [J]. 行政管理改革，2018（10）：64－68.

[12] 杨伟民. 社会政策导论 [M]. 北京：中国人民大学出版社，2010.

[13] 国务院. 关于加强困境儿童保障工作的意见 [R]. 北京：国务院，2016.

[14] 张义烈，陈世海，赵廷. 回应与建制：西部地区寄宿留守儿童学校社工服务体系建设研究——基于希望社工和西部阳光项目实践的思考 [J]. 宜宾学院学报，2019（02）：119－125.

[15] 刘龙. 农村留守儿童关爱保护体系建设的社会工作参与研究 [D]. 南昌：江西财经大学，2017.

[16] 董才生，马志强. 留守儿童关爱保护政策需要从"问题回应"型转向"家庭整合"型 [J]. 社会科学研究，2017（04）：99－105.

[17] 杨洋. 黑龙江省出台农村留守儿童关爱保护政策 [N]. 中国社会报，2016－07－08（001）.

[18] [30] 王婴. 充分发挥社会工作在基层民政中的作用 [J]. 中国社会工作，2019（04）：1.

[19] 曹桂玲，赵映川. 精准扶贫政策背景下农村留守儿童教育问题研究 [J]. 农村经济与科技，2016（17）：269－271.

[20] 徐勤. 我国老年人口的正式与非正式社会支持 [J]. 人口研究，1995（05）：23－27.

[21] 肖水源. 社会支持对身心健康的影响 [J]. 中国心理卫生杂志，1987（04）：58－60.

[22] 杨舸. 留守儿童政策和社会支持评估——基于江苏省的调查分析 [J]. 社会治理，2016（06）：74－83.

[23] 付玉明. 论我国留守儿童性权利的法律保护——基于十起典型案例的实证分析 [J]. 法学论坛，2016（03）：104－111.

[24] 秦巧玲. 农村留守儿童权利的法律保护 [D]. 长沙：湖南大学，2008.

[25] 杨涛. 农村留守儿童福利支持中政府责任及其落实 [J]. 重庆城市管理职业学院学报，2017（03）：8－12.

[26] 宫佳伟，曹迪. 发展型社会政策视角下的留守儿童问题研究——以孤家子社区为例 [J]. 科教文汇（上旬刊），2018（02）：100-101.

[27] 吴霓. 一个农村留守儿童关爱体系建设的县域样本剖析——江西省于都县的试点实践 分析 [J]. 教育研究，2015（12）：135-140.

[28] 张学浪. 创新社会治理体制下的农村留守儿童关爱服务体系构建 [J]. 农村经济， 2018（02）：99-104.

[29] 郁建兴，黄飚. 地方政府创新扩散的适用性 [J]. 经济社会体制比较，2015（01）： 171-181.

[30] 杨君宇. 公共政策问题的形成机制研究——以"农村留守儿童"问题为例 [J]. 法制 博览（中旬刊），2012（05）：247-248.

[31] 杨伟民. 社会政策导论 [M]. 北京：中国人民大学出版社，2010.

[32] 卢国良. 努力构建留守儿童关爱与服务体系 [J]. 当代教育论坛（综合研究），2010 （08）：48-52.